W0255059

ALLE · ZEIT · WACH
1842

Diedrich Sahlmann

Strukturiert Programmieren

Die Methode und ihr praktischer Einsatz zum Selbststudium

Mit zahlreichen Abbildungen und Tabellen

Springer-Verlag
Berlin Heidelberg New York
London Paris Tokyo Hong Kong 1989

Dipl.-Ing. Diedrich Sahlmann
Siemens AG, München

Weiterführung des früheren Werkes „Strukturierte Programmierung"
von W. Jordan, D. Sahlmann, H Urban

ISBN-13: 978-3-540-50745-1 e-ISBN-13: 978-3-642-95582-2
DOI: 10.1007/978-3-642-95582-2

CIP-Kurztitelaufnahme der Deutschen Bibliothek:
Sahlmann, Diedrich: Strukturiert programmieren: die Methode
und ihr praktischer Einsatz zum Selbststudium/Diedrich Sahlmann.
- Berlin; Heidelberg; New York; London; Paris; Tokyo: Springer, 1989
Forts. von: Jordan, Wolfgang: Strukturierte Programmierung
ISBN-13: 978-3-540-50745-1

Datenkonvertierung: Appl, Wemding; Druck: Saladruck, Berlin; Bindearbeiten: Lüderitz & Bauer, Berlin
2362/3020 543210 - Gedruckt auf säurefreiem Papier

Vorwort

Als der Springer Verlag im Jahr 1978 das Buch „Strukturierte Programmierung" herausbrachte, war diese Methode der Software-Entwicklung noch ein neues Thema. Folgerichtig enthielt das Werk sehr viele Erklärungen, die die Vorteile dieser Methode gegenüber der damaligen Vorgehensweise herausstellten. Inzwischen ist die Strukturierte Programmierung akzeptiert und etabliert (sicher mit ein Verdienst des vorerwähnten Werkes), deutlichster Vorgang ist das Erscheinen von COBOL85 mit neuen, ganz wesentlichen Sprachelementen zur Strukturierten Programmierung. Auch sind in der Zwischenzeit leistungsfähige Software-Werkzeuge entstanden, die die Methode wirksam unterstützen.

Dies ist Anlaß genug, um über eine inhaltliche Anpassung des doch schon 10 Jahre alten Werkes nachzudenken und Erkenntnisse einzubringen, die insbesondere die handwerkliche Umsetzung der Methode betreffen. Dies wird durch viele Beispiele und Aufgaben unterstützt. Wieder berücksichtigt sind Unterrichtserfahrungen, die bei der Einweisung von Programmierern, Organisatoren und Informanden an der Siemens-Schule für Kommunikations- und Datentechnik gemacht worden sind. Hier danke ich Frau Ingrid Keuntje und Herrn Harry Claus für kollegiale Unterstützung. Ganz besonderen Dank bin ich aber Herrn Rudolf Erbesdobler schuldig, der nicht nur die Abschnitte COBOL85 und FORTRAN77 vollständig einbrachte, sondern auch alle technischen Kapitel einer kritischen Durchsicht unterzog. Seine fundierten Ratschläge habe ich gerne eingearbeitet.

Nach wie vor bleibt aber das Anliegen erhalten, den Leser in leicht faßbarer Weise mit der Methode der Strukturierten Programmierung vertraut zu machen.

Deisenhofen bei München, im April 1989 D. Sahlmann

Vorwort

Inhaltsverzeichnis

Hinweise zum Selbststudium

Was ist das Ziel dieses Buches?

Das vorliegende Buch befaßt sich mit einer der wichtigsten Methode der Software-Entwicklung, der Strukturierten Programmierung (im folgenden kurz SP genannt). Projekte, die nach dieser Methode realisiert werden, ergeben hervorragende Produkte. Die Entwicklungskosten werden spürbar gesenkt und die Entwicklungszeit verringert.

Ziel dieses Buches ist deshalb, den Leser anhand einfacher praktischer Beispiele und Aufgaben in die SP einzuführen. Nach der Durcharbeit dieser Unterlage wird er sich ein Grundwissen und praktische Fertigkeiten für den Einsatz dieser Methode erworben haben. Im einzelnen wird der Leser dann:
kennen: die Ziele der SP
die Methode der SP,
die Darstellungsmittel, die die methodische Anwendung unterstützen;
können: einfache Aufgabenstellungen nach der Methode SP lösen,
Struktogramme als Darstellungsmittel einsetzen.

An wen richtet es sich?

Die SP kann von jedem, der mit der Organisation und Entwicklung von Programmen beschäftigt ist, wirksam eingesetzt werden. Die Unterlage richtet sich daher vor allem an Datenverarbeitungsorganisatoren, Programmentwickler, Programmierer und Berater. Weiter ist sie bestimmt für alle, die die Software-Entwicklung steuern oder fertige Programme prüfen, wie z.B. DV-Revisoren. Schließlich ist sie eine nützliche Information für Führungskräfte, Weiterbildungsbeauftragte, Lehrkräfte, Studenten und Schüler. Spezielle fachliche Kenntnisse sind für das Verständnis des Buches nicht erforderlich, jedoch wird ein Grundwissen in der Datenverarbeitung vorausgesetzt.
Das Kapitel „Umsetzung des Entwurfes in Primärcode" ist nur für die Leser interessant, die bereits eine der Programmiersprachen COBOL, FORTRAN oder Assembler kennen. Dieses Kapitel kann aber auch übergangen werden, ohne daß dadurch das Verständnis für den Gesamtzusammenhang verlorengeht.

Was bieten die einzelnen Kapitel?

Der Stoff ist in Kapitel und diese sind in Abschnitte gegliedert. Jeder Abschnitt setzt sich zusammen aus:

Informationen: gekennzeichnet durch ein I im Kolumnentitel,
Aufgaben: gekennzeichnet durch ein A im Kolumnentitel,
Lösungen zu
diesen Aufgaben: gekennzeichnet durch ein L im Kolumnentitel.

Weiterhin wird bei den Informationen zwischen Präsenz- und Katalogwissen unterschieden.
Bei dem Präsenzwissen handelt es sich um Informationen, die der Studierende ohne Hilfsmittel aus dem Gedächtnis wiedergeben soll. Dies beschränkt sich auf verhältnismäßig wenige Grundzusammenhänge. Im Text sind sie durch grau unterlegte Flächen gekennzeichnet.
Unter Katalogwissen versteht man Begriffe und Sachverhalte, die vom Verständnis her grob eingeordnet werden können, deren Detailerklärung jedoch nur unter Heranziehung von weiteren Unterlagen sinnvoll ist.

Die meisten Abschnitte enden mit Fragen und Aufgaben, die der Studierende selbständig lösen soll. Zur Kontrolle können die eigenen Antworten verglichen werden mit den vorgegebenen Lösungen; beide sollten sinngemäß übereinstimmen. Darüber hinaus enthalten die vorgegebenen Lösungen häufig ergänzende Informationen.

Wieviel Zeit ist für das Durcharbeiten erforderlich?

Das Durcharbeiten sollte möglichst zügig geschehen und nicht durch mehrtägige Pausen unterbrochen werden. Bei einer durchschnittlichen Aufnahmebereitschaft von etwa fünf Stunden täglich beansprucht das Studium der Kapitel 1 bis 6 etwa vier bis fünf Tage. Selbst wenn alle gestellten Aufgaben richtig gelöst werden, so darf aber nicht übersehen werden, daß es sich hier um die ersten - noch von einem Lehrbuch begleiteten - Schritte in ein umfangreiches neues Wissensgebiet handelt. An die Durcharbeit sollte sich die Lösung eigener Aufgaben anschließen zur Festigung des Wissens und der neu erworbenen Fertigkeiten.
Wenn die ersten ohne Hilfe erstellten Entwürfe mehr Zeit in Anspruch nehmen als die bisherigen konventionellen Lösungen, ist dies kein Grund zur Beunruhigung. Erst nach etwa zehn selbst erarbeiteten Lösungen in der neuen Methode stellt sich die Sicherheit und Schnelligkeit ein, die die vollen Vorteile der Strukturierten Programmierung vom Entwurf über den jetzt erheblich verkürzten Test bis zum Einsatz hin zeigen.

1 Einführung

Die Datenverarbeitung unterstützt uns heute in vielen Bereichen des täglichen Lebens. Probleme, die noch vor einigen Jahren unlösbar erschienen oder nur mit sehr großem Aufwand bewältigt werden konnten, bearbeitet eine Datenverarbeitungsanlage heute in kurzer Zeit. Dabei ist noch kein Ende der Entwicklung abzusehen: Neue Fertigungstechniken, ständig fortschreitende Miniaturisierung der Bauelemente, Erhöhung der Speicherkapazitäten und der Verarbeitungsgeschwindigkeit, neue Softwaretechnologien usw. eröffnen immer weitere Einsatzgebiete.
Die Kosten für solche Datenverarbeitungssysteme wurden am Anfang wesentlich durch den maschinellen Aufwand - die Hardware - bestimmt. Bald jedoch nahm die Erstellung, Pflege und Weiterentwicklung von Programmen - die Software - einen solchen Umfang an, daß ihre Kosten die der Hardware in vielen Fällen weit übertrafen.
Wodurch wurde diese Entwicklung beeinflußt? Heute erstellte Programme weisen einen viel größeren Funktionsumfang auf als die Software früherer Jahre. Die Probleme, die durch die Datenverarbeitung gelöst werden, sind umfangreicher und komplexer geworden. So sind durch den Einsatz dialogfähiger Systeme, der Datenfernverarbeitung, der Datenbanken und komfortabler Dialogsprachen integrierte Gesamtlösungen für ganze Funktionsbereiche im Unternehmen realisierbar. Die Bedienung der Systeme wurde komfortabler und einfacher. Umfangreiche Hilfs-, Sicherungs- und Schutzvorrichtungen gewährleisten einen reibungslosen Programmablauf.
All dieser Fortschritt machte allerdings quantitativ und qualitativ einen erheblich höheren Programmieraufwand erforderlich, so daß bei der Entwicklung und Wartung und beim Einsatz mancher Produkte Probleme und Schwierigkeiten, bezogen auf die Kriterien Qualität, Kosten und Zeit, auftraten. Die entstandenen Softwareprodukte entsprachen häufig nicht den ursprünglich gestellten Forderungen. Diese Probleme, die den Fachleuten schon längere Zeit bekannt sind, überraschen immer wieder Außenstehende und führen oftmals zu ungerechtfertigter Kritik. Für das Auftreten der gezeigten Mängel gibt es jedoch begründete Argumente:

- Software-Entwicklung ist ein relativ neuartiges Gebiet und hat erst in den letzten Jahren große wirtschaftliche Bedeutung erlangt.
- Das Gebiet ist wesentlich schwieriger, als zunächst allgemein angenommen wurde. Eine Erarbeitung von wissenschaftlichen Grundlagen konnte sich fast nirgendwo auf bewährte traditionelle Wissenszweige stützen.

Eine allgemeine Übersicht der Softwareprobleme, ihrer Symptome und Ursachen ist in der folgenden Tabelle dargestellt.

Softwareprobleme, Symptome und Ursachen (Tagungsbericht aus ,,The High Cost of Software", Naval Postgraduate School, Monterey/Cal. 1973)

Problem	Symptome	Ursachen
Qualität	Unzuverlässig, benutzerunfreundlich, inkompatibel, nicht anpaßbar, nicht übertragbar, keine Gewährleistung.	Unzulängliche Formulierung der Anforderungen durch den Benutzer, unzureichende Test- und Abnahmepraktiken, Mangel an Maßstäben für die Effizienzmessung, unzulängliche Dokumentation, fehlende Aufmerksamkeit durch das Management und fehlende Kontrolle, ungeeignete Verwendung der vorhandenen Technologie, unzulänglicher Kenntnisstand der Programmierer, falsches Verhältnis von Software- zu Hardware-Investitionen, Mangel an geeigneter Support-Software.
Kosten	Hohe Entwicklungskosten, hohe Einsatz- und Wartungskosten, schlechte Ausnutzung der Maschinenkapazität, hohe Änderungskosten, hohe Kosten für die Dokumentation.	Schlechte Schätzung der Herstellungskosten, schlechte Beschaffungspraktiken, schlechte Entwicklungspraktiken, mangelnde Automatisierung der Entwicklung, ungeeignete oder keine Verwendung vorhandener Entwicklungen, mangelhafte Hardware, unzureichender Kenntnisstand der Programmierer, mangelhafte Systemanforderungen und Spezifikationen, keine Managementkontrolle über die Kosten, hohes Gehaltsniveau für Programmierer, Unsicherheit in der Kostenerfassung und -zuordnung, unzureichende Aufmerksamkeit im Hinblick auf Systemintegration und Test, schlechte Dokumentationspraktiken.
Zeit	Überschreitung des Auslieferungstermins, lange Entwicklungszeit, verspätete Fertigstellung der Dokumentation.	Schlechte Schätzpraktiken, unzureichende Definition und/oder falsche Auffassung der Aufgabe, stark streuende Fähigkeiten, Kenntnisse und Produktivität der Programmierer, mangelhafte Steuerung und Kontrolle durch das Management, unrealistische Zwischentermine, ungeeignete Nutzung vorhandener Entwicklungen, zu lange Beschaffungszeiten, ungenügende Support-Software, Mangel an automatisierter Entwurfstechnik, ungenügende Aufmerksamkeit im Hinblick auf die Dokumentation.

In den letzten Jahren hat sich nun aufgrund der wirtschaftlichen Bedeutung und der Probleme bei der Entwicklung und Wartung von Programmen eine Disziplin herausgebildet, die „Software-Engineering" genannt wird. Ihr Ziel besteht in der „Anwendung von Prinzipien, Methoden und Werkzeugen für die Technik und das Management der Software-Entwicklung und -Wartung auf der Basis wissenschaftlicher Erkenntnisse und praktischer Erfahrungen sowie unter Berücksichtigung des jeweiligen ökonomisch-technischen Zielsystems".[1]

[1] Grundlagen und Techniken einer rationellen Programmentwicklung sind hier -nicht nur bezogen auf die Strukturierte Programmierung- umfassend dargestellt. Nach Gewald,K.;Haake,G.;Pfadler,W.: Software Engineering, Grundlagen und Technik rationeller Programmentwicklung. 5.Aufl. München, Wien: Oldenbourg 1988.

Auch wenn diese Disziplin noch nicht voll eingeführt ist, so zeigen doch bereits praktische Erfahrungen, daß der eingeschlagene Weg und die schon entwickelten Methoden spürbare Verbesserungen in der Software-Produktion bringen.

Deutlich vorangetrieben wurde die Verwendung von unterstützenden Programmen, für die sich der Oberbegriff „Tools" eingebürgert hat. Konsequenterweise rechnet man heute alle Programme, die zur Software-Erstellung notwendig sind, mit dazu, also auch Editoren, Compiler, Binder (Linker) usw. Es ist das große Ziel im Software-Engineering, leistungsfähige Tools zu besitzen, die bei allen Software-Prozeßschritten zu einer möglichst hohen Durchgängigkeitsrate der Einzelergebnisse führen. Insbesondere ist beim Übergang vom Entwurf zur Programmierung an das automatische Codieren aus dem Entwurfstext heraus gedacht. Vorhaben dieser Art setzen verständlicherweise die präzise Einhaltung bestimmter Regeln voraus.

Software Engineering: Definition und Erläuterung

Definition	Erläuterung	
Anwendung von		
Prinzipien, Methoden und Werkzeugen	Prinzip:	allgemein gültiger Grundsatz des Denkens und Handelns im Sinne einer Norm (z.B. Modularisierung)
	Methode:	nach Sache und Ziel planmäßiges Vorgehen aufgrund eines Modells (z.B. Strukturierte Programmierung)
	Werkzeug:	mit Hilfe des Rechners ganz oder teilweise automatisierte Methode (z.B. Generator)
für		
Technik und das Management der Software-Entwicklung	Grundfunktionen Technik:	Entwerfen, Implementieren, Testen, Dokumentieren, Verwalten, Messen, Bewerten, Konvertieren
	Hauptaufgaben Management:	Planen, Kontrollieren, Anleiten
auf der Basis		
wissenschaftlicher Erkenntnisse und praktischer Erfahrungen	Informatik, Mathematik, Elektro-, Nachrichtentechnik Betriebswirtschaft, Psychologie, Arbeitswissenschaften Erfahrungsberichte von Projekten	
sowie unter Berücksichtigung		
des jeweiligen ökonomisch-technischen Zielsystems	Qualität:	Funktionsumfang, Bedienungs- und Benutzungskomfort, Effizienz, Zuverlässigkeit, Änderbarkeit, Portabilität
	Kosten:	Entwicklungs-, Wartungs- und Einsatzkosten
	Zeit:	Entwicklungs- und Einsatzdauer

Die Strukturierte Programmierung (SP) stellt innerhalb des Software-Engineering eine der wichtigsten Methoden dar. Sie ist auf keinen speziellen Anwendungsfall beschränkt. Bei den heute wegen des Umfangs und der Komplexität der Aufgabenstellungen notwendig werdenden Programmen gehört das Wissen um sie und die Fähigkeit, sie praktisch einzusetzen, zum Rüstzeug des Programmierers. Sie wird in den folgenden Kapiteln näher erklärt.

2 Methode der Strukturierten Programmierung

In diesem Kapitel werden die einzelnen Regeln der SP behandelt. Sie stellen das Produkt mehrerer, teilweise voneinander unabhängiger Entwicklungen bei Herstellern von Datenverarbeitungsanlagen und in den Wissenschaftszweigen der Informatik und Mathematik dar. Das zur Zeit verfügbare Methodenwissen und die Darstellungsmittel werden laufend erweitert und den Anforderungen der verschiedenen Problemkreise angepaßt. Für die Methode der SP bedeutet diese ständige Anpassung an reale Gegebenheiten, daß sie heute unter zwei sich ergänzenden Gesichtspunkten betrachtet wird:

- strukturierter Entwurf und
- strukturierte Implementierung (Codierung).

Unter strukturiertem Entwurf sind alle Entwicklungsschritte zu verstehen, die mit der Beschreibung der Gesamtfunktion einsetzen und mit der Beschreibung einer Funktion eines Programmes enden.
Unter strukturierter Implementierung werden alle Schritte zusammengefaßt, die mit der Funktionsbeschreibung eines Programmes beginnen und mit der Übergabe des ausgetesteten Programms enden. Da jede Änderung eines strukturierten Programms einen Eingriff in bestehenden Code bedeutet, fallen auch alle Wartungs- und Änderungsarbeiten von Programmen unter den Begriff des strukturierten Implementierens.

Am Anfang der SP stand der Wunsch, mit dieser Methode die Korrektheit von Programmen beweisbar zu machen. Unter diesem Hintergrund wurden u.a. Steuerflußkonstruktionen gesucht, die aus mathematischen Beweisverfahren abgeleitet sind. Diese Steuerflußkonstruktionen sind heute bekannt unter dem Begriff „Strukturblock“. Mit sechs zugelassenen Strukturblöcken ist eine Prüfung auf korrekten Steuerfluß möglich.
Neben dem Aufbau und der Handhabung der Strukturblöcke schreibt die SP die Einhaltung einiger weiterer Konventionen mit dem Ziel vor, lesbare und damit zuverlässige Programme zu erstellen. Lesbarkeit bedeutet in diesem Zusammenhang das schnelle, in hohem Maße fehlerfreie Erfassen der Konstruktionsideen des Programmierers. Für die heute aus wirtschaftlichen Gründen angestrebte lange Lebensdauer spielt die Änderbarkeit von Programmen eine herausragende Rolle. Neue Versionen entstehen nicht nur durch Hinzufügen, sondern auch durch Entfernen von Programmteilen. Dies problemlos möglich zu machen, ist auch eine Stärke der Strukturierten Programmierung.

Durch spezielle, für den Anwender geschaffene Software wird erreicht, daß aus der Niederschrift des Programmtextes maschinell ein Ablaufdiagramm erzeugt wird. COLUMBUS[1] stellt ein solches Tool (Software-Hilfsmittel) zur Unterstützung der SP in den Sprachen COBOL und Assembler dar (siehe Kapitel 7 und 8). Es erstreckt sich über alle Schritte des strukturierten Entwurfs und der strukturierten Implementierung. Der Einsatz von Software dieser Art ist empfehlenswert, da mit ihnen eine stets aktuelle Dokumentation erreichbar ist. Die manuellen Hilfsmittel (z.B. Baumdiagramme und Struktogramme) sind überwiegend bei Entwürfen oder Skizzen einzusetzen.

Das Erstellen strukturierten Codes und die dafür erforderlichen Hilfsmittel bilden den Hauptinhalt dieses Buches.

Der SP vorausgegangen sind bereits Verfahren, von denen die Normierte Programmierung und die Entscheidungstabellentechnik am häufigsten eingesetzt werden. Diese Verfahren lassen sich widerspruchsfrei als spezielle Lösungstechniken in das Konzept der SP einfügen.

[1] Ein softwaretechnologisches Werkzeug der Siemens AG.

2.1 Ziele der Strukturierten Programmierung

Die vorausgegangenen Erläuterungen weisen bereits darauf hin, daß durch geeignete Methoden und Werkzeuge die Lesbarkeit und damit die Zuverlässigkeit von Programmen stark erhöht werden kann. Methoden wie die SP sollen den Software-Ersteller wirksam unterstützen und problemunabhängig einsetzbar sein. Folgende Kriterien sollen bei der Software-Erstellung grundsätzlich beachtet werden:

- Aus der statischen Niederschrift des Primärprogramms (Übersetzungsprotokoll) muß klar der dynamische Ablauf des geladenen Programms erkennbar sein.
- Der Aufbau des Programms ist so verständlich zu gestalten, daß auch ein anderer als der Ersteller ihn ohne übermäßigen Aufwand nachvollziehen kann. Dazu zählt auch eine ausreichende und aktuelle Dokumentation.
- Die Aufgabe, die das Programm löst, ist so in Teilaufgaben zu zerteilen, daß diese unabhängig voneinander erstellt werden können.
- Das Programm ist so zu strukturieren, daß zu erwartende Änderungen, Anpassungen und Erweiterungen sicher und schnell eingebaut werden können.
- Das Programm ist so aufzubauen, daß seine Funktionstüchtigkeit in hohem Maße bereits aus dem Primärprogrammcode, und nicht erst aus dem Testergebnissen, erkennbar ist.

Eine Methode, die alle diese Forderungen berücksichtigt, kann verschieden beschaffen sein. Am zuverlässigsten wäre ein eindeutiger, strenger Lösungsalgorithmus entsprechend mathematischen Verfahren. Wegen der Vielfalt und Komplexität der Probleme in der Praxis gibt es aber bisher solche Lösungen nur in Ansätzen oder für Teilbereiche, z.B. die Entscheidungstabellentechnik.

Die SP bietet für die Erstellung von Software mehrere aufeinander abgestimmte und bewährte Regeln an, die einzuhalten sind. Der Benutzer wird dabei aber nicht in ein enges „Methodenkorsett" gezwängt, sondern kann bei Bedarf und zwingender Notwendigkeit auch einmal von einer Regel abweichen, ohne daß das ganze System unbrauchbar und technisch nicht mehr einsetzbar wird.
Diese Regeln, deren Beachtung zu strukturierten Programmen führt, sollen hier zunächst nur durch Schlagworte beschrieben werden:

- Schrittweise Verfeinerung der Problemstellung.
- Beschränkung der Strukturblockarten beim Aufbau von Steuerflußkonstruktionen.
- Abbildung der Aufgaben nach dem Blockkonzept.

Bei Beachtung dieser drei Regeln ergeben sich lesbare Programme.

- Disziplinierung der Datenstruktur durch Beschränkung der Datenverfügbarkeit (da dies heute nicht in allen Sprachen realisiert ist, soll dieser Teil nur kurz angesprochen werden).

Programme, die nach diesen Regeln entwickelt werden, weisen im allgemeinen folgende Eigenschaften auf:

- klare Abgrenzung und übersichtliche Hierarchie der Programmteile.
- übersichtlicher, dynamischer, leicht verfolgbarer Ablauf des Programms.
- austauschbare Programmteile.
- kontrollierbare Datenmanipulationen in den einzelnen Programmteilen; der Programmablauf wird weniger als bisher durch undefinierte, fehlerhaft überschriebene oder anderweitig irrtümlich geänderte Daten gefährdet.
- lesbare, wartungsfreundliche Programme.
- kostengünstiger, schnell erstellter und mit geringem Aufwand geänderter Primärprogrammcode.
- aktuelle, d.h. dem letzten Stand entsprechende, automatisch erstellte Dokumentation durch Software-Hilfsmittel.

Die Strukturierte Programmierung kann deshalb zusammengefaßt beschrieben werden als eine Methode zur Erstellung lesbarer Software. Lesbare Programme sind zuverlässig, wartbar und von langer Lebensdauer.

Ziele der Strukturierten Programmierung

1) Welche Kriterien sind bei der Software-Erstellung grundsätzlich zu berücksichtigen?

2) Welche Überlegungen liegen der Methode der SP schlagwortartig zugrunde?

3) Welche Eigenschaften weisen Programme auf, die nach den Regeln der SP entwikkelt wurden?

4) Welches Ziel verfolgt die Methode der SP?

2.2 Schrittweise Verfeinerung

Kostspielige und zeitaufwendige Arbeiten werden im allgemeinen notwendig, wenn während der Umsetzung eines Problems in ein Programm die Aufgabenstellung geändert wird. Ähnliches passiert, wenn zu früh an die Lösung einer Aufgabe herangegangen wird, da sie dann ungenügend zergliedert und damit nur ungenau beschrieben ist. Die Beschreibung der Aufgaben besagt, „was gelöst werden soll". Die Erfahrung zeigt aber, daß man bei „scheinbar" überschaubaren Aufgaben oder Teilaufgaben eher geneigt ist, sich sofort mit dem „wie kann die Anlage es lösen" zu beschäftigen. Man denkt also weniger in Funktionen als vielmehr in möglichen Realisierungen. Die ersten logischen Tests zeigen dann sehr häufig, daß wohl Teilbereiche ablauffähig sind, daß jedoch, um die gesamte Funktionstüchtigkeit zu erreichen, zumindest Nacharbeiten nötig sind. Daher gilt generell:

Jedes Programm muß, bevor es entworfen wird, durch eine Beschreibung seiner Funktion - nicht seiner Arbeitsweise - bestimmt werden.

Die Forderung nach der schrittweisen Verfeinerung bezieht sich auf die systematische Entwicklung einer klaren, funktional deutlich abgrenzbaren Programmstruktur. Hierbei wird die Funktionsfähigkeit des Programms nicht erst nach Abschluß aller Komponenten, sondern beginnend mit den ersten Entwürfen schrittweise nachgewiesen. Die Gesamtaufgabe unterliegt zunächst einer Funktionszergliederung, aus der sich in einem weiteren Schritt die Abgrenzung von Programmteilen herleitet.
Diese Abgrenzung beginnt mit der funktionalen Beschreibung aller von einem Programm zu lösenden Probleme. Dazu gehört

- die Beschreibung aller Eingangsdaten,
- die Beschreibung aller Ausgangsdaten,
- die Beschreibung aller zusätzlichen Bedingungen, die den Lösungsweg beeinflussen.

Aus der funktionalen Beschreibung eines Programms entsteht dann in den weiteren Schritten der Programmentwurf. Er zeigt letztlich den Weg auf, der zur Lösung beschritten werden soll. Das Herleiten geschieht schrittweise, die Darstellungsform ist dabei frei:

Die Programmentwicklung geschieht in deutlich unterschiedenen Schritten.
Erster Schritt - als Voraussetzung - ist die funktionale Beschreibung der Gesamtaufgabe.
Jeder weitere Schritt besteht in der Erarbeitung und Beschreibung eines vollständigen Programmentwurfs, d.h. in der Festlegung des Lösungsweges zur Erfüllung der vorgegebenen Funktion oder Teilfunktion.
Die auf diese Weise in aufeinanderfolgenden Entwicklungsschritten entstehenden Gesamtentwürfe unterscheiden sich nur durch wachsende Detailtiefe.

Jede aus einem Entwicklungsschritt entstandene logische Einheit wird Funktionsblock genannt.
Alle aus einem Entwicklungsschritt neu entstandenen Funktionsblöcke bilden eine Entwicklungsebene. Sie werden zunächst nur funktional beschrieben und sind mit dem nächsten Entwicklungsschritt so zu planen, daß ihre innere Arbeitsweise unabhängig ist von der inneren Arbeitsweise aller anderen Funktionsblöcke gleicher Ebene.
Ist eine Ebene implementiert und ausgetestet, so ist sofort die Dokumentation zu aktualisieren.

Man löst eine vorgegebene Aufgabe in mehreren Arbeitsgängen, beginnend mit der Funktionsbeschreibung der Gesamtaufgabe bis hin zur Ausarbeitung der letzten Detailfunktion. Dies ist ein deduktives Verfahren, d.h. es schreitet vom Allgemeinen zum Besonderen fort. Das Hauptaugenmerk wird auf die möglichst vollständige Durchdringung der gestellten Aufgabe und der damit erreichten Auflösung der Komplexität gerichtet. Dabei hat man sich möglichst frei von Überlegungen zur technischen Realisierung zu halten.
Für jeden Funktionsblock einer Ebene werden Lösungsvarianten gesucht, die die jeweils gestellte Aufgabe voll erfüllen. Unter Berücksichtigung der Zusatzbedingungen und von Qualitätsmerkmalen wird aus diesen Varianten der optimale Lösungsweg bestimmt. Zeigt sich, daß ein Lösungsweg noch sehr komplex und/oder sehr umfangreich ist, so werden seine Elemente wiederum als Funktionsblöcke aufgefaßt und nach dem gleichen Prinzip weiter aufgegliedert. Somit entstehen fortlaufend tiefere Ebenen, bis eine weitere Aufgliederung nicht mehr sinnvoll erscheint, weil als Funktionsblöcke kleine, überschaubare Elemente entstanden sind. Üblicherweise enthalten die Funktionsblöcke der höheren Ebenen mehr Steuerstrukturen; dagegen sind reine Verarbeitungsstrukturen eher in den unteren Ebenen zu finden.

Ein Beispiel soll dieses Vorgehen verdeutlichen:
Eine Datei X wird gelesen, ihre Sätze enthalten ein Verarbeitungskennzeichen. Entsprechend diesem Merkmal sind unterschiedliche Bearbeitungen anzusteuern. Diese Beschreibung, normalerweise noch um die Eingangsdaten, Ausgangsdaten und die Zusatzbedingungen ergänzt, stellt bereits den 1. Entwicklungsschritt dar. In der schematischen Darstellung sieht das folgendermaßen aus (das Rechtecksymbol verkörpert hier die funktionale Beschreibung!):

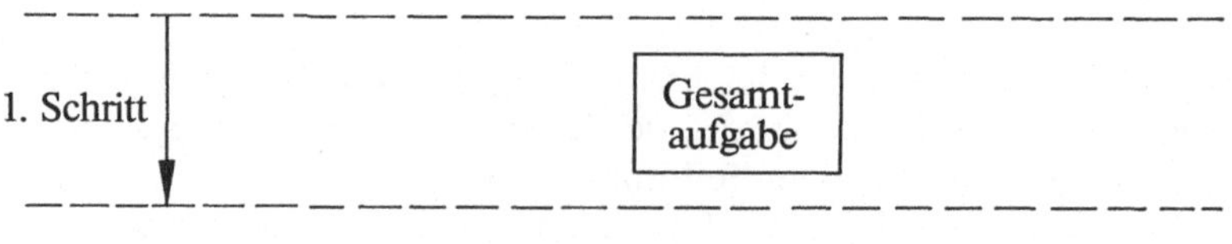

Der zweite Schritt besteht in der Entwicklung des Lösungsweges für die Funktion „Gesamtaufgabe“ in der Ebene 1.

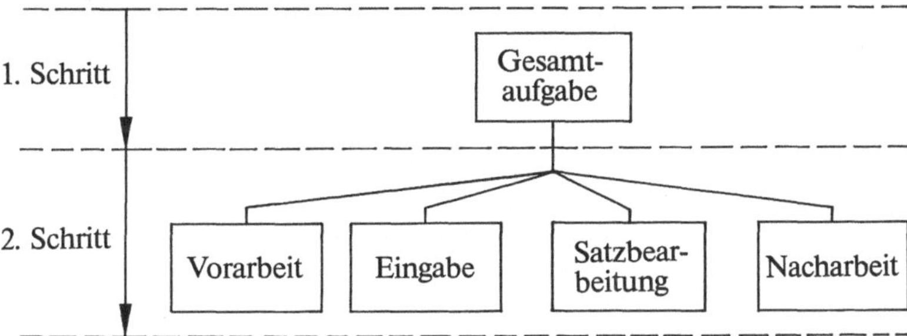

Im vorgenannten Fall besteht der Lösungsweg nur im Aufruf von weiteren Unterfunktionen, zeigt also eine typische Steuerstruktur. Bei der Bewertung stellt man fest, daß die Funktionsblöcke „Vorarbeit“, „Eingabe“ und „Nacharbeit“ bereits überschaubare Elemente sind, deren weitere Aufgliederung nicht mehr sinnvoll ist.

Es folgt der dritte Schritt: die Satzbearbeitung. Innerhalb dieser Aufgabe sind unterschiedliche Satzarten zu bearbeiten, daher entstehen zwei Funktionsblöcke „Satzart A bearbeiten“ und „Satzart B bearbeiten“.

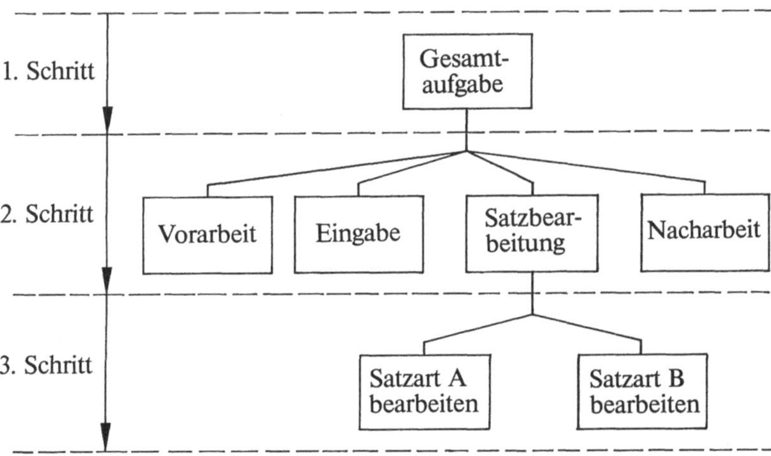

Im vierten Schritt werden die beiden Funktionsblöcke der 3. Ebene untersucht. Dabei stellt sich heraus, daß nur bei der Satzart A neben der eigentlichen Satzfeld-Bearbeitung zusätzlich in einer umfangreichen Tabelle Änderungsarbeiten anfallen, bei der Satzart B dagegen nicht. Folglich wird nur der Funktionsblock „Satzart A bearbeiten“ in der nächst tieferen Ebene aufgelöst in die Funktionsblöcke „Satzfelder bearbeiten“ und „Tabelle ändern“.

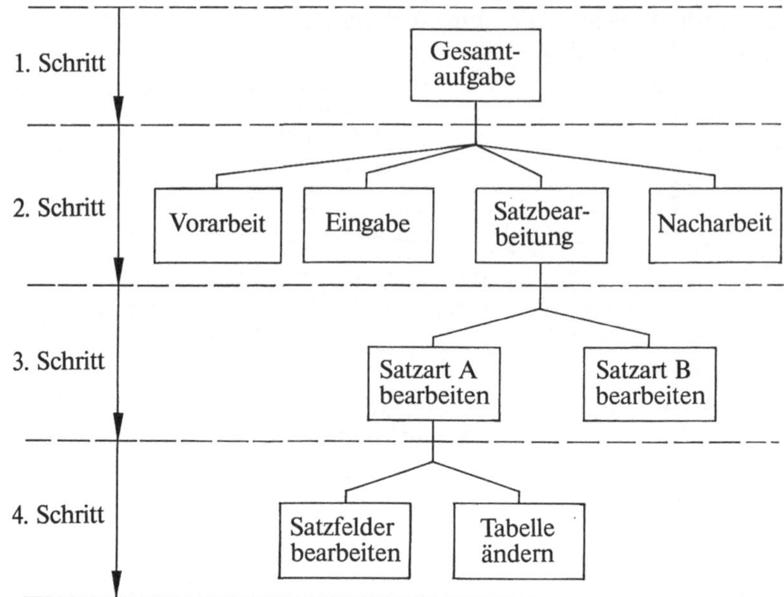

In dem aufgezeigten Beispiel haben sich 4 Hierarchie-Ebenen ergeben, in denen alle Funktionen dargestellt sind.
Die Übersicht ist wie folgt zu lesen:

- Die Teilfunktionen „Vorarbeit", „Eingabe", „Satzbearbeitung" und „Nacharbeit" bilden zusammen die Funktion „Gesamtaufgabe".
- Die Funktion „Satzbearbeitung" enthält die Teilfunktionen „Satzart A bearbeiten" und „Satzart B bearbeiten".
- Die Funktion „Satzart A bearbeiten" enthält die Teilfunktionen „Satzfelder bearbeiten" und „Tabelle ändern".

Bei diesem sehr einfachen Beipiel konnte die schrittweise Verfeinerung praktisch in einem Zuge bis zum Endergebnis durchgeführt werden. Bei sehr großen und komplexen Aufgabenstellungen wird dieser Prozeß dagegen nicht nur einmal, sondern in aller Regel öfters ablaufen müssen, bis alle Funktionsblöcke erkannt und beschrieben sind. Wird dieses Verfahren nicht ernst genommen, so sind grundlegende Fehler nicht zu vermeiden, die jedoch erst wesentlich später (meist erst in der Testphase !) bemerkbar werden, sehr schwierig zu beseitigen sind und im Extremfall zum Gesamtabbruch des Programmes führen.

Doch zurück zum Beispiel:
Die schrittweise Verfeinerung der Gesamtaufgabe ist jetzt abgeschlossen, die Kenntnis aller Funktionsblöcke liegt vor, jedoch ist das Programm so noch nicht ablauffähig. Zunächst werden alle Funktionsblöcke in den richtigen zeitlich-logischen Zusammenhang gebracht, was bei dem einfachen Beispiel bereits geschehen ist. Sodann werden für jeden Funktionsblock die entsprechenden Ablaufkonstruktionen mit den zugehörigen Befehlsfolgen entwickelt. Erst bei diesem Umsetzungsprozeß erhält man Kenntnis über den jeweiligen technischen Aufwand eines jeden Funktionsblockes.

Jeder Funktionsblock wird also durch einen „Block aus Befehlen“ realisiert. Wenn dieser zum Ablauf gebracht werden soll, muß er ein aufrufbares Programmstück darstellen.

Ein für sich aufrufbares Programmstück heißt „Prozedur“

Unter pragmatischen Gesichtspunkten faßt man auch mehrere, in sich einfach aufgebaute Funktionsblöcke zu einer einzigen Prozedur zusammen.

Bezogen auf das Beispiel ist folgendes denkbar:

- Der Funktionsblock „Gesamtaufgabe“ enthält nur einfache Aufrufbefehle.
- Die Funktionsblöcke „Vorarbeit“, „Eingabe“ und „Nacharbeit“sind so einfach, daß sie mit den wenigen Aufrufbefehlen des Funktionsblocks „Gesamtaufgabe“ zusammengefaßt werden können. Dadurch entsteht eine Prozedur, die den Namen „HAUPT“ erhält.
- Die Funktionsblöcke „Satzart A bearbeiten“ (einschließlich „Satzfelder bearbeiten“) und „Satzart B bearbeiten“ ergeben je eine eigene Prozedur. Das umfangreiche „Tabelle ändern“ wird 1:1 als Prozedur realisiert.
- Letztere Prozeduren erhalten ebenfalls Namen, die aber von denen der Funktionsblöcke bewußt abweichen, damit keine Verwechslungen auftreten.

In der schematischen Darstellung ergibt sich dann folgende Struktur (das Rechtecksymbol verkörpert hier eine ablauffähige Prozedur!):

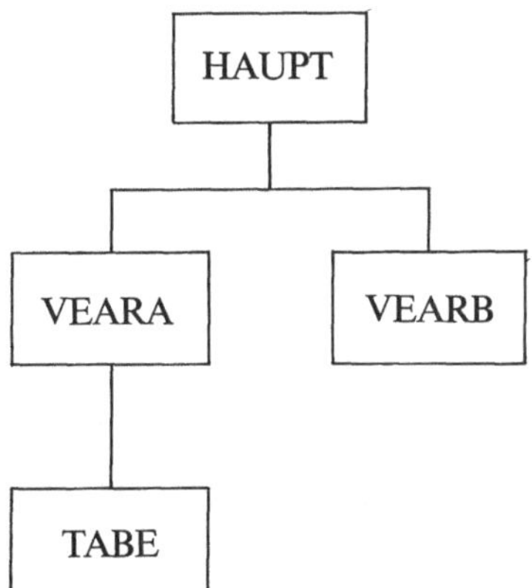

In dem aufgezeigten Beispiel haben sich 3 Hierarchie-Ebenen ergeben, in denen alle Prozeduren dargestellt sind.
Diese Übersicht ist wie folgt zu lesen:

- Die Prozedur „HAUPT“ ruft zuerst die Prozedur „VEARA“ auf.
- Die Prozedur „VEARA“ ruft ihrerseits die Prozedur „TABE“ auf.
- Erst wenn die Prozedur „VEARA“ voll beendet ist, wird von der Prozedur „HAUPT“ die Prozedur „VEARB“ aufgerufen.
- Die Prozedur „HAUPT“ wird vom übergeordneten Bestriebssystem aktiviert.

Vergleicht man beide Darstellungen, nämlich die Funktionsstruktur und die Prozedurstruktur, so fällt folgendes auf:

- Nicht jede Funktion stellt automatisch eine Prozedur dar.
- Die Funktionsstruktur zeigt keine Aufrufstruktur.
- Die Prozedurstruktur enthält nur 3 Hierarchie-Ebenen gegenüber deren 4 bei der Funktionsstruktur.

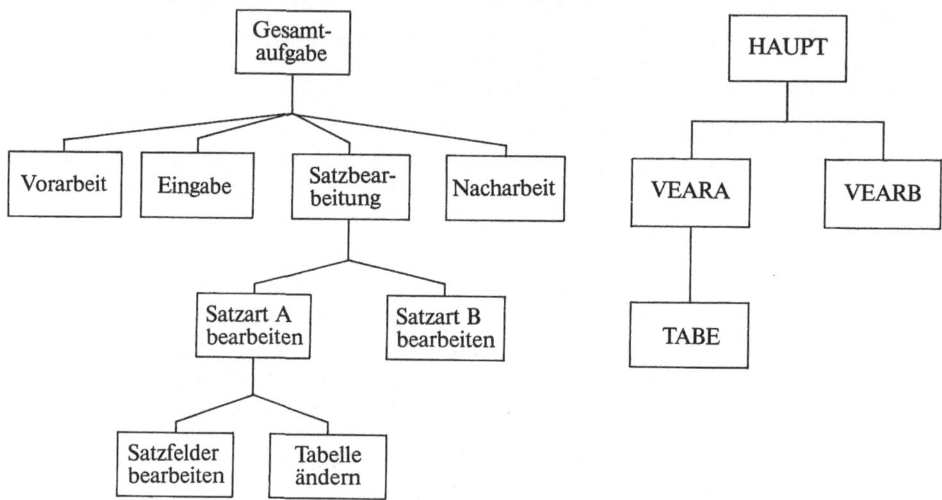

Die Prozedurstruktur ist ebenfalls streng hierarchisch. Prozeduren einer Ebene können nur von der hierarchisch übergeordneten Prozedur aufgerufen werden. Es ist nicht möglich, über mehrere Ebenen hinweg eine Prozedur direkt anzusprechen. Ebensowenig dürfen sich Prozeduren gleicher Ebene gegenseitig direkt aktivieren, sondern nur über den Weg der gemeinsamen, übergeordneten Prozedur.

Ruft eine Prozedur eine untergeordnete auf, so beginnt die Bearbeitung mit der ersten Anweisung der Unterprozedur; nach Abarbeitung der Unterprozedur wird zur übergeordneten aufrufenden Prozedur zurückgegangen und mit der Anweisung fortgefahren, die dem Prozeduraufruf folgt.

Bei der schrittweisen Verfeinerung kommt es häufig vor, daß sich Prozeduren ergeben, die innerhalb eines Programms von mehreren Ebenen aus gleichermaßen benötigt werden, z.B. Ein/Ausgabe- und Fehlerbehandlungsprozeduren. Nach den bisherigen Erläuterungen müßten solche Prozeduren so häufig vorhanden sein, wie sie im Programm aufgerufen werden. Das ist unzweckmäßig, und deshalb wird in diesem Fall die Prozedur nur einmal, nämlich bei ihrem ersten Erscheinen, entworfen und realisiert. Solche Prozeduren sind nicht unmittelbar einer Ebene des hierarchischen Konzepts zuzuordnen.

Elementar-Prozedur (ruft selbst keine andere Prozedur auf)

Gemeinsame Prozedur (kann von Prozeduren verschiedener Ebenen aufgerufen werden)

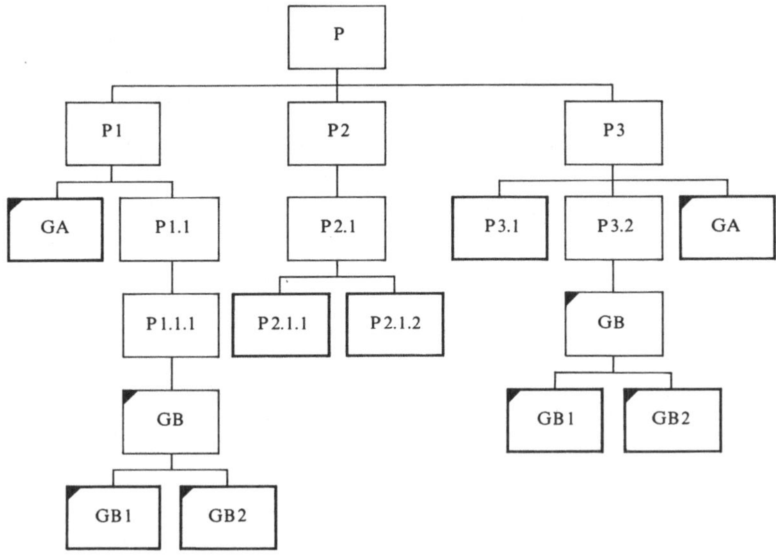

Bei der Darstellung von gemeinsamen Prozeduren in einem strengen Hierarchie-Konzept gibt es Schwierigkeiten, die nur durch Kompromisse umgangen werden können. Einer davon ist die Einführung einer „Ebene für gemeinsame Prozeduren".

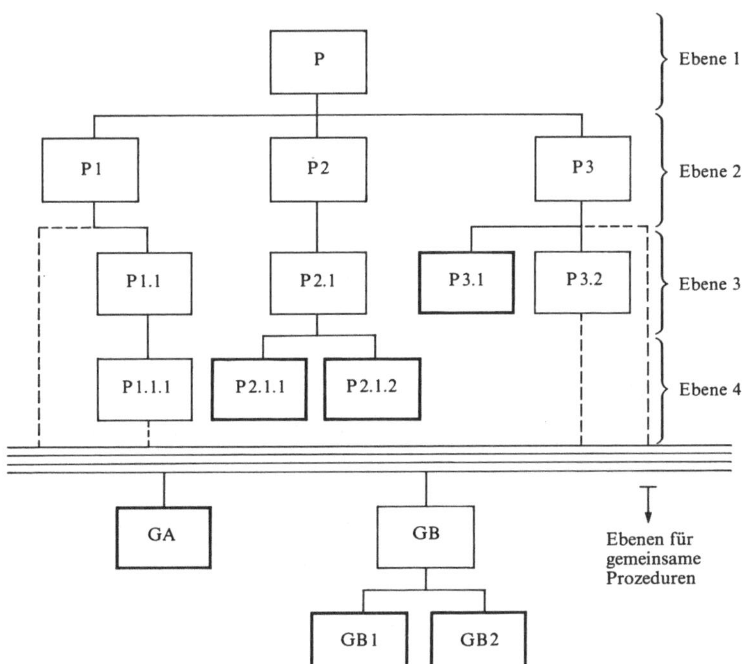

Durch die Vorgehensweise nach der schrittweisen Verfeinerung des Programmentwurfs entstehen also Prozeduren, deren Beziehungen zueinander über die vorstehenden Darstellungsformen aufgezeigt werden können. Durch das ebenenweise Vorgehen, d.h. Entwerfen einer Ebene, dann Testen und Dokumentieren, wird weitgehend vermieden, daß sich Prozeduren funktional überschneiden. Fehler werden deshalb bei der schrittweisen Entwicklung recht schnell erkannt, häufig bereits in der folgenden Entwicklungsebene. Durch Zurückgehen und Neuentwurf der aufrufenden Ebene kann der Fehler korrigiert werden, ohne daß umfangreiche Neuentwicklungen notwendig sind. Damit unterscheidet sich dieses Verfahren sehr stark vom konventionellen Vorgehen, bei dem Fehler und Funktionsmängel erst während des Integrationstests der Einzelprozeduren erkannt werden. Eine Korrektur bedeutet dann sehr aufwendige Neuentwürfe, Implementierungen und neue Tests.

Schrittweise Verfeinerung

1) Welche Arbeiten umfaßt ein „Entwicklungsschritt" bei der Vorgehensweise der schrittweisen Verfeinerung?

2) Was ist ein Funktionsblock, und was kann er enthalten?

3) Was ist eine Prozedur, und wie unterscheidet sie sich von einem Funktionsblock?

4) Wann werden Prozedur-Entwurfsfehler erkannt, und wie sind sie zu korrigieren?

5) Können mehrere Teilfunktionen an verschiedene Programmierteams übergeben werden mit dem Ziel, daß eine zeitparallele Bearbeitung unter strikter Einhaltung der Regeln der SP durchgeführt wird?

6) Welche Vorteile bieten Programme, die nach der Vorgehensweise der schrittweisen Verfeinerung entworfen wurden? Sind Nachteile denkbar?

2.3 Beschränkung der Strukturblockarten

Die Vorgehensweise der schrittweisen Verfeinerung zeigt, wie eine Prozedurstruktur grundsätzlich aufgebaut wird.
In den nun folgenden Überlegungen geht es darum, Verarbeitungsschritte kontrolliert zusammenzusetzen. Sonst ergäben sich Fehler, da jeder individuelle Programmstil erlaubt wäre. Es ist deshalb gerade beim Konstruieren von Arbeitsweisen notwendig, ein Maximum an Übersichtlichkeit zu erreichen, denn dadurch wird z.B. die Programmpflege und -erweiterung auf andere Personen (neue Team-Mitarbeiter) übertragbar.
Untersuchungen haben ergeben, daß mit nur drei unterschiedlichen Grundstrukturen alle notwendigen Programm-Ablaufstrukturen realisiert werden können.

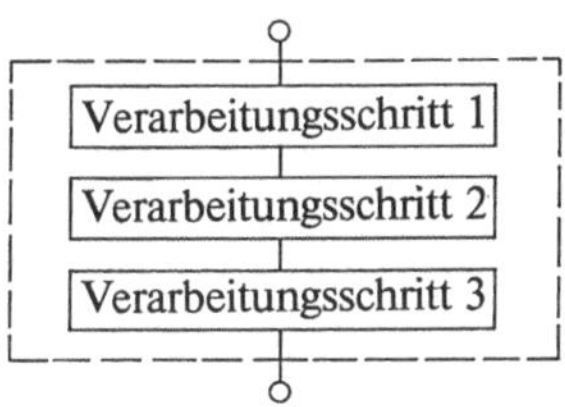

Folge (Sequenz)
Eine Folge ist eine Reihe von Verarbeitungsschritten, die alle nacheinander ausgeführt werden.

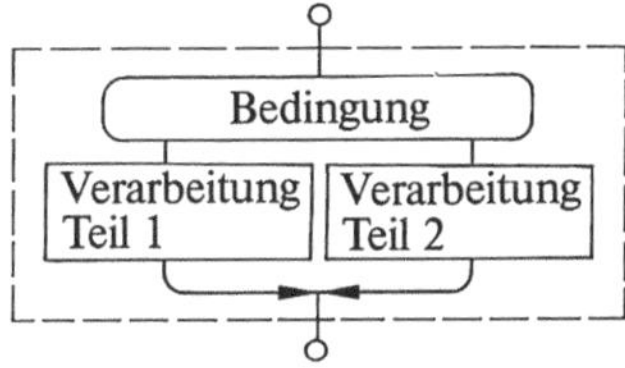

Verzweigung (Alternative)
Eine Verzweigung ist eine Auswahl von Verarbeitungsschritten. Durch die Abfrage einer Bedingung wird entschieden, welcher Teil der Verarbeitungsschritte (Teil 1 oder 2) ausgeführt wird.

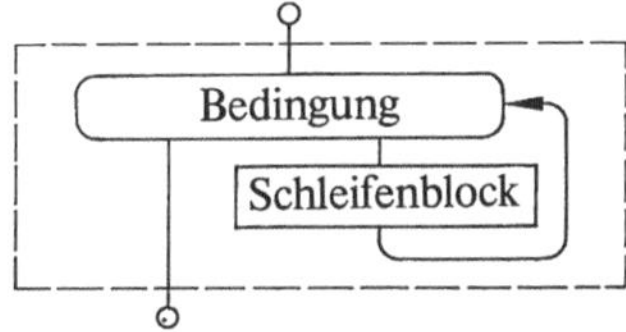

Schleife (Iteration)
Eine Schleife ist eine Wiederholung von Verarbeitungsschritten, die im sogenannten Schleifenblock zusammengefaßt sind. Der Schleifendurchlauf wird durch die Abfrage einer Bedingung gesteuert.

Jede Ablaufsteuerung setzt sich aus diesen drei Grundstrukturen zusammen, selbstverständlich sind hier beliebige Kombinationen durch „Aneinanderreihen“ und „Ineinanderschachteln“ zugelassen. Diese zusammengesetzten Strukturen verhalten sich letztlich aber wieder wie eine Grundstruktur.

Für den Anwendungskomfort in der Praxis wurden für jede dieser Grundstrukturen entsprechende Varianten entwickelt, die als „Elementar-Strukturblock" bezeichnet werden.

Grundstruktur Folge

Sequenzsteuerblock

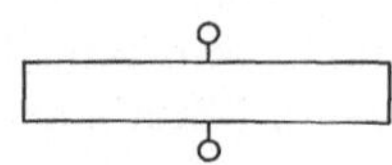

- Einzelner Verarbeitungsschritt, z.B. einzelner Befehl in der jeweiligen Programmiersprache.
- Mehrere zusammengehörende Verarbeitungsschritte, z.B. mehrere Befehle der jeweiligen Programmiersprache, die dann in der Reihenfolge der Niederschrift ausgeführt werden.

Prozeduraufruf

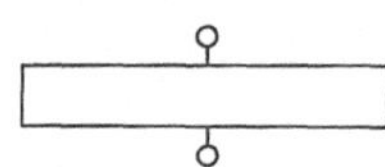

- Aufruf einer ausgelagerten Befehlsfolge. Zu beachten ist, daß am Ende dieser Befehlsfolge bedingungslos wieder zurückgekehrt wird zur Prozedur-Aufrufstelle.

Grundstruktur Verzweigung

Zweifachverzweigung

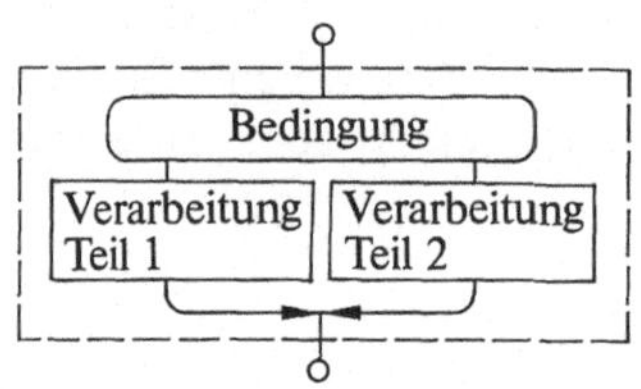

- Auswahl von Verarbeitungsschritten, wenn die abgefragte Bedingung nur 2 unterschiedliche Zustände besitzt, nämlich:
- Bedingung erfüllt und
- Bedingung nicht erfüllt
  Es wird aber immer nur ein Zweig durchlaufen und dann der Strukturblock verlassen.

Mehrfachverzweigung

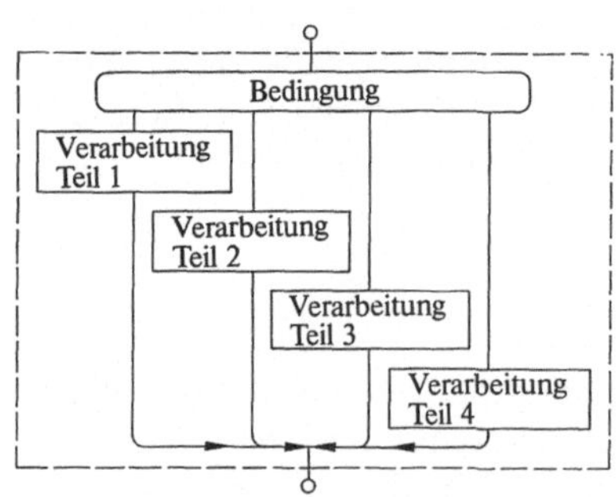

- Auswahl von Verarbeitungsschritten, wenn die abgefragte Bedingung mehr als 2 unterschiedliche Zustände besitzen kann. Es wird abèr immer nur ein Zweig durchlaufen und dann der Strukturblock verlassen.

Grundstruktur Schleife

Schleife mit Vorabprüfung der Laufbedingung

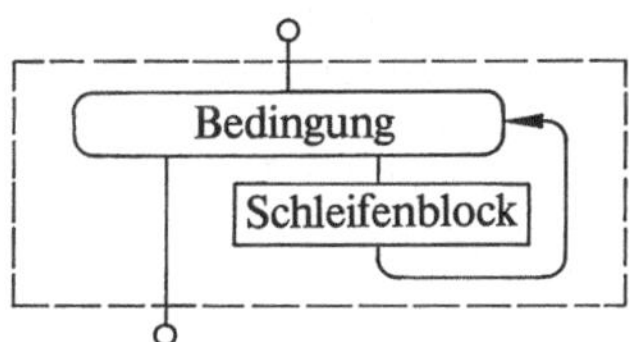

- Innerhalb dieses Strukturblocks wird stets vorab die Laufbedingung geprüft und danach erst (je nach Ergebnis dieser Prüfung) die im Schleifenblock liegenden Verarbeitungsschritte ausgeführt oder nicht. Das Ende des Schleifenblocks führt stets auf die Bedingungsabfrage zurück.

Schleife mit Abbruchbedingung

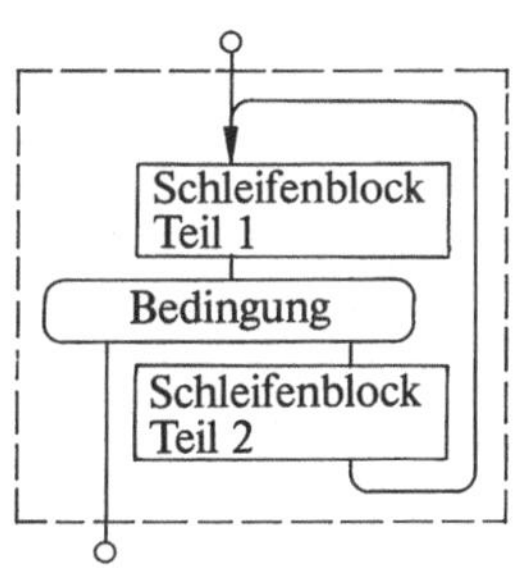

- Die Laufbedingungen liegen in Form von Abbruchbedingungen an beliebiger Stelle im Schleifenblock. Es ist einsichtig, daß mindestens 1 solche Bedingung vorhanden sein muß. Ist eine Abbruchbedingung erfüllt, so wird der Strukturblock an dieser Stelle beendet, die im nachfolgenden Schleifenblockteil noch liegenden Verarbeitungsschritte nicht mehr ausgeführt.

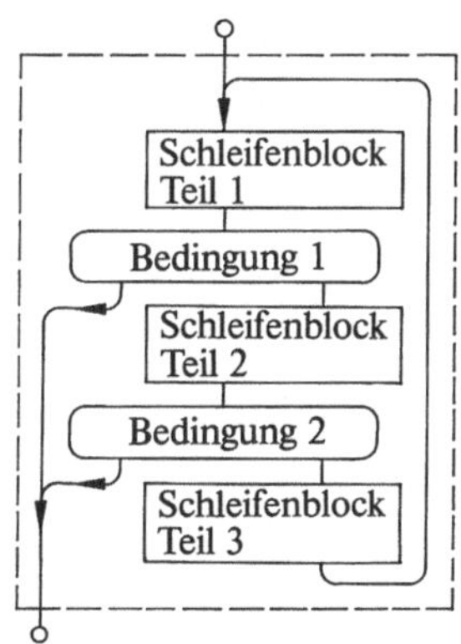

Beschränkung der Strukturblockarten

1) Aus welchen drei Grundstrukturen wurden die sechs zugelassenen Elementar-Strukturblöcke entwickelt?

2) Was versteht man unter einem zusammengesetzten Strukturblock?

3) Auswahlstrukturen können durch zwei Strukturblöcke dargestellt werden. Wie heißen sie?

4) Was ist das Merkmal einer „Schleife mit Vorabprüfung der Laufbedingung"?

5) Was kennzeichnet den Strukturblock „Schleife mit mindestens einer Abbruchbedingung"?

2.4 Blockkonzept

Das Maximum an Lesbarkeit von Programmen wird nicht allein mit der disziplinierten Beschränkung auf die sechs zugelassenen Elementar-Strukturblöcke erreicht, sondern setzt auch deren ebenso disziplinierte Anwendung voraus. In der SP bedeutet diese disziplinierte Anwendung die bedingungslose Einhaltung des Prinzips der Zweipoligkeit. Es gilt:

Jeder Strukturblock ist ein Zweipol, er besitzt stets nur 1 Eingang und nur 1 Ausgang.

Wie schon im vorausgegangenen Kapitel erwähnt wurde, können Strukturblöcke auch in kombinierter Form verwendet werden. Bei diesen als Aneinanderreihung und Ineinanderschachtelung bezeichneten Möglichkeiten gilt das Prinzip der Zweipoligkeit aber genauso uneingeschränkt!

Aneinanderreihung von Strukturblöcken bedeutet das Aneinanderfügen von beliebigen Elementar-Strukturblöcken in beliebiger Reihenfolge. Dabei muß jedoch der Eingang des Nachfolge-Blocks stets deckungsgleich mit dem Ausgang des Vorgänger-Blocks zusammenfallen.

Beispiel: Elementar-Strukturblock (z.B. Zweifachverzweigung)

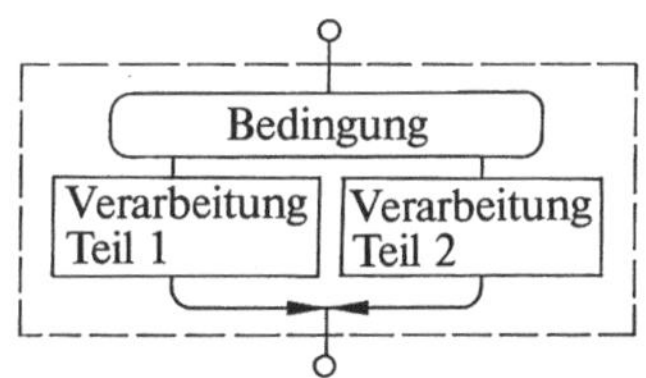

an diesen Strukturblock wird ein Elementar-Strukturblock „Schleife mit Vorabprüfung der Laufbedingung“ angefügt.

Ergebnis

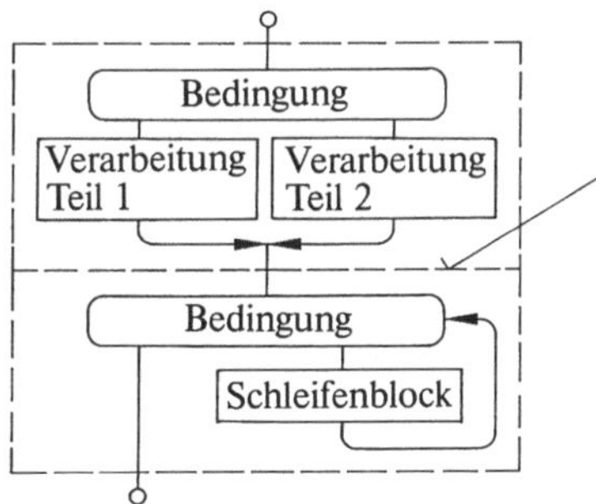

hier fallen Ausgangs- und Eingangskante deckungsgleich zusammen.
Die aneinandergefügten Elementar-Strukturblöcke besitzen nach außen hin wiederum nur einen einzigen Eingang und einen einzigen Ausgang. Damit ist das Prinzip der Zweipoligkeit voll erfüllt.

Das „Zwischenschieben“ eines Strukturblocks in eine bereits bestehende Strukturblockfolge geschieht übrigens genauso wie das Aneinanderreihen. Zu beachten ist das deckungsgleiche Zusammenfallen der jeweiligen Eingangs- und Ausgangskanten.

Ineinanderschachtelung von Strukturblöcken bedeutet das Einsetzen von weiteren, beliebigen Elementar-Strukturblöcken in die jeweiligen Unterblöcke von Verzweigungs- und Schleifenkonstruktionen. Dabei muß der Eingang des eingefügten Blocks dekkungsgleich mit der Kante des Unterblocks zusammenfallen.

Beispiel: Elementar-Strukturblock „Zweifachverzweigung"

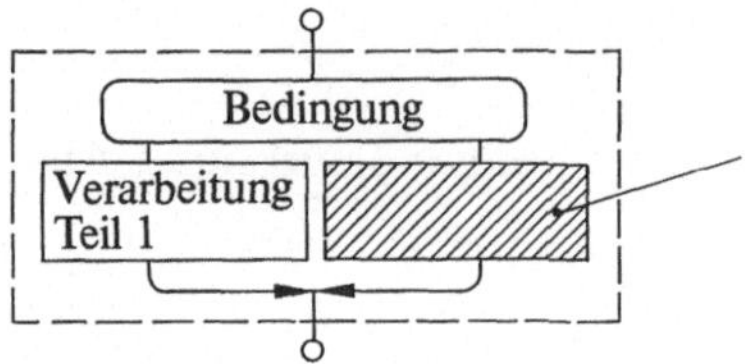

in diesen Unterblock wird ein Elementar-Strukturblock „Schleife mit Vorabprüfung der Laufbedingung" eingesetzt.

Ergebnis

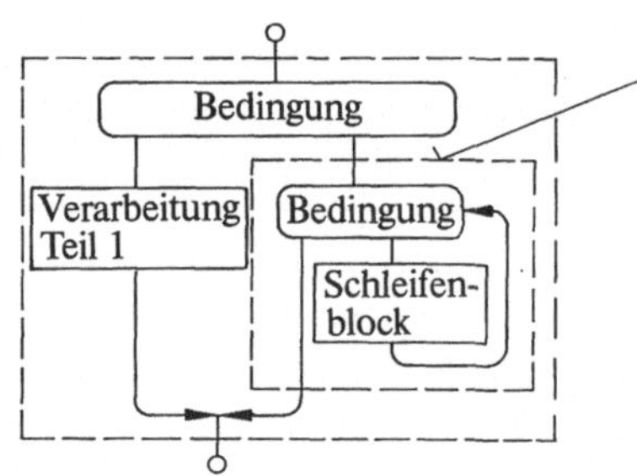

diese Eingangskante fällt deckungsgleich mit der Kante des Unterblocks zusammen. Trotz der Ineinanderschachtelung besitzt der Strukturblock „Zweifachverzweigung" nach wie vor nur einen einzigen Ausgang, d.h. das Prinzip der Zweipoligkeit wurde streng eingehalten.

Mag das strikte Einhalten des Prinzips der Zweipoligkeit am Anfang auch als kleinlich empfunden werden, weil es angeblich die Kreativität beim Programmieren behindert, so sehr wird man den Vorteil schätzen, wenn es später an Änderungen geht.

Und es gibt kein Programm, das nicht geändert wird!
Während der Testphase müssen z.B. logische Fehler eliminiert werden, beim späteren Einsatz sind Funktionsänderungen aufgrund neuer Bestimmungen/Verordnungen/Gesetze notwendig, usw.

Bei konsequenter Beachtung des Prinzips der Zweipoligkeit sind obengenannte Änderungen sowohl kleinerer als auch größerer Art problemlos möglich. Denn durch das Hinzufügen oder Herausnehmen von Strukturblöcken wird stets nur partiell die Ablaufkonstruktion geändert ohne Auswirkungen auf andere, meist sehr versteckte Programmstellen, wie dies bei Freistil-Konstruktionen fast immer der Fall ist.

An dieser Stelle sei auch der Hinweis gestattet, daß es meistens nicht gelingt, sehr alte Programme nachträglich den Regeln der Strukturierten Programmierung anzupassen. Der Umbau des Steuerflusses, die Abgrenzung der Prozeduren usw. ist meist so umfangreich, daß die Änderung aufwendiger wird als ein Neuentwurf. Es spricht jedoch nichts dagegen, die sogenannten generellen Lösungswege der älteren Programme zu nutzen, den Steuerfluß dagegen aber nur nach den Regeln der SP zu konstruieren. Dieser gesamte Themenkomplex findet in der heutigen Zeit weitaus stärkere Beachtung als früher, da man inzwischen erkannt hat, daß Programme einem stetigen Alterungsprozeß unterliegen. In diesem Zusammenhang wird auf das Verfahren „Reverse Engineering“ im Abschnitt 9.4 hingewiesen.

Das konsequente Vorgehen nach den Grundsätzen der SP zwingt, wie wohl inzwischen deutlich wurde, zu einer Denkweise, die die Übersichtlichkeit erhöht und damit logische Fehler früher erkennen läßt.

Blockkonzept

1) Was soll mit der Zweipoligkeit von Strukturblöcken erreicht werden?

2) Ist es erlaubt, daß ein Strukturblock mehr als einen Ein- und Ausgang enthält?

3) Was ist unter „Schachtelung von Strukturblöcken" zu verstehen?

4) Darf in eine bereits bestehende Folge von Strukturblöcken eine beliebige oder nur eine begrenzte Anzahl von weiteren Strukturblöcken dazwischengeschoben werden?

2.5 Lesbarkeit

Alle Aussagen zur Vorgehensweise der schrittweisen Verfeinerung, zur Beschränkung der Strukturblockarten und zum Blockkonzept sind ohne Einschränkung mit den heute verfügbaren Mitteln praktizierbar. Zahlreiche Einsatzfälle zeigen dies nicht nur auf, sondern demonstrieren die damit erreichte Wirksamkeit.
Die Methode der SP muß allerdings derzeit noch mit Hilfsmitteln arbeiten, die älter sind als sie selbst. Es müssen aber eingefahrene Gleise verlassen und die neuen Wege eingeübt werden. Diese Umgewöhnung braucht Zeit, zumal andere als die bekannten Darstellungsmittel die Methode besser unterstützen, wie später gezeigt werden wird.

Aber auch die Programmiersprachen zwingen zum Umdenken. Die heute am häufigsten verwendeten Sprachen lassen Techniken zu, die der SP widersprechen. Als Beispiel sei die freie Verwendung des Sprungbefehls genannt, der die Konstruktion beliebiger Steuerstrukturen ermöglicht. Daneben gibt es ein paar weitere Unzulänglichkeiten, die aber sehr erfolgreich für die Programmiersprachen Assembler und COBOL mit Hilfe eines Tools (COLUMBUS[1]) umgangen werden können. Neueste Programmiersprachen, wie PASCAL, ADA sind nach aktuellen methodischen Erkenntnissen aufgebaut und entsprechen in vielen Punkten bereits den Forderungen der SP.

Will man Programmentwürfe implementieren, so kann es also vorkommen, daß Programmiersprachen mit ihren Konventionen der SP nicht genügen, denn:

Programmplan und Programmtext sollen das dynamische Ablaufverhalten voraussehen lassen. Sie müssen daher so übersichtlich wie möglich gestaltet werden.

Was steckt hinter dieser Aussage? Der Programmplan, z.B. ein Ablaufdiagramm in Form eines Struktogramms, soll möglichst 1:1 in die Anweisungen einer Programmiersprache umgesetzt werden. Bei diesem Umsetzungsvorgang entsteht der Programmtext (Code). Die Lesbarkeit ist immer dann sehr gut, wenn das dynamische Ablaufverhalten einfach verfolgbar ist aus der statischen Niederschrift, also dem Programmtext. Ein Programm dokumentiert sich dadurch weitgehend selbst.
Der Programmplan kann als Diagramm oder verbal formuliert vorliegen. Die Überführung in den Programmtext (Code) kann in verschiedenen Sprachen erfolgen. Abhängig von der verwendeten Sprache und ihrer Syntax wird dabei die Struktur des Programmplans erkennbar beibehalten oder verschleiert.

[1] Ein softwaretechnologisches Werkzeug der Siemens AG.

Ein Beispiel soll dies an einem konventionellen und einem strukturierten Programmtext verdeutlichen. In beiden Programmen ist die gleiche Gesamtfunktion realisiert. A, B ... stehen für realisierte Teilfunktionen.

```
    IF p GOTO lq
    IF w GOTO lm
    L
    GOTO lk
 lm M
    GOTO lk
 lq IF q GOTO lt
    A
    B
    C
 lr IF NOT r GOTO ls
    D
    GOTO lr
 ls IF s GOTO lf
    E
 lv IF NOT v GOTO lk
    J
 lk K
    END
 lf F
    GOTO lv
 lt IF t GOTO la
    A
    B
    GOTO ltt
 la A
    B
    G
 lu IF NOT u GOTO ltt
    H
    GOTO lu
ltt IF NOT t GOTO lvv
    I
lvv IF NOT v GOTO lk
    J
    GOTO lk
```

```
IF p THEN
   A
   B
   IF q THEN
      IF t THEN
         G
         DOWHILE u
           H
         ENDDO
         I
      (ELSE)
      ENDIF
   ELSE
      C
      DOWHILE r
         D
      ENDDO
      IF s THEN
         F
      ELSE
         E
      ENDIF
   ENDIF
   IF v THEN
      J
   (ELSE)
   ENDIF
ELSE
   IF w THEN
      M
   ELSE
      L
   ENDIF
ENDIF
K
```

Sicherlich ist die linke Darstellung „überzeichnet". Dennoch spiegelt sie etwas von der Codierweise wider, in der manche Programme noch heute erstellt werden. Die SP läßt solche Konstruktionen nicht zu. Auch die rechte Darstellung erscheint auf den ersten Blick etwas übertrieben, ist aber korrekt nach der Konventionen der SP entstanden.

Wer sich in Programme hineindenken muß, die von ihm selbst vor längerer Zeit oder von anderen Personen erstellt wurden, merkt sehr bald, wie gut lesbar sie sind. Aus der Dokumentation sollten daher Programmplan und -text in aktueller, anschaulicher, übereinstimmender Form zur Verfügung stehen. Änderungen und Erweiterungen sind stets in beiden zu aktualisieren.

Die SP fordert die hierarchische Programmgliederung. Für ihre Darstellung gilt:

> Die Prozeduren einer Hierarchieebene sind von links nach rechts abzuarbeiten, gesteuert von der gemeinsamen Prozedur der übergeordneten Ebene.

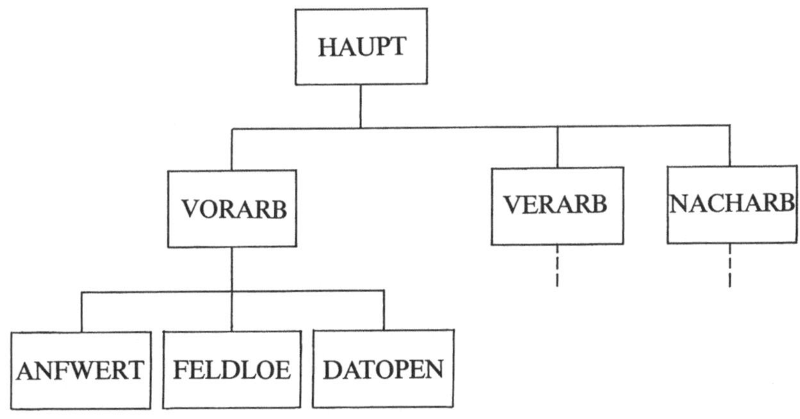

Wird entsprechend dieser Vorgabe implementiert, so bleibt das Hierarchiekonzept während des Programmablaufs erkennbar, d.h. das Ablaufverhalten entspricht der Aufrufstruktur der Hierarchie.

Bei der Implementierung der Strukturblöcke sollte ebenfalls in dieser Weise vorgegangen werden:

Strukturblöcke werden entsprechend ihrem elementaren Aufbau codiert. Liegt eine Auswahlstruktur vor, so wird sie von links nach rechts aufgelöst.

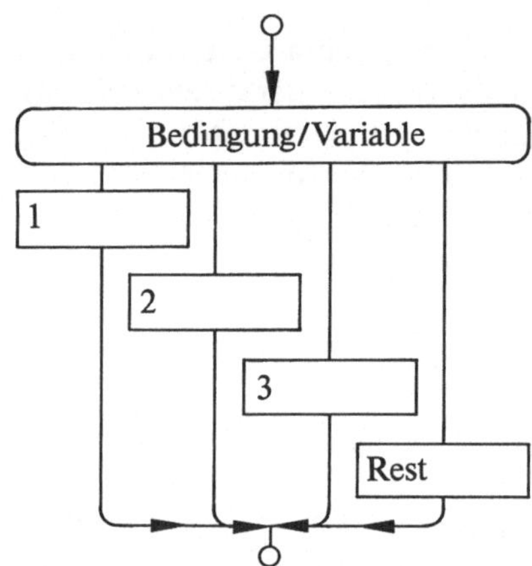

Bei einer Auswahlstruktur wird die Verständlichkeit durch eindeutige Kriterien erhöht. Dies bezieht sich ebenfalls auf die gleichbleibende Anordnung der JA-NEIN/-Zweige.

Eine wesentliche Rolle spielt bei diesem Grundsatz die Art der grafischen Darstellung. So ist die bisher verwendete Symbolik nach DIN 66001 für die SP nur begrenzt geeignet. Neu geschaffene Mittel, wie z.B. Strukturbäume und Struktogramme, zeigen den hierarchischen Aufbau, die Zweipoligkeit und den dynamischen Ablauf innerhalb der Strukturblöcke viel deutlicher. Sie werden im folgenden Kapitel genauer behandelt.

Wurden die Regeln der schrittweisen Verfeinerung, der Beschränkung der Strukturblockarten und des Blockkonzepts beachtet, stimmen Programmplan und Programmtext klar erkennbar überein und lassen sie auf einfache Weise das dynamische Ablaufverhalten erkennen, so spricht man von einem „wohlstrukturierten Programm".

Erreicht wird dies aber nur, wenn alle beschriebenen Aussagen zur SP eingehalten, geeignete Darstellungsmittel eingesetzt und SP-konforme Programmiersprachen oder Programmbefehle verwendet wurden.

Lesbarkeit

1) Welche Grundforderung ist zu erheben, damit Programme als „lesbar“ eingestuft werden?

2) Welche Konventionen der SP führen zu „lesbaren Programmen“?

3) Welche Darstellungsmittel erhöhen die Lesbarkeit?

2.6 Datenunterscheidung

Die bisher beschriebenen Konventionen bezwecken vor allem, „lesbare" Programme zu erstellen. Die folgenden Aussagen zur Datenunterscheidung und -verfügbarkeit zielen in erster Linie auf „zuverlässige" und „fehlerfreie" Programme:

Zwischen Programmsteuerungs- und Verarbeitungsdaten muß jederzeit klar unterschieden werden können.
Der Einfluß der Programmsteuerungsdaten muß auf jeder Entwicklungsebene und auch während der Einsatzdauer des Programms erkennbar sein.
Datenvereinbarungen sollen ihrem Einsatz entsprechend in den Prozeduren getroffen werden.
Datennamen sollen klar erkennen lassen, welches Objekt sie beschreiben. Unbenannte Daten, wie Literale, sind nicht zu benutzen.

Es sind zwei Gruppen von Daten zu unterscheiden, die Programme beeinflussen:

- Steuerungsdaten sind hauptsächlich Steuervariable wie Schalter, Weichen und ähnliches. Ihr Inhalt beeinflußt das Ablaufverhalten eines Programmes.
- Verarbeitungsdaten sind alle jene Daten, die während des Programmablaufs bearbeitet werden.

Nun kann es vorkommen, daß ein Datum zugleich Steuerungs- und Verarbeitungsdatum ist.
Gruppenbegriff verwendet als Steuervariable

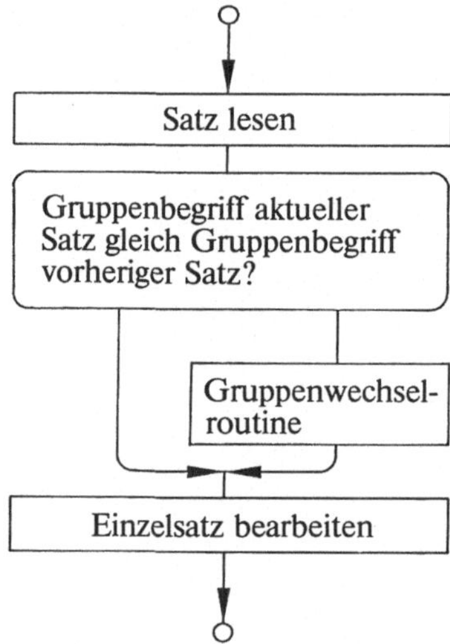

Gruppenbegriff verwendet als Verarbeitungsdatum

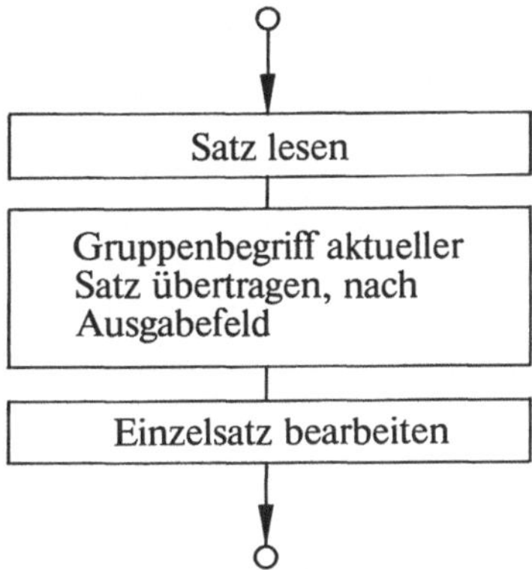

In diesen Fällen sollte das Datum so gekennzeichnet sein, daß es sofort beim Aufruf als Steuerungs- oder Verarbeitungsdatum erkennbar ist. Dies bedeutet, daß solche Daten ggf. unter zwei verschiedenen Namen gespeichert werden.
Damit beeinflußt eine spätere Änderung des Steuerungsdatums nicht das Verarbeitungsdatum. Bei der zweiten Möglichkeit, dem gleichen Datum zwei Namen zu geben (z.B. durch Redifinition eines Steuerungs- und Verarbeitungsnamens), muß im Änderungsfall stets die Auswirkung auf die Steuerung und die Bearbeitung geprüft werden.

Während der Programmentwicklung wird schrittweise vorgegangen: Funktionen und Arbeitsweisen werden ebenenweise entwickelt. Es bietet sich daher an, auch die Daten den Hierarchieebenen zuzuordnen, in denen sie bearbeitet werden.
Die Richtigkeit der Steuerungsdaten ist damit sofort feststellbar. Erst wenn der Steuerfluß einer Ebene korrekt und die Dokumentation abgeschlossen ist, darf mit dem nächsten Schritt begonnen werden.

Um die Sicherheit der Verarbeitungsdaten zu gewährleisten, kann der Zugriff darauf eingeschränkt werden. Es ist zu unterscheiden zwischen globalen und lokalen Daten:

- Globale Daten sind von allen Programmteilen ansprechbar. Der Gültigsbereich erstreckt sich über das gesamte Programm.
- Lokale Daten sind Daten, die nur innerhalb einer Prozedur benötigt werden, z.B. um Zwischenergebnisse aufzunehmen, Zähler zu setzen usw. Ihr Gültigkeitsbereich ist auf den vom Programmierer zugewiesenen Prozedurbereich beschränkt.

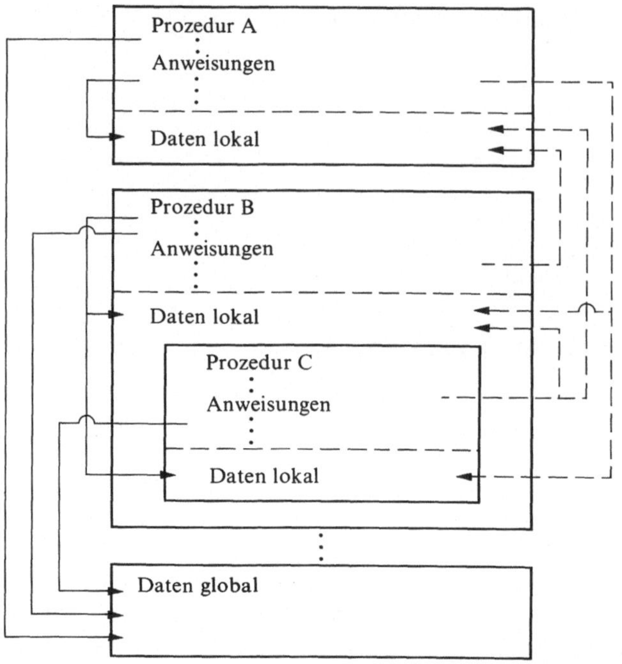

Mit der Teilung der Daten in diese beiden Kategorien wird zunächst ihr Einfluß im Programm örtlich begrenzt. Darüber hinaus muß sichergestellt sein, daß sie in den verschiedenen Prozeduren jeweils im gewünschten Format und Wertebereich zur Verfügung stehen. So dürfen beispielsweise für eine numerische Verarbeitung nicht plötzlich alphanumerische Daten bereitgestellt sein oder gar nur Teile der gewünschten Daten zur Verfügung stehen.

Fehlerhafte Verarbeitungsdaten führen in der Regel bei ihrer ersten Bearbeitung zu einem Fehler und damit zu einem Halt des Programms. Bei fehlerhaften Steuerungsdaten ist das Ergebnis nicht vorhersehbar. Es reicht von einer Endlosverarbeitung (Endlosschleife) bis zu einem „normalen Programmende", wobei jedoch falsche Endergebnisse entstanden sind. Es sind daher Prüfungen notwendig, ob z.B. gültige Entscheidungskriterien für Verzweigungen vorliegen, ob in einer Wiederholungsstruktur die Anfangsparameter gesetzt sind oder ob die Abbruchbedingung erreicht werden kann.

Es gilt als hohe Programmiertugend, alle externen Daten, die im Programm verarbeitet werden, zunächst einer Plausibilitätsprüfung zu unterziehen. Erst danach dürfen diejenigen Daten, die als einwandfrei erkannt wurden, weiterverarbeitet werden.

Datenunterscheidung

1) In welche Gruppen können Daten gegliedert werden?

2) Welche Forderungen sollte ein Datenname erfüllen?

3) Was ist zu tun, wenn das gleiche Datum zugleich für die Steuerung und die Verarbeitung verwendet wird?

4) Welche Vorteile bietet die Möglichkeit der lokalen und globalen Datenunterscheidung?

3 Darstellungsmittel für die Strukturierte Programmierung

Fassen wir die Aussagen der bisherigen Kapitel kurz zusammen, so ergeben sich drei grundsätzliche Merkmale der SP:

- sie ist eine Methode,
- sie besteht aus einigen wenigen Regeln,
- diese Regeln beziehen sich auf alle Entwicklungsschritte eines Programms.

Betrachten wir die Anwendung dieser Regeln in den Entstehungsphasen näher, so sind vor allem zwei Abschnitte festzustellen:

- strukturierter Programmentwurf,
- strukturiertes Codieren (Implementierung).

Bei der Wahl einer geeigneten Programmiersprache ist die Erstellung strukturierten Codes sehr gut möglich.

Der strukturierte Entwurf eines Programms dagegen ist in allen Teilen weitaus schwieriger zu verwirklichen. Er ist abhängig von der Problemstellung, den Bedingungen, unter denen die Entwicklung stattfindet, und nicht zuletzt von den Darstellungsmitteln. Hier gibt es eine Reihe von Hilfen, die in mehr oder minder starkem Umfang einen strukturierten Entwurf ermöglichen, unterstützen oder gar erzwingen. Dabei wird eine Kombination verschiedener Darstellungsmittel in der Praxis empfohlen. Die nachstehenden Beschreibungen stellen einige der gebräuchlichsten mit ihren Vor- und Nachteilen dar.

3.1 Baumdiagramme

Ein erfolgreicher Programmentwurf hängt wesentlich von der visuellen Darstellung der Ergebnisse ab. Um eine Programmstruktur oder ihre Funktionen überschaubar zu planen, bietet sich das Vorgehen nach der schrittweisen Verfeinerung und die Verwendung von Baumdiagrammen an. Hierbei kann man zwei verschiedene Diagramme unterscheiden:

- Funktionsbäume,
- Prozedurbäume.

Der Funktionsbaum zeigt die einzelnen Programmfunktionen. Sie sind hierarchisch in über- und untergeordnete Funktionen gegliedert.

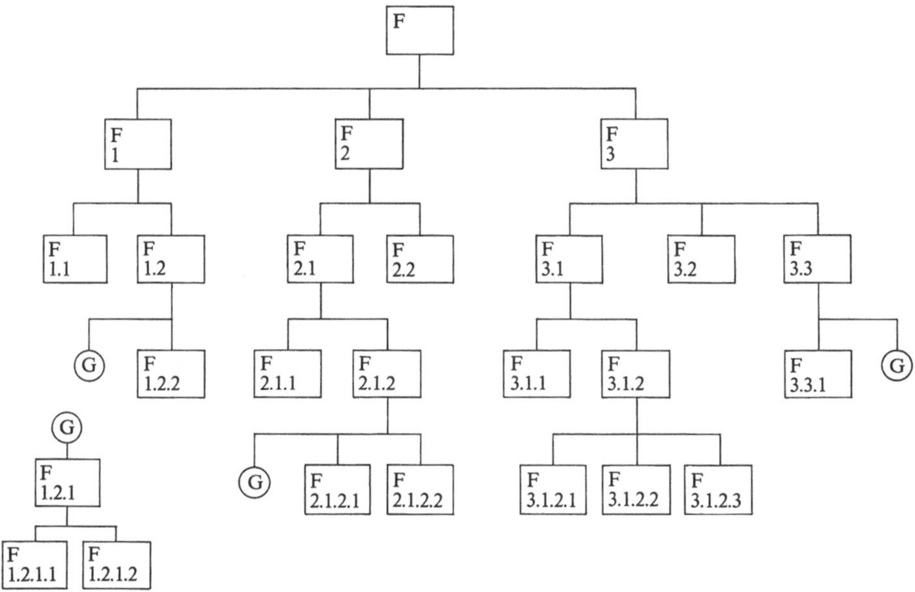

Bei der funktionalen Auflösung stellt man fest, daß manche Teilfunktionen oder sogar ganze Zweige mehrfach im Baum vorkommen können. Diese Funktionen können dann aus dem Baum als eigene „Teilbäume“ ausgelagert werden. Im Ursprungsbaum kennzeichnet ein Konnektor, wo sie benötigt werden.

In der Beschreibung des Vorgehens nach der schrittweisen Verfeinerung wurde deutlich, daß die funktionale Auflösung der Gesamtaufgabe nur den ersten Teil des Programmentwurfs bildet. Der zweite Teil besteht in der Konstruktion von zugehörigen Prozeduren (programmtechnische Zusammensetzung).

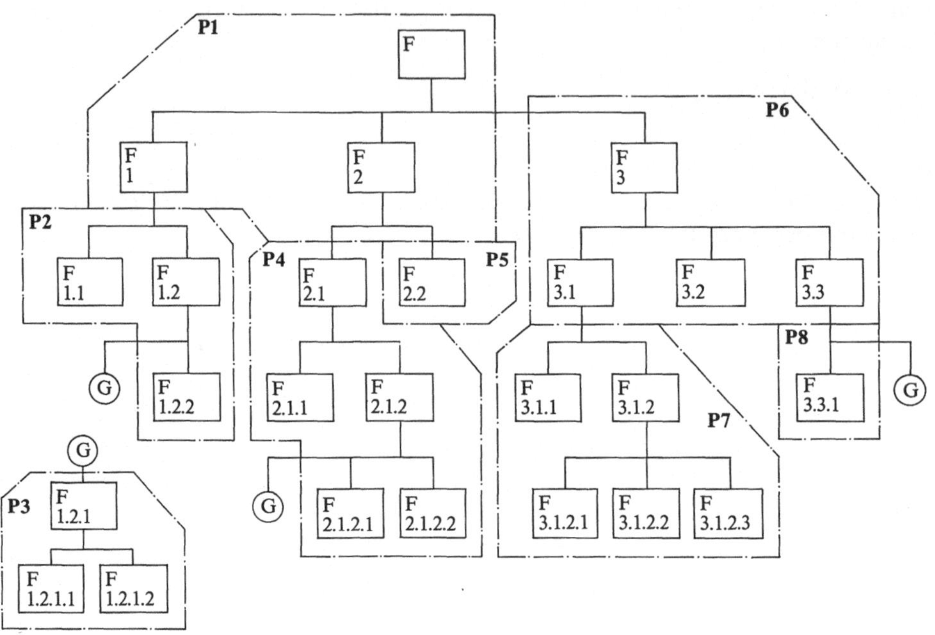

Hierbei wird in der Regel nicht jede Funktion eine geschlossen aufrufbare Prozedur bilden, sondern es werden mehrere Funktionen einer oder verschiedener Ebenen zu einer Prozedur zusammengefaßt.

Der Prozedurbaum zeigt die einzelnen Programmteile (Prozeduren) in ihrer hierarchischen Aufrufstruktur.

Auch hier können gleichrangige Prozeduren an mehreren Stellen der Aufrufstruktur aufgeführt sein. Realisiert sind sie jedoch nur einmal.

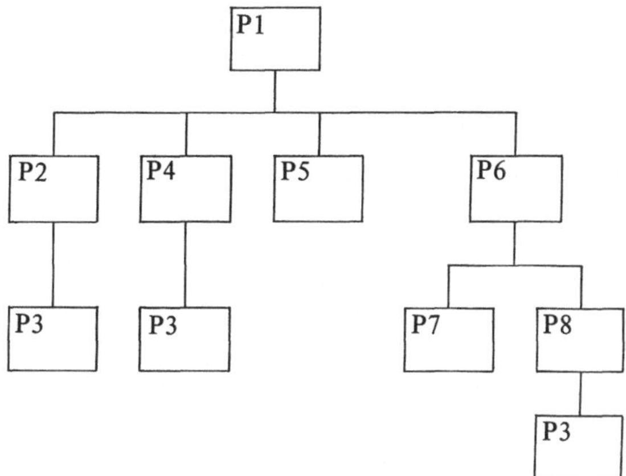

Der Prozedurbaum zeigt allerdings die geplante Programmgliederung nur statisch. Das dynamische Ablaufverhalten ist mit einem Baumdiagramm nicht sehr günstig darstellbar. Hier empfiehlt sich die Verwendung von Struktogrammen (siehe Abschnitt 3.2), mit denen sich auch die Regeln der Strukturierten Programmierung einfach und präzise einhalten lassen.

3.2 Struktogramme

Auf der Suche nach Darstellungsmitteln, die die SP wirksamer als DIN 66001 unterstützen, wurden von den beiden Amerikanern Nassi und Shneiderman neue Symbole entwickelt[1]. Diese „Nassi-Shneiderman-Diagramme" werden auch kurz Struktogramme genannt.

Struktogramme bilden jeden Elementar-Strukturblock als eindeutig erkennbares Einzelsymbol ab.

Das gemeinsame Kennzeichen aller Elementar-Strukturblöcke ist als „Außengrafik" stets ein Rechteck, das in beliebigem Seitenverhältnis dargestellt werden kann. Die jeweilige Arbeitsweise (Folge, Auswahl, Wiederholung) geht erst aus der „Innengrafik" des Strukturblocks hervor. Diese, für die jeweiligen Arbeitsweisen natürlich unterschiedlichen, Innengrafiken sind aber so gewählt, daß sie wiederum Rechtecke erzeugen. Mit dieser an sich simplen, aber doch so cleveren Lösung wird erreicht, daß in jeden beliebigen Unterblock sehr leicht ein beliebiger weiterer Elementar-Strukturblock eingesetzt werden kann.

Für die Konstruktion zusammengesetzter Strukturblöcke gibt es gemäß dem Blockkonzept zwei einfache Regeln:

Aneinanderreihen: **Ein Strukturblock wird an einen anderen gereiht, indem die gesamte Ausgangskante des voranstehenden Strukturblocks mit der gesamten Eingangskante des nachfolgenden Strukturblocks zusammengelegt wird. Ein durch solche Reihung entstandener Strukturblock wird Sequenz genannt.**

Ineinanderschachteln: **In die Unterblöcke von Auswahl- und Schleifenkonstruktionen können kantendeckend beliebige Strukturblöcke eingesetzt werden.**
Da nur kantendeckend gearbeitet werden darf, bildet grundsätzlich jeder beliebig zusammengesetzte Strukturblock wieder einen Zweipol und das in jeder Schachtelungsebene.

[1] Nassi, J.; Shneiderman, B.: Flowchart Techniques for Structured Programming. In: ACM Sigplan

Die sechs Elementar-Strukturblöcke werden nach Nassi-Shneiderman wie folgt dargestellt:

Seqenzsteuerblock

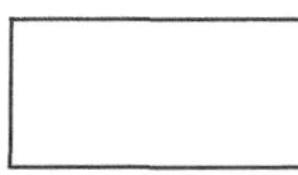

Dieses Rechteck enthält als einziges Symbol keine Innengrafik!
Der einzelne Verarbeitungsschritt kann z.B. ein Rechenbefehl, eine Ein/Ausgabeanweisung usw. sein.

Prozeduraufruf

Das Kennzeichen für den Prozeduraufruf ist die „Walze" innerhalb des Rechtecks, in die der Name des Unterprogramms eingetragen (hier UPRO) wird, das durchlaufen werden soll. Da nach Abarbeitung des Unterprogramms von dort bedingungslos wieder an die Aufrufstelle zurückgekehrt wird, kann das Unterprogramm auch als „ausgelagerte Verarbeitungsschritte" angesehen werden. Nach Rückkehr aus dem Unterprogramm wird der erste Befehl des Folgestrukturblocks ausgeführt, der sich an der Ausgangskante anschließt.

Zweifachverzweigung

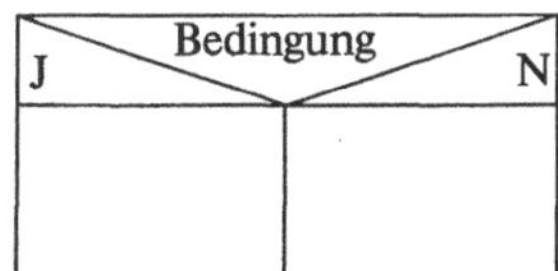

Das Kennzeichen der Zweifachverzweigung ist ein Dreieck, das von der ganzen Eingangskante mit der Spitze nach unten gezeichnet wird. In das Dreieck selbst wird die Verzweigungsbedingung eingetragen. Die Spitze des Dreiecks teilt den restlichen Innenraum auf in die beiden Unterblöcke: JA-Zweig und NEIN-Zweig. Über die Ausgangskante wird der Strukturblock in jedem Falle verlassen, egal welcher Unterblock tatsächlich durchlaufen wurde. Jeder Unterblock kann mit den unterschiedlichsten Verarbeitungsschritten besetzt sein, im Falle der Ineinanderschachtelung sogar mit beliebigen Elementar-Strukturblöcken.

Mehrfachverzweigung

W1 W2 W3 W4 Variable

Das Kennzeichen der Mehrfachverzweigung ist eine Schräge, die von der linken oberen Ecke nach rechts in beliebigem Winkel gezeichnet wird. In das so entstandene Dreieck wird die Variable eingetragen, die auf ihren Inhalt geprüft wird.

Der unter der Schräge liegende Innenraum wird in so viele Unterblöcke unterteilt, wie es der Anzahl der Bedingungsmöglichkeiten entspricht. Über dem Querstrich eines jeden Unterblocks wird der für diesen Fall zutreffende Überprüfungswert der Variablen eingetragen. Über die Ausgangskante wird der Strukturblock in jedem Falle verlassen, egal welcher Unterblock nun tatsächlich durchlaufen wurde.

Schleife mit Vorabprüfung der Laufbedingung

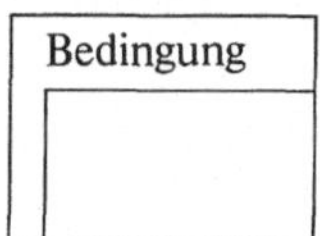

Die Wiederholungsstruktur wird bei Struktogrammen stets durch ein nach rechts unten gesetztes Innenrechteck, dem Schleifenblock, gekennzeichnet. Der Schleifenblock nimmt alle Verarbeitungsschritte auf, die wiederholt ablaufen sollen. Alle innerhalb des Schleifenblocks eingetragenen Verarbeitungsschritte werden, wie bei einer Sequenz, in der Reihenfolge der Niederschrift ausgeführt.

Vor dem Schleifenblock liegt jedoch die Abfrage der Laufbedingung. Ergibt die Abfrage die Antwort JA, so wird der Schleifenblock Schritt für Schritt abgearbeitet. Am Ende des Schleifenblocks wird bedingungslos wieder auf die Abfrage der Laufbedingung zurück gesprungen. Wenn die Abfrage der Laufbedingung jedoch die Antwort NEIN ergibt, wird kein einziger Verarbeitungsschritt des Schleifenblocks mehr ausgeführt, sondern sofort an das Ende des Strukturblocks verzweigt und das Programm mit dem nächstfolgenden Strukturblock fortgesetzt.

Schleife mit Abbruchbedingung

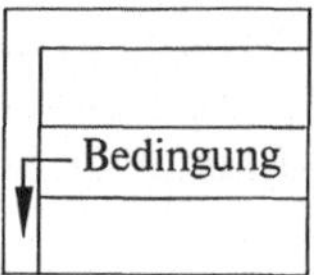

Auch diese Wiederholungsstruktur besitzt das nach rechts unten gesetzte Innenrechteck, das den Schleifenblock kennzeichnet. Die den Ablauf steuernde Bedingung sitzt an beliebiger Stelle in diesem Schleifenblock, der natürlich auch alle Verarbeitungsschritte enthält, die wiederholt ablaufen sollen.

Beim Ablauf dieses Strukturblocks wird sofort mit der Ausführung des ersten Befehls im Schleifenblock begonnen, dann mit der nachfolgenden Anweisung fortgesetzt und so weiter und so fort. Ist die nachfolgende Anweisung aber die Abbruchbedingung und ergibt die Abfrage die Antwort NEIN, so werden die im Schleifenblock nachfolgenden Verarbeitungsschritte bis zu dessen Ende ausgeführt. Am Ende des Schleifenblocks wird bedingungslos wieder auf den Anfang des Schleifenblocks zurückgesprungen und der geschilderte Ablauf wiederholt sich. Erst wenn die Abfrage der Abbruchbedingung die Antwort JA ergibt, wird sofort aus dem Schleifenblock heraus an das Ende des Strukturblocks gesprungen. Alle im Schleifenblock noch nachfolgenden Anweisungen werden nicht mehr ausgeführt, sondern das Programm setzt mit dem unmittelbar anschließenden Strukturblock fort.
Es wird nicht gefordert, daß im Schleifenblock nur eine einzige Abbruchbedingung vorhanden ist, es können derer im Prinzip unendlich viele sein.

Zu den sechs Elementar-Strukturblöcken, mit denen alle notwendigen Ablaufkonstruktionen hergestellt werden können, haben Nassi-Shneiderman noch einen weiteren Strukturblock, allerdings ohne Steuerfunktion, gestellt aufgrund folgender Überlegungen:
Sicher sorgt die hierarchische Programmstruktur der SP für klare, gut lesbare Programme. Doch ist auch innerhalb von Funktionsblöcken/Prozeduren eine deutliche Kennzeichnung von Teilabläufen, logischen Einheiten, Arbeits-Teilschritten usw. sehr hilfreich, vor allem, wenn diese auch noch mit aussagekräftigen Namen versehen werden. Für solche außerordentlich nützliche Zusammenfassungen ist der folgende Strukturblock vorgesehen:

Klammersymbol

Name

In das Innenrechteck werden die Elementar-Strukturblöcke in beliebiger Anordnung, natürlich unter Einhaltung der Regeln der SP, gesetzt. Prozeduren werden stets mit dem Klammersymbol versehen.

Welche Vor- und Nachteile ergeben sich durch Struktogramme?

- Die einzelnen Strukturblöcke entsprechen voll der Regeln der SP, (Blockkonzept und Beschränkung auf sechs Grundstrukturen).
- Der Umfang von Schleifen wird deutlich sichtbar gemacht.
- Die Auswirkungen von Bedingungen werden klar erkennbar.
- Struktogramme zwingen mehr als andere Darstellungsmittel dazu, Blöcke im Umfang so zu planen, daß ihre Abbildung nicht über eine Seite hinaus geht. Dadurch entstehen überschaubare Programme, die aus überschaubaren Teilen zusammengesetzt sind.
- Struktogramme passen sich der schrittweisen Verfeinerung an.
- Struktogramme bilden abgeschlossene logische Einheiten, die direkt codiert werden können. Sie sind daher sehr programmnah.
- Struktogramme sind keine statischen Programmteile, die Funktionen wiedergeben, sondern dynamische Ablauffolgen, durch die die statische Zusammensetzung der Programmkomponenten aufgezeigt wird.
- Etwas ungünstig ist die Handhabung der Struktogramme im Falle einer zeichnerischen Änderung, vor allem wenn die „Innenrechtecke“ nur noch kleine Flächen aufweisen. Eventuell muß das Struktogramm auseinander geschnitten und mit dem einzufügenden Teil wieder zusammengeklebt werden. In dieser Hinsicht ist der Einsatz eines Tools, mit dem aus dem Programmtext heraus auch die grafische Darstellung gewonnen werden kann, immer von Vorteil.
- Bei sehr viel ineinandergeschachtelten Auswahlstrukturen geht ab einer bestimmten Ebenenzahl sehr schnell die Übersichtlichkeit verloren, die Lesbarkeit solcher Stellen läßt deutlich nach. In diesen Fällen sollte überlegt werden, ob nicht eine Entscheidungstabelle Abhilfe schafft. Diese Entscheidungstabelle wird dann so gestaltet, daß sie einen eigenständigen Strukturblock nach den Regeln der SP bildet.

E-Tabelle				
B1				
B2				
B3				
A1				
A2				
A3				
A4				

Struktogramme

1) Es sind für die sechs elementaren Strukturblöcke die entsprechenden Struktogramme zu zeichnen.

2) Mit welchem Symbol können Funktionsteile oder logische Einheiten zusammengefaßt werden?

3) Was ist eine Sequenz?
Welche Regeln gelten für ihre Bildung?

4) Der folgende zusammengesetzte Strukturblock enthält Fehler. Man versuche zu erkennen, wo nicht kantendeckend gearbeitet wurde.

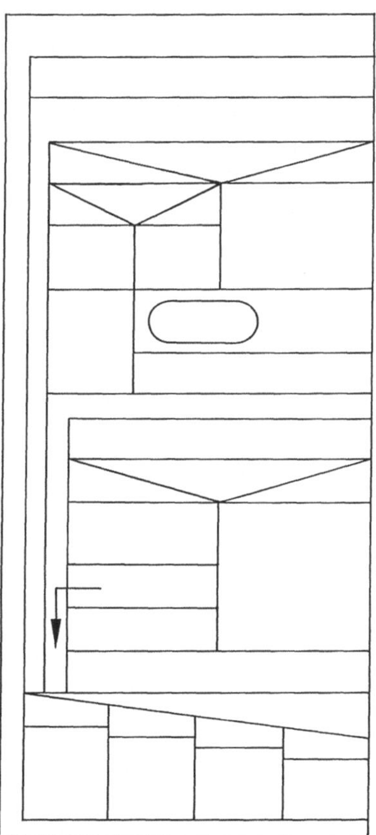

3.3 Verbale Entwurfssprache

Mit Struktogrammen kann die Ablaufstruktur eines Programms hervorragend nach den Regeln der SP festgelegt werden. Die in die einzelnen Blöcke einzusetzenden Verarbeitungsschritte können dabei entweder als Befehle einer Programmiersprache (dann fixiert durch deren Syntax) oder aber als freier Text einer beliebigen Umgangssprache formuliert sein. In einem solchen Text kann nicht nur die Verarbeitung beschrieben sein, sondern auch durch zusätzliche Bemerkungen, z.B. der gewählte prinzipielle Lösungsweg erklärt werden.

Der Entwurf in einer Umgangssprache bietet eine Reihe von Vorteilen:
- Der Entwurf entsteht problembezogen und muß in der Struktur zunächst auf keine Implementierungsprobleme Rücksicht nehmen (z.B. Art und Umfang der Sprachelemente).
- Die Aufgabenstellung kann schrittweise verfeinert werden und dann abschnittsweise (Blöcke/Prozeduren) in der vorgesehenen Programmiersprache codiert werden.
- Bemerkungen und Verarbeitungstexte der Umgangssprache können als Pseudocode in den Programmtext der Implementierung übernommen werden und unterstützen somit die schritthaltende, allgemeinverständliche Dokumentation. Pseudocode ist Text, der von einem Compiler nicht übersetzt werden kann, er wird in den meisten Programmiersprachen als Kommentar realisiert.
- Der Text in Umgangssprache führt zu weniger Verständnisschwierigkeiten mit den Fachabteilungen, da für das Verständnis der Programmfunktionen und des Programmablaufes die Kenntnis einer Programmiersprache nicht erforderlich ist.

Anhand eines einfachen Beispiels wird der Einsatz der verbalen Entwurfssprache in einem Programmentwurf vorgestellt.

Beispiel: Seitenumbruch

1. Problemstellung:
   Raumsparender Ausdruck von Textabsätzen auf einer Druckseite.

2. Prinzipieller Lösungsweg:
   - Für jeden Textabsatz wird die für ihn erforderliche Druckzeilenzahl festgestellt.
   - Die auf eine Druckseite maximal passende Zeilenzahl wird wie folgt in 2 Bereiche geteilt:

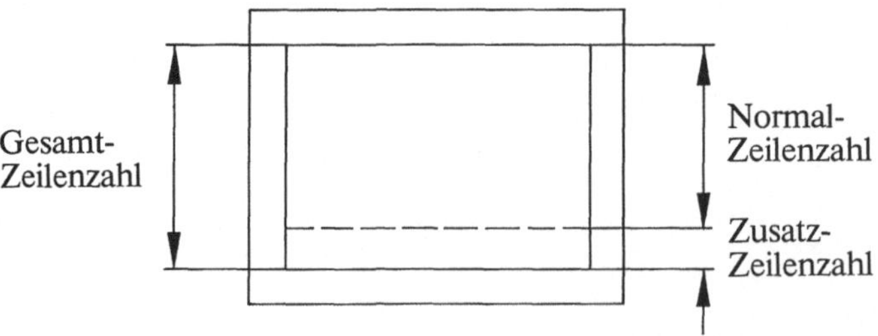

- Von der Normal-Zeilenzahl wird die jeweils für einen Textabsatz verwendete Druckzeilenzahl abgezogen und ergibt die noch zur Verfügung stehende Restzeilenzahl.
- Paßt ein Textabsatz nicht mehr in den Normalbereich, so ist zu prüfen, ob der um den Zusatzbereich erweiterte Raum ausreicht. Wenn ja, wird noch auf der selben Seite gedruckt.
- Um bei umfangreichen Textabsätzen (mit hoher Druckzeilenzahl) nicht große „weiße Flecken" entstehen zu lassen, muß geprüft werden, ob der Textabschnitt nicht auf 2 Seiten verteilt werden kann. Die Teilung ist aber nicht mehr sinnvoll, wenn die Restzeilenzahl kleiner als 4 ist.

3. Eine mögliche Lösung, dargestellt in Struktogrammen:

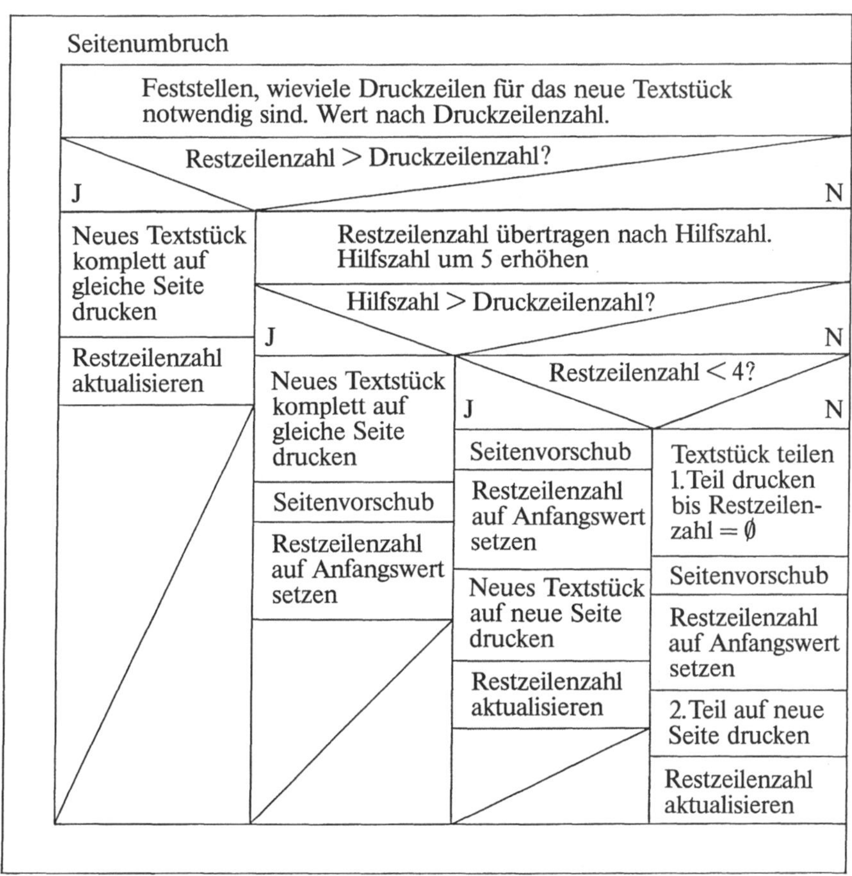

3.4 DIN-Normen

Zweck der Normen ist eine einheitliche und anschauliche Darstellung von Aufgabenlösungen. Dazu legen Normen Sinnbilder und deren Anwendung fest. Normen sollen die Übersichtlichkeit und Verständlichkeit von Programmabläufen fördern.
Für die Strukturierte Programmierung einschlägige DIN-Normen der Informationsverarbeitung sind (ohne Anspruch auf Vollzähligkeit):

DIN 44 300 Begriffe
DIN 66 001 Sinnbilder und ihre Anwendung
DIN 66 260 Hierarchisch strukturierter Programmablauf
DIN 66 261 Sinnbilder für Struktogramme
DIN 66 262 Programmkonstrukte mit abgeschlossenen Zweigen

Die Symbole nach DIN 66001 sind allgemein bekannt und werden immer noch eingesetzt. Sie können zur Darstellung der Blockstruktur nach den Regeln der SP verwendet werden. Leider bildet aber diese Darstellungssymbolik die Struktur nicht „leicht erkennbar" ab, sondern verschleiert sie eher. Gerade bei Wartungsarbeiten sind dann mehr Überlegungen und ein höherer Aufwand erforderlich als bei anderen Darstellungsformen. Außerdem ist nicht sicher gestellt, daß die Konstruktionen den Regeln der SP entsprechen.
Die Kenntnis der Symbole nach DIN 66001 kann daher nur dann dienlich sein, wenn ein älteres Programm noch einmal interpretiert werden muß. Nur für diesen Fall sind hier die sechs Elementar-Strukturblöcke in DIN 66001 dargestellt.

Einzelner Verarbeitungsschritt

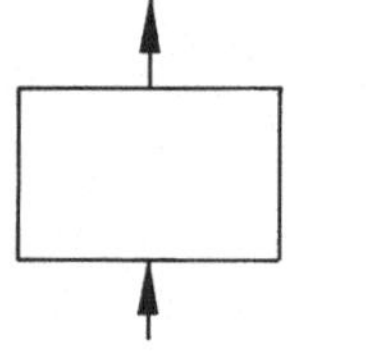

Prozeduraufruf

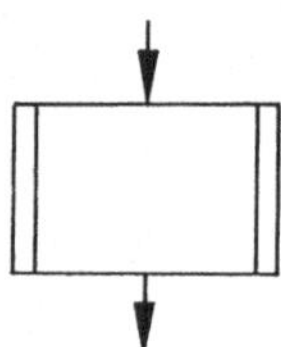

Zweifachverzweigung

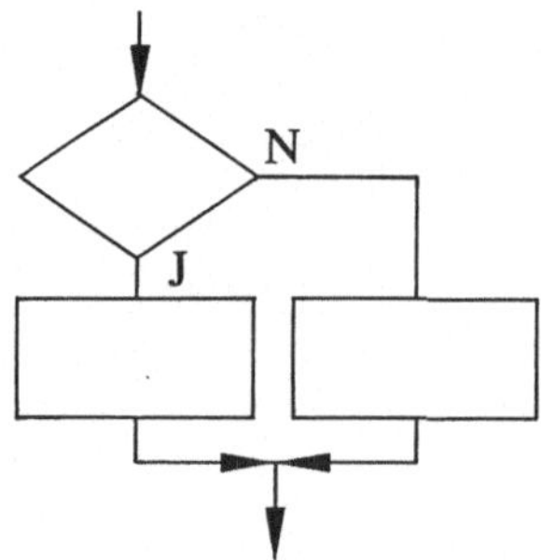

Mehrfachverzweigung

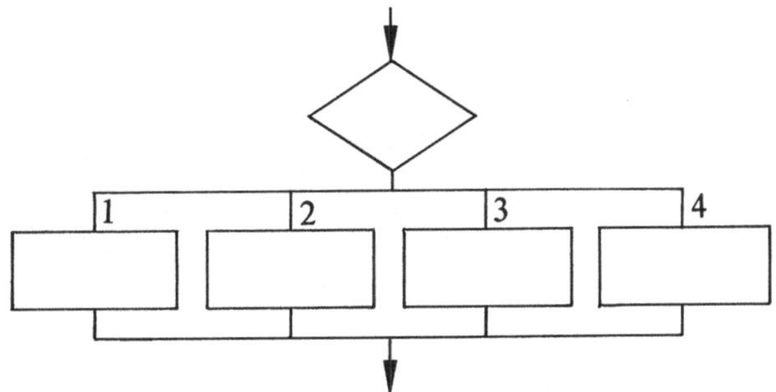

Schleife mit Vorabprüfung der Laufbedingung

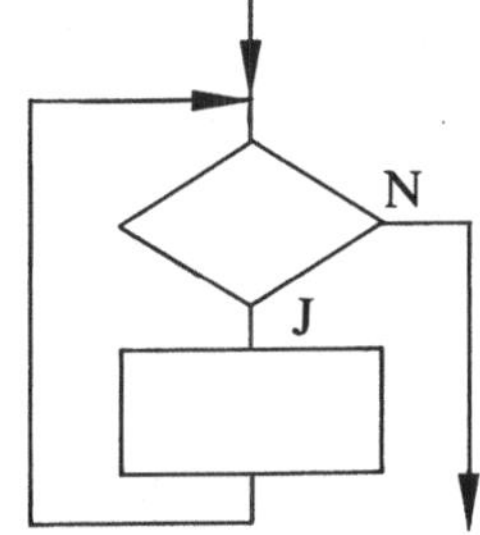

Schleife mit Abbruchbedingung

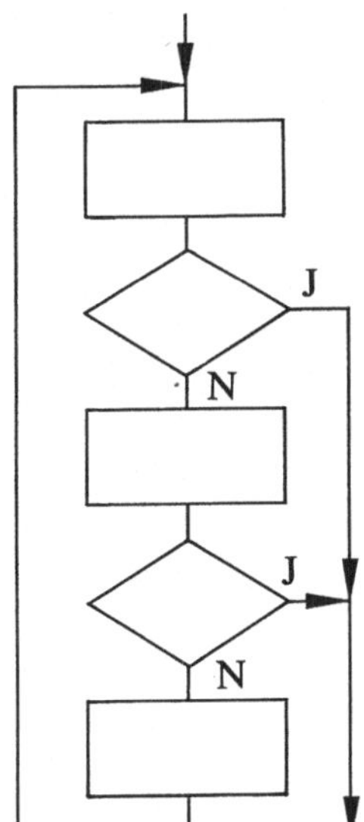

4 Beispiele und Übungen zu Struktogrammen

4.1 Praktische Hinweise

Natürlich kann man die im Abschnitt 3.2 vorgestellten Nassi-Shneiderman-Struktogramme auch freihand zeichnen, je nach Übung wird jedoch das Ergebnis entsprechend aussehen, nämlich von hervorragend bis nahezu unkenntlich. Am besten greift man zu dem überall erhältlichen DIN A4-Block mit kariertem Papier, dazu noch ein normales Lineal plus Schreibgerät. Eine Zeichenschablone ist eigentlich nicht vonnöten.
Auf dem DIN A4-Blatt beginnt man als erstes oben mit dem Rahmenteilstück des Klammersymbols und zwar auf voller Breite (minus 2 cm Heftrand links !). Danach trägt man in dieses Rahmenstück den Namen des Programmteils ein, das auf diesem Blatt entworfen wird. Mit dieser ganz einfachen Anfangsroutine verhindert man, später namenlose fliegende Blätter zu haben, die sich nur mühsam wieder in den Gesamtzusammenhang einordnen lassen. Das Ausnutzen der vollen Zeichenbreite gleich zu Anfang hat den Vorteil, daß man auch dann noch ausreichend Platz hat, wenn später im Fortschreiten der Arbeit Strukturblöcke ineinandergeschachtelt werden müssen, also tiefere Schachtelungsebenen entstehen. Unterblöcke im Briefmarken-Standardformat bieten nun mal kaum noch Platz für aussagefähige Texte.

Der Strukturblock „Prozeduraufruf“ enthält nach Nassi-Shneiderman-Originalvorschlag als Innengrafik eine Walze, in die der Prozedurname einzutragen ist. Das Zeichnen dieses Symbols bringt jedoch Probleme, da eine solche Walze freihandmäßig selten perfekt gelingt. Man kann in diesem Falle zwar eine Zeichenschablone benutzen, doch stimmt meist deren Walzen-Ausschnitt weder mit der Textlänge noch der Schrifthöhe überein. Für Programmentwürfe bietet sich daher eine leichte Abänderung der Grafik an, die schneller zu zeichnen ist und trotzdem die gleiche Aussagefähigkeit besitzt. Hier erlaubt sich der Autor den folgenden Vorschlag zu machen, der sich nicht nur bei dessen eigenen Arbeiten, sondern auch in zahlreichen Ausbildungskursen bereits bewährt hat:

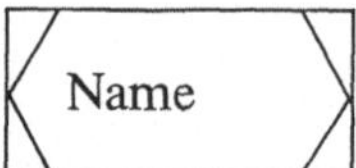

Beim Strukturblock „Zweifachverzweigung“ wird nicht gefordert, daß die Spitze des Dreiecks den Innenraum stets genau hälftig teilt. Folgende Formen sind ebenfalls korrekt:

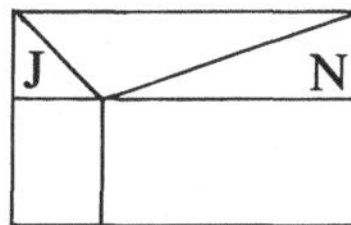

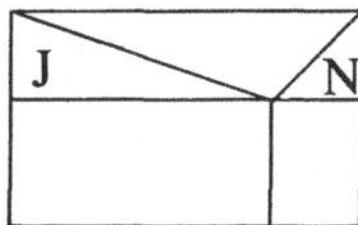

Man stellt sich das Dreieck am besten als einen Gummifaden vor, der beliebig von links nach rechts (und wieder zurück!) bewegt werden kann.
Es ist auch zulässig, einen Unterblock leer zu lassen, d.h. keine Verarbeitungsschritte einzutragen. Solche Fälle kommen in der Ablauflogik durchaus vor. Man kennzeichnet einen solchen Fall am besten mit einem Diagonalstrich im betreffenden Unterblock. Das sieht dann folgendermaßen aus:

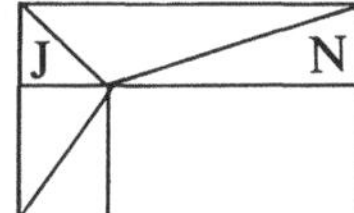

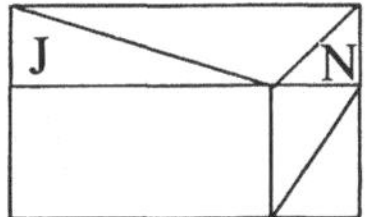

Zweckmäßigerweise zeichnet man den leeren Unterblock immer als den schmaleren, man gewinnt dadurch Beschriftungsraum für den jeweils anderen.

Beim Strukturblock „Mehrfachverzweigung“ entscheidet bekanntlich der Inhalt einer Variablen, welcher Unterblock angesteuert wird. Besitzt die Variable beim tatsächlichen Programmablauf aber einen Inhalt/Zustand, für den keine Bedingung und daher auch kein Unterblock formuliert wurde, dann wirkt sich dies so aus, als wenn der ganze Strukturblock quasi übersprungen wird. Fatalerweise erhält man in einem solchen Falle auch keine Nachricht darüber, daß hier beim Programmentwurf eine oder mehrere Bedingungsmöglichkeiten der Variablen übersehen oder vergessen wurden.
Nach dem Grundsatz „erst ein erkannter Fehler kann auch beseitigt werden“ fügt man daher stets einen weiteren Unterblock ein, der neben den einzelnen präzisierten Bedingungsmöglichkeiten eben deren Rest auffängt. Es genügt, wenn in diesem Unterblock als einziger Verarbeitungsschritt nur eine Hinweismeldung über den nicht erwarteten Programmablauf enthalten ist. Üblicherweise sieht eine so konzipierte Mehrfachverzweigung dann folgendermaßen aus:

Bei der „Schleife mit Vorabprüfung der Laufbedingung" entscheidet ja die Abfrage dieser Bedingung, ob die im Schleifenblock liegenden Verarbeitungsschritte ausgeführt werden oder nicht. Meistens wird diese Abfrage etwa so formuliert:

- Solange nicht Dateiende erreicht oder
- Solange nicht Schalterfeld HALT gleich „JA" oder
- Solange nicht Zählerfeld ANZAHL = 100 usw.

Deshalb hat sich auch im Berufsalltag die kürzere Bezeichnung „Solange-Schleife" für diese Wiederholungsstruktur eingebürgert!

Die Solange-Schleife funktioniert allerdings nur dann im gewünschten Sinne, wenn der Zustand der Laufbedingung nicht dem Zufall überlassen bleibt, sondern im Programmablauf vor Erreichen der Schleifenstruktur eindeutig per Anweisung festgelegt wird. Nun ist es nicht günstig, diese Aktion irgendwann und irgendwo im Programmablauf unterzubringen, sondern beide Teile gehören unmittelbar zusammen und werden mit dem Klammersymbol zu einem Funktionsteil zusammengefaßt. Dies sieht dann folgendermaßen aus:

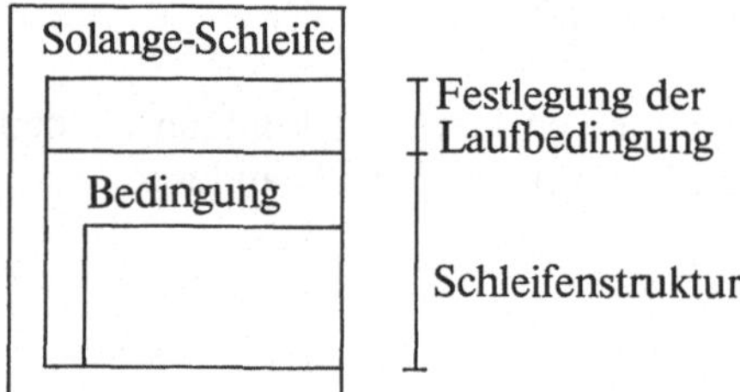

Die Bauart dieser Schleifenform läßt es zu, daß die im Schleifenblock liegenden Verarbeitungsschritte überhaupt nicht ausgeführt werden. Dies ist immer dann der Fall, wenn bereits beim ersten Anlaufen des Strukturblocks die Laufbedingung nicht erfüllt ist. Im Programmablauf wirkt sich das so aus, als wäre der Schleifenblock überhaupt nicht vorhanden.

Der Strukturblock „Schleife mit Abbruchbedingung" , in Kurzform übrigens „Sobald-Schleife" genannt, enthält bekanntlich mindestens 1 Abbruchbedingung, deren Lage innerhalb des Schleifenblocks jedoch nicht vorgeschrieben ist, also auch wie in dem nachfolgenden Strukturblock angeordnet sein kann

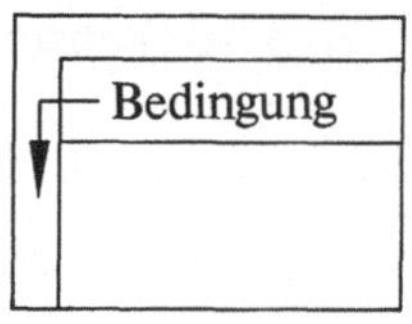

Diese Form ist völlig korrekt. Da aber im Schleifenblock sofort die Abbruchbedingung abgefragt wird und dann erst Verarbeitungsschritte folgen, entspricht diese Form der „Schleife mit Abbruchbedingung" funktionell völlig einer „Schleife mit Vorabprüfung der Laufbedingung".

Es gibt eine ganze Menge Programmierer, die diese Spezialform der „Sobald-Schleife" ausschließlich verwenden, also auch an Stelle der klassischen „Solange-Schleife". Der Vorteil liegt in der späteren Änderbarkeit, da nachträglich problemlos weitere Abbruchbedingungen an jeder Stelle des Schleifenblocks eingefügt werden können.

Es gibt Fälle in der Ablauflogik, wo die in einem Schleifenblock liegenden Verarbeitungschritte mindestens einmal (unabhängig von einer Bedingung!) ausgeführt werden müssen, bevor die Schleifenwiederholung beginnt. Dieser Fall ist mit folgender Spezialform der „Sobald-Schleife" recht einfach zu lösen:

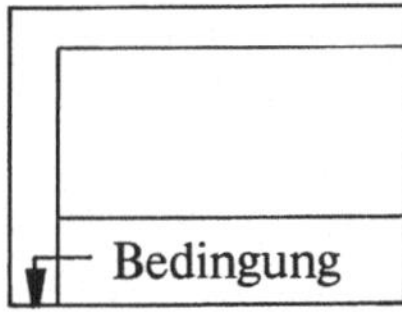

4.2 Einfache Strukturblöcke

In diesem Abschnitt werden einfache Aufgaben gestellt, deren Lösung meist in einem einzigen Strukturblock besteht. Damit soll vor allem die Fähigkeit trainiert werden, aus einer gegebenen Aufgabenstellung heraus den zutreffenden Strukturblocktyp zu finden. Gleichzeitig wird dadurch die für das flüssige Zeichnen von Struktogrammen notwendige Routine erworben.
Der Einfachheit halber wird auf die Verwendung einer speziellen Programmiersprache verzichtet, alle Formulierungen können daher in verbaler Entwurfssprache erfolgen.
Der Leser versuche zusätzlich, für Aufgabenstellungen aus dem eigenen Arbeitsbereich die jeweils zutreffenden Strukturblöcke zu bestimmen. Gerade die laufende Umsetzung bringt sehr viel Sicherheit und ist wichtige Voraussetzung für das spätere Beherrschen von komplexen Strukturen.

1) VORABREIT
Aufgabenstellung:
Für ein hier nicht weiter interessierendes Programmstück müssen mehrere Vorarbeiten erledigt werden:
- das Zählerfeld RECZAL ist auf Null zu setzen
- das Eingabefeld EINLESFELD ist zu löschen
- das Schalterfeld LESENDE ist mit „N“ vorzubesetzen.

Welcher Strukturblock ist hier zutreffend?

2) TABELLEN-AUFBAU
Aufgabenstellung:
Von einer Datei, deren Satzanzahl unbekannt ist, sollen alle Sätze eingelesen und zu einer Tabelle geordnet werden. Die Reihenfolge der Tabellenelemente entspricht der Einlesefolge.

Mit welchem Strukturblock wird diese Problemstellung gelöst?

3) ANRE DE

Aufgabenstellung:

Angenommen, alle Mitarbeiter einer Abteilung sollen eine persönliche Nachricht erhalten. In den Personaldatensätzen ist das Feld MIT-ANR vorhanden, dessen Inhalt wie folgt verschlüsselt ist:

1 = männlicher Mitarbeiter
2 = weibliche Mitarbeiterin, verheiratet
3 = weibliche Mitarbeiterin, unverheiratet

In den erwähnten Nachrichten sollen aber aus guten Gründen die Anreden im Volltext stehen.

Welcher Strukturblock ist für die Umsetzung am besten geeignet?

4) LAGER

Aufgabenstellung:

Für eine ausgewählte Artikelgruppe sollte im Lager immer ein bestimmter Mindestbestand erhalten bleiben. Wie kann erreicht werden, daß bei entsprechender Entnahme eine Unterschreitung erkannt wird, sodaß ein Nachbestellungs-Auftrag veranlaßt werden kann?

Welcher Strukturblock erfüllt diese Aufgabe?

5) PERSONEN

Aufgabenstellung:

In einer gegebenen Datei beliebiger Größe sind Personen-Informationen in zeitlich aufsteigender Folge gespeichert.

Es sind von Beginn an alle Sätze auszulesen und wieder in einer Tabelle abzuspeichern. Der Speichervorgang ist abzubrechen, sobald in einem Satz die Zeichenfolge „*1900“ (viertes Feld, ab der 20. Stelle) auftritt.

Welchen Strukturblock wählen Sie für die Lösung?

4.3 Zusammengesetzte Strukturblöcke

In diesem Abschnitt werden Aufgaben vorgestellt, die zu etwas komplizierteren Lösungen führen. Damit wird insbesondere das Aneinanderreihen und Ineinanderschachteln von Elementar-Strukturblöcken geübt und die bereits erworbenen Fertigkeiten weiter verstärkt.
Sicher wird nicht in jedem Fall sofort die eigene endgültige Lösung gefunden werden, auch sind immer mehrere unterschiedliche Lösungswege denkbar. Auf jeden Fall wird sich bei notwendigen Verbesserungen/Änderungen der Vorteil der Struktogramme sehr schnell zeigen.

1) ZEICHENKETTE

Aufgabenstellung:
Eine Folge von Zeichen soll durchsucht werden, die z.B. in folgender Form vorliegen kann

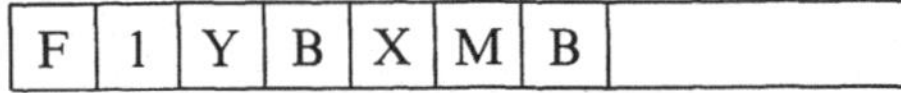

Beim Auftreten des Zeichens „X" soll statt dessen „***" eingefügt werden. Die Einfügung, die mehr Platz braucht als das ursprüngliche Zeichen, geschieht durch Einfügen und Nach-Rechts-Verschieben eines Teils der Ursprungszeichenkette.

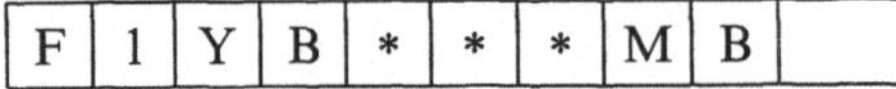

Bei Auftreten des Zeichens „Y" soll dieses gelöscht werden und der freiwerdende Platz durch Verrücken der Zeichenkette nach links um eine Stelle aufgefüllt werden.

F	1	B	*	*	*	M	B	

Das Ersetzen und Verschieben der Teilkette nach rechts oder links geschieht durch aufrufbare Unterprozeduren, die nicht weiter beschrieben werden müssen (aber natürlich können).

2) WETTER

Aufgabenstellung:
Es werden Tagestemperaturen (tägliches Minimum und Maximum) eingelesen und ausgewertet.

Eingangsdaten: Für jeden Tag werden die minimale und maximale Temperatur von einer Dialogstation eingegeben. Sie sind unter den Namen TAGMIN und TAGMAX im Arbeitsspeicher zu adressieren.

Ausgangsdaten: Für jeden Tag werden die Werte TAGMIN und TAGMAX zusammen mit der täglichen Durchschnittstemperatur TAGDSN ausgegeben. Am Ende der Eingabe soll über den Zeitraum der Eingabe das aufgetretene totale Minimum TOTMIN und totale Maximum TOTMAX, der totale Durchschnitt TOTDSN und die Anzahl der verarbeiteten Tage TAGZAL ausgegeben werden.

Besondere Bedingungen: Es wird angenommen, daß die Tagestemperaturen in einem Bereich von −99 °C bis +99 °C liegen. Um TOTDSN zu ermitteln, werden alle Temperaturwerte in der Variablen TEMPSUM aufsummiert.

5 Umsetzung des Entwurfs in Primärcode

Bisher wurde die Methode der SP und die dafür geeigneten Darstellungsmittel behandelt. Das folgende Kapitel befaßt sich mit der Umsetzung des Entwurfs in ein ablauffähiges Programm.
Für diese Implementierung ist die Kenntnis einer Programmiersprache erforderlich. Fehlt diese oder sind nur geringe Grundlagen vorhanden, so kann das Kapitel auch übergangen werden.
Die Umsetzung der Struktogramme in eine konkrete Programmiersprache erfolgt weitgehendst schematisch. Bei graphischen Programmentwicklungs-Systemen wie z.B. GRAPES-CD[1] geschieht die Umsetzung der Struktursymbole in eine Programmiersprache (und ebenso in umgekehrter Richtung) automatisch. Dies ist bereits realisiert für COLUMBUS[1] und COBOL85.
Die generelle Problematik bei der Implementierung liegt darin, daß nur wenige Programmiersprachen, wie z.B. Pl/I, PASCAL oder ADA, ein Vorgehen nach den Regeln der SP unterstützen. Die noch heute am weitesten verbreiteten Sprachen wie COBOL74, Assembler und FORTRAN77 erlauben wohl ein solches Vorgehen, schließen aber andere „wilde" Konstruktionen nicht aus. Außerdem ist der Grundsatz der beschränkten Datenverfügbarkeit nur teilweise in ihnen zu realisieren.

[1] Softwaretechnologische Werkzeuge der Siemens AG.

5.1 Implementierung mit COBOL74

Es ist zu bedenken, daß die Programmiersprache COBOL mit ihrer ersten offiziellen Version (COBOL60) älter ist als die Methode der Strukturierten Programmierung. Die Sprache blieb aber nicht auf diesem Level stehen, sondern wurde von der Arbeitsgemeinschaft CODASYL weiter entwickelt über den ersten Standard (COBOL68) zum zweiten Standard (COBOL74). Programme/Compiler für diese Norm sind weithin verbreitet (neuester Standard COBOL85 siehe nächsten Abschnitt 5.2).
Bei den folgenden Codierregeln für COBOL74 werden nicht alle Sprachelemente dieses Standards benutzt, sondern nur diejenigen, mit denen die Methode der SP realisiert werden kann.
Die Lesbarkeit der Programm-Niederschrift wird durch die großzügige Verwendung von aussagekräftigen Paragraphen-Namen für Strukturblockteile sehr gesteigert; auf jeden Fall wird das Ende eines Strukturblocks mit einem Paragraphen-Namen versehen. Dadurch erreicht man, daß die Zieladressen für GO TO-Anweisungen stets innerhalb des zugehörigen Strukturblocks liegen, der Grundsatz der Zweipoligkeit damit immer erhalten bleibt. Nur so ist später ein problemloses Ändern und Streichen von Strukturblöcken möglich.

1. Grundstruktur Folge

a) Sequenzsteuerblock

Ein oder mehrere Verarbeitungsschritte sind darstellbar als Satz oder Anweisung, die jedoch keine COBOL-Worte zur Programmsteuerung enthalten dürfen.
Zugelassen sind also:
- Ein/Ausgabe-Operationen
- Übertragungsbefehle
- Arithmetische Anweisungen

b) Klammersymbol

Name

Da Verarbeitungsschritte, die einzeln zwischen Strukturblöcken stehen, sehr leicht übersehen werden können, ist es günstiger, hier das Klammersymbol zu verwenden

Codierbeispiel

```
PROCEDURE DIVISION.

VORBEREIT-A.                            Strukturblock-Anfang
    MOVE ZEROES TO P-FELD             ]
    ACCEPT E-FELD FROM TERMINAL       ]- Anweisungen
    MOVE 1 TO E-ZAEHLER.              ]
VORBEREIT-E.                            Strukturblock-Ende
```

c) Prozeduraufruf

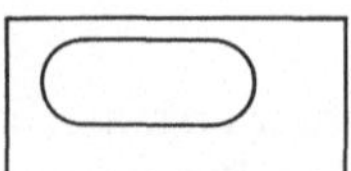

Prozeduren können realisiert werden als
- interne Prozedur oder COPY-Prozedur
- externe Prozedur

Interne Prozeduren werden als Kapitel definiert, zu ihnen wird durch eine PERFORM-Anweisung verzweigt.

Codierbeispiel

```
PROCEDURE DIVISION.
HAUPTPROZ SECTION.                  Hauptprozedur-Anfang
 .
    PERFORM INTPROZ.                Aufruf interne Prozedur
 .
HAUPTPROZ-ENDE.                     Hauptprozedur-Ende
    STOP RUN.                       = Programm-Ende
INTPROZ SECTION.                    Interne Prozedur-Anfang
 .
 .
INTPROZ-ENDE.                       Interne Prozedur-Ende
    EXIT.                           = Rücksprung in Hauptprozedur
```

Interne Prozeduren können auch als COPY-Prozedur aus einer Programmbibliothek an der gewünschten Stelle im eigenen Programm eingefügt werden. Von dieser Möglichkeit wird man immer dann Gebrauch machen, wenn die Verwendung standardisierter Prozeduren, z.B. für bestimmte Plausibilitätsprüfungen, vorgeschrieben ist.

Codierbeispiel

```
 PROCEDURE DIVISION.
 HAUPTPROZ SECTION.                 Hauptprozedur-Anfang
  .
     PERFORM COPYPROZ.              Aufruf interne Prozedur
  .
 HAUPTPROZ-ENDE.                    Hauptprozedur-Ende
     STOP RUN.                      = Programm-Ende
*Einkopierte Standard-Prozedur      Kommentarzeile
     COPY COPYPROZ.                 Kopieranweisung
```

In der Programmbibliothek enthalten:

```
 COPYPROZ SECTION.                  ] Interne Prozedur, deren
  .                                 ] gesamter Text die obige
 COPYPROZ-ENDE.                     ] COPY-Anweisung bei der
     EXIT.                          ] Compilierung ersetzt.
```

Externe Prozeduren sind Programmteile (Objektmodule), die getrennt übersetzt werden. Für den Programmablauf werden sie entweder in den Lademodul eingebunden oder aber zum Zeitpunkt der Verarbeitung nachgeladen. In beiden Fällen werden sie mit der CALL-Anweisung aufgerufen, dabei können mit der USING-Klausel die Adressen von gemeinsam benutzten Datenbereichen übergeben werden.

Codierbeispiel der Hauptprozedur (Lademodul)

```
IDENTIFICATION DIVISION.           Hauptprogramm
PROGRAM-ID.    LEITPROZ.           Programm-Name
 .
DATA DIVISION.
WORKING-STORAGE SECTION.
01  A-FELD   PIC X(20).
01  B-FELD   PIC X(10).
 .
PROCEDURE DIVISION.
HAUPTPROZ SECTION.                 Hauptprozedur-Anfang
 .
    CALL "EXTPROZ"                 Aufruf externe Prozedur
         USING A-FELD, B-FELD.     Angabe der gemeinsamen Daten-
 .                                 felder (Adressenleiste)
HAUPTPROZ-ENDE.                    Hauptprozedur-Ende
    STOP RUN.                      = Programm-Ende
```

Codierbeispiel der externen Prozedur (Objektmodul)

```
IDENTIFICATION DIVISION.           Teilprogramm
PROGRAM-ID.    EXTPROZ.            Programm-Name
 .
DATA DIVISION.
LINKAGE SECTION.                   ] Namen und Längen der
77  A-FELD   PIC X(20).            | gemeinsamen Datenfelder,
77  B-FELD   PIC X(10).            | notwendig der getrennten
 .                                 ] Compilierung wegen
 .
PROCEDURE DIVISION                 Externe Prozedur-Anfang
    USING A-FELD, B-FELD.          Angabe der gemeinsamen Daten-
 .                                 felder (Adressenleiste)
 .
EXTPROZ-ENDE.                      Externe Prozedur-Ende
    EXIT PROGRAM.                  = Rücksprung in Hauptprozedur
```

Die Parameter (beim Aufruf in der rufenden Prozedur) müssen mit den Parametern (in der gerufenen Prozedur) nicht dem Namen nach, wohl aber im Datentyp und in der Reihenfolge übereinstimmen. Dies wird leider nicht vom COBOL-Compiler überprüft (übrigens bei FORTRAN auch nicht), sondern bleibt der Sorgfalt und Disziplin des Programmierers überlasssen.
Eine künftige Erweiterung der Sprache COBOL wird vermutlich (und hoffentlich) auch solche Schnittstellen-Überprüfungen anbieten.

2. Grundstruktur Auswahl

In COBOL74 steht für Abfragen fast ausschließlich nur die IF-Anweisung zur Verfügung. Darüber hinaus gibt es für bestimmte Spezial- und Sonderfälle noch Ergänzungen, so daß in COBOL eine ganze Anzahl von Verzweigungs-Strukturblöcken möglich sind. Sie entsprechen aber alle den Regeln der SP.

a) Zweifachverzweigung

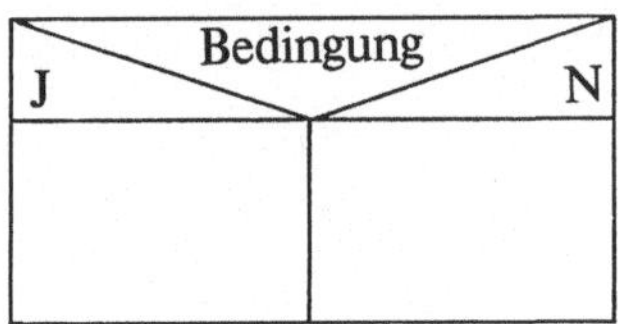

Enthält die Zweifachverzweigung nur zwei oder drei Befehle, so kann der Strukturblock als COBOL-Satz codiert werden.

Codierbeispiel

```
ABFRA-A.                       Strukturblock-Anfang
    IF Bedingung               Verzweigung (COBOL-Bedingung)
    THEN                       ]
      Anweisungen              ]- JA-Unterblock
    ELSE                       ]
      Anweisungen.             ]- NEIN-Unterblock
ABFRA-E.                       Strukturblock-Ende
```

Ist der Strukturblock sehr umfangreich (enthalten also beide Unterblöcke sehr viele Arbeitsschritte), so sollten aus Gründen der besseren Lesbarkeit die JA-/NEIN-Zweige als Prozeduren codiert werden.

Codierbeispiel

```
ABFRA-A.                          Strukturblock-Anfang
    IF Bedingung                  Verzweigung (COBOL-Bedingung)
    THEN  PERFORM  ABFRA-J        JA-Unterblock (Prozedur-Aufruf)
    ELSE  PERFORM  ABFRA-N.       NEIN-Unterblock (Prozedur-Aufruf)
ABFRA-E.                          Strukturblock-Ende
  .
  .
ABFRA-J SECTION.                  Interne Prozedur-Anfang
  .                               ]- Anweisungen des
  .                               ]  JA-Unterblocks
ABFRA-J-ENDE.                     Interne Prozedur-Ende
    EXIT.                         = Rücksprung zum Strukturblock-Ende
ABFRA-N SECTION.                  Interne Prozedur-Anfang
  .                               ]- Anweisungen des
  .                               ]  NEIN-Unterblocks
ABFRA-N-ENDE.                     Interne Prozedur-Ende
    EXIT.                         = Rücksprung zum Strukturblock-Ende
```

Es kann durchaus vorkommen, daß in einer Zweifachverzweigung ein Unterblock (zunächst) leer bleibt. Aus Gründen der besseren Lesbarkeit und um später Ergänzungen zielgerichteter einfügen zu können, wird von der Verwendung des NEXT SENTENCE-Zusatzes abgeraten. Mit einer disziplinierten GO TO-Anweisung wird der jeweils leere Unterblock übersprungen. Das Wort ELSE kann auch weggelassen werden, wenn der NEIN-Unterblock leer bleibt.

Codierbeispiel (leerer JA-Unterblock)

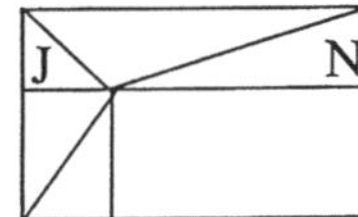

`ABFRA-A.`	*Strukturblock-Anfang*
`    IF Bedingung`	*Verzweigung (COBOL-Bedingung)*
`    THEN  GO TO  ABFRA-E`	*leerer JA-Unterblock*
`    ELSE` `      Anweisungen.`	] *NEIN-Unterblock*
`ABFRA-E.`	*Strukturblock-Ende*

oder gleichwertig (unter Umkehrung der COBOL-Bedingung)

`ABFRA-A.`	*Strukturblock-Anfang*
`    IF NOT (Bedingung)`	*Verzweigung (negierte COBOL-Bedingung)*
`    THEN` `      Anweisungen.`	] *JA-Unterblock*
`ABFRA-E.`	*Strukturblock-Ende*

Codierbeispiel (leerer NEIN-Unterblock)

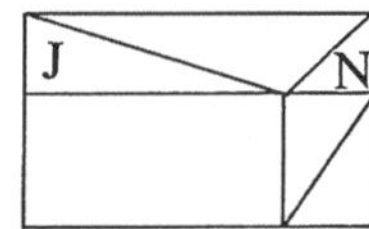

`ABFRA-A.`	*Strukturblock-Anfang*
`    IF Bedingung`	*Verzweigung (COBOL-Bedingung)*
`    THEN` `      Anweisungen`	] *JA-Unterblock*
`    ELSE  GO TO  ABFRA-E.`	*leerer NEIN-Unterblock*
`ABFRA-E.`	*Strukturblock-Ende*

oder einfacher (durch Weglassen des NEIN-Unterblocks)

`ABFRA-A.`	
`    IF Bedingung`	*Strukturblock-Anfang*
`    THEN` `      Anweisungen.`	] *JA-Unterblock*
`ABFRA-E.`	*Strukturblock-Ende*

Ineinandergeschachtelte Zweifachverzweigungen können in COBOL 74 zu Problemen führen.
Wenn zum Beispiel in den JA-Unterblock eine weitere Zweifachverzweigung eingesetzt wird, könnte folgende Codierung entstehen:

Negatives Codierbeispiel

```
ABFRA-A.                             1. Strukturblock-Anfang
    IF Bedingung1                    1. Verzweigung
    THEN                                2. Strukturblock-Anfang
      IF Bedingung2                     2. Verzweigung
      THEN                            ]
        Anweisungen2J□□               ]- 2. JA-Unterblock
      ELSE                            ]
        Anweisungen2N                 ]- 2. NEIN-Unterblock
        .                             ]  2. Strukturblock-Ende
      Anweisungen1J                  ]
      .                              ]- 1. JA-Unterblock
    ELSE                             ]
      Anweisungen1N.                 ]- 1. NEIN-Unterblock
ABFRA-E.                             1. Strukturblock-Ende
```

Die Analyse der vorstehenden Codierung ergibt sehr schnell, daß die Anweisungen1J nur dann ausgeführt werden, wenn Bedingung1 gleich J *und* Bedingung2 gleich N ist. Dies entspricht aber nicht der gewollten Steuerflußkonstruktion, außerdem wird dadurch gegen den Grundsatz der Zweipoligkeit verstoßen.

Korrektes Codierbeispiel

```
ABFRA-A.                             1. Strukturblock-Anfang
    IF Bedingung1                    1. Verzweigung
    THEN  GO TO  ABFRA-J               Sprung zum 1. JA-Unterblock
    ELSE  GO TO  ABFRA-N.              Sprung zum 1. NEIN-Unterblock
ABFRA-J.                                 2. Strukturblock-Anfang
    IF Bedingung2                        2. Verzweigung
    THEN                               ]
      Anweisungen2J                    ]- 2. JA-Unterblock
    ELSE                               ]
      Anweisungen2N.                   ]- 2. NEIN-Unterblock
                                       ]  2. Strukturblock-Ende
    Anweisungen1J.                     1. JA-Unterblock
ABFRA-N.                             ]
    Anweisungen1N.                   ]- 1. NEIN-Unterblock
ABFRA-E.                             1. Strukturblock-Ende
```

In COBOL74 können arithmetische Operationen mit der Klausel ON SIZE ERROR ergänzt werden. Diese Ergänzung ist mit einer unbedingten Anweisung verknüpft, die jedoch nur im Fehlerfall (hier Feldüberlauf) ausgeführt wird.

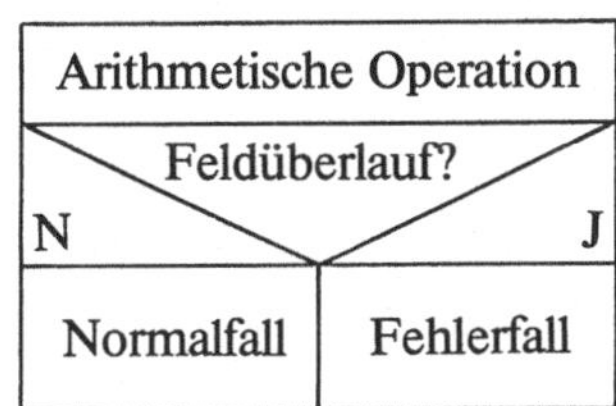

Codierbeispiel

```
ARITH-A.                              Strukturblock-Anfang
    MULTIPLY 100 BY R-FELD            Arithmetische Funktion
      ON SIZE ERROR                   Ergänzung für Fehlerfall
      GO TO  ARITH-F.                 zugehörige unbedingte Anweisung
ARITH-N.                              ]
    Anweisungen                       ├ Normalfall-Unterblock
    GO TO  ARITH-E.                   ]
ARITH-F.                              ]
    Anweisungen.                      ├ Fehlerfall-Unterblock
ARITH-E.                              Strukturblock-Ende
```

COBOL74-Ein/Ausgabe-Operationen können wie folgt ergänzt werden:
- AT END = Abfrage auf Datei-Ende (EOF) → siehe Schleifenstruktur !
- INVALID KEY = Abfrage auf falschen Satzschlüssel, nur bei indexsequentiellen Datenzugriff sinnvoll !

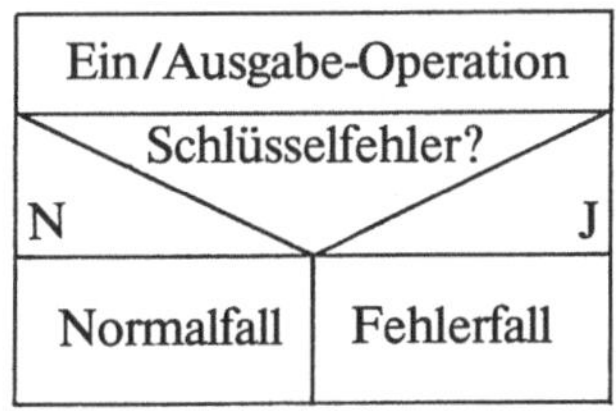

Codierbeispiel

```
SCHREIB-A.                            Strukturblock-Anfang
    WRITE  AUSGABE-FELD               Ausgabe-Operation
      INVALID KEY                     Ergänzung für Fehlerfall
      GO TO  SCHREIB-F.               zugehörige unbed. Anweisung
SCHREIB-N.                            ]
    Anweisungen                       ├ Normalfall-Unterblock
    GO TO  SCHREIB-E.                 ]
SCHREIB-F.                            ]
    Anweisungen.                      ├ Fehlerfall-Unterblock
SCHREIB-E.                            Strukturblock-Ende
```

b) Mehrfachverzweigung

Entsprechend den Eigenheiten der COBOL74-Programmiersprache kann die Mehrfachverzweigung in verschiedenen Varianten realisiert werden. Der Programmierer muß erkennen, welche davon für das jeweils vorliegende Problem die „richtige“ Lösung darstellt.

1.Variante: Numerische Bedingungsvariable

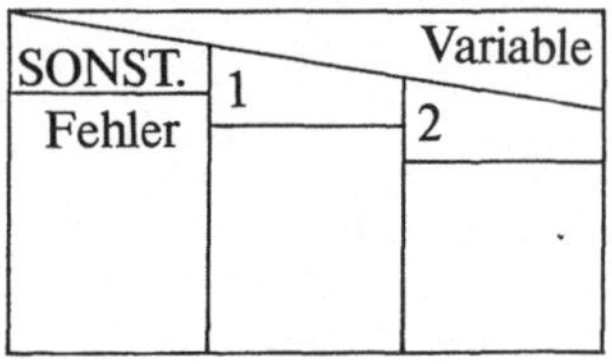

Variable		
SONST.	1	2
Fehler		

In dieser Mehrfachverzweigung wird der jeweilige numerische Wert der Bedingungsvariablen festgestellt und danach der zugehörige Unterblock ausgewählt. Somit obliegt dieser Variante nur eine Schaltfunktion, sie enthält aber nicht die Entscheidung selber! Diese hat vorher im Programmablauf zu geschehen und kann an sehr unterschiedlichen Stellen vorgenommen werden. Bei Änderungen können diese Zusammenhänge leicht übersehen werden, insbesondere wenn eine mangelhafte Programmdokumentation vorliegt.

Codierbeispiel

```
DATA DIVISION.
WORKING-STORAGE SECTION.
77  VERZW-FELD     PIC 9.                   Bedingungsvariable, numerisch
 .
PROCEDURE DIVISION.
 .
 .
    MOVE 2 TO VERZW-FELD.                   Einsetzen Variablenwert
 .
ABFRA-A.                                    Strukturblock-Anfang
    GO TO  ABFRA-1, ABFRA-2                 Verzweigung
    DEPENDING ON VERZW-FELD                 Bedingungsvariable
ABFRA-S.                                    ┐
    Anweisungen                             ├ Fehlerfall-Unterblock
    GO TO  ABFRA-E.                         ┘
ABFRA-1.                                    ┐
    Anweisungen                             ├ Normalfall-Unterblock
    GO TO  ABFRA-E.                         ┘   (Variablenwert = 1)
ABFRA-2.                                    ┐
    Anweisungen                             ├ Normalfall-Unterblock
    GO TO  ABFRA-E.                         ┘   (Variablenwert = 2)
ABFRA-E.                                    Strukturblock-Ende
```

2.Variante: Alphanumerische Bedingungsvariable

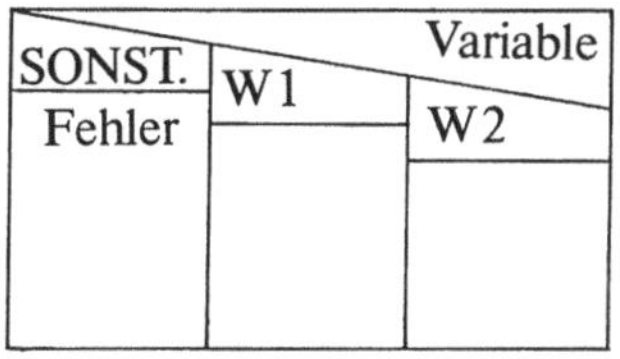

SONST.	W1	W2
Fehler		

(Variable)

Bei dieser Mehrfachverzweigung wird der Inhalt der Bedingungsvariablen nacheinander mit verschiedenen nichtnumerischen Werten verglichen. Bei Übereinstimmung wird sofort auf den zugehörigen Unterblock verzweigt, noch nachfolgende Abfragen entfallen. Ein geschickter Programmierer ordnet daher des Zeitvorteils wegen die Abfragen so, daß diejenigen mit der höchsten Trefferwahrscheinlichkeit in der Abfragekette vorn liegen, die weniger häufigen dagegen mehr an das Ende kommen.

Codierbeispiel

```
DATA DIVISION.
WORKING-STORAGE SECTION.
01  A-FELD.
 05 A1-FELD  PIC X(4).                 Bedingungsvariable, alphanumerisch
 05 A2-Feld  PIC X(16).
 .
 .
PROCEDURE DIVISION.
 .
    MOVE "BLAU" TO A1-FELD.            Einsetzen Variablenwert
 .
ABFRA-A.                               Strukturblock-Anfang
    IF  A1-Feld  = "GELB"              Verzweigungs-Abfrage-1
        GO TO  ABFRA-1.                Sprung zum zugehörigen Unterblock
    IF  A1-FELD  = "BLAU"              Verzweigungs-Abfrage-2
        GO TO  ABFRA-2.                Sprung zum zugehörigen Unterblock
ABFRA-S.                               ]
    Anweisungen                        ]- Fehlerfall-Unterblock
    GO TO  ABFRA-E.                    ]
ABFRA-1.                               ]  Normalfall-Unterblock
    Anweisungen                        ]-  (Variableninhalt = GELB)
    GO TO  ABFRA-E.                    ]
ABFRA-2.                               ]  Normalfall-Unterblock
    Anweisungen                        ]-  (Variableninhalt = BLAU)
    GO TO  ABFRA-E.                    ]
ABFRA-E.                               Strukturblock-Ende
```

3.Variante: Bedingungsnamen

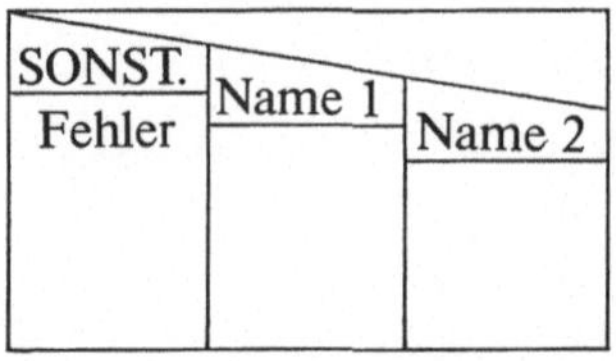

SONST. Fehler	Name 1	Name 2

Diese Variante der Mehrfachverzweigung benutzt die COBOL-Sprachbesonderheit der Bedingungsnamen, die mit der Stufennummer 88 in der WORKING-STORAGE SECTION (oder LINKAGE SECTION) wertmäßig festgelegt werden. Bei einer Änderung ist nur der neue Wert in der WORKING-STORAGE SECTION einzusetzen, nicht aber der restliche Programmcode auf die Verwendung eben dieser Bedingungsvariablen abzusuchen.
Die in einer Mehrfachverzweigung verwendeten Bedingungsnamen müssen nicht unbedingt nur einer Bedingungsvariablen zugeordnet sein.

Codierbeispiel

```
DATA DIVISION.
WORKING-STORAGE SECTION.
01  A-FELD.
 05 A1-FELD  PIC 9.                    Bedingungsvariable
 88 GELB     VALUE 1.                  1. Bedingungsname
 88 BLAU     VALUE 2.                  2. Bedingungsname
 .
PROCEDURE DIVISION.
 .
    MOVE 2 TO A1-FELD.                 Einsetzen Variablenwert
 .
ABFRA-A.                               Strukturblock-Anfang
    IF  GELB  GO TO  ABFRA-1.          Verzweigungs-Abfrage-1
    IF  BLAU  GO TO  ABFRA-2.          Verzweigungs-Abfrage-2
ABFRA-S.                               ]
    Anweisungen                        ] Fehlerfall-Unterblock
    GO TO  ABFRA-E.                    ]
ABFRA-1.                               ]
    Anweisungen                        ] Normalfall-Unterblock
    GO TO  ABFRA-E.                    ]   (Variablenwert = 1)
ABFRA-2.                               ]
    Anweisungen                        ] Normalfall-Unterblock
    GO TO  ABFRA-E.                    ]   (Variablenwert = 2)
ABFRA-E.                               Strukturblock-Ende
```

4.Variante: Tabellenverarbeitung

AT END	B1	B2
Fehler		

Tabelle

Im Gegensatz zu einer subskribierten Tabelle kann eine indizierte Tabelle bekanntlich nur mit der SEARCH-Anweisung durchsucht werden. Dabei ist die Prüfung auch auf mehrere Bedingungen zugelassen. Der „Nicht-Treffer-Fall“ wird mit der AT END-Ergänzung aufgefangen.

Codierbeispiel

```
DATA DIVISION.
WORKING-STORAGE SECTION.
01  STEUTAB.                          Tabelle
 05 STEU-ELEM    PIC X(10)            Tabellen-Element
      OCCURS     100 TIMES            Tabellen-Größe
      INDEXED BY  TABIND.             zugehöriges Indexfeld
 .
PROCEDURE DIVISION.
 .
    SET TABIND TO 1.                  Initialisierung Indexfeld
 .
TABEL-A.                              Strukturblock-Anfang
    SEARCH STEU-ELEM                  Such-Operation
      AT END  GO TO  TABEL-S.         Ergänzung für Fehlerfall
    WHEN Bedingung1                   Verzweigungs-Abfrage-1
      GO TO  TABEL-1.                 Sprung zum zugehörigen Unterblock
    WHEN Bedingung2                   Verzweigungs-Abfrage-2
      GO TO  TABEL-2.                 Sprung zum zugehörigen Unterblock
TABEL-S.                              ]
    Anweisungen                       ]- Fehlerfall-Unterblock
    GO TO  TABEL-E.                   ]
TABEL-1.                              ]  Normalfall-Unterblock
    Anweisungen                       ]-  (Bedingung1 erfüllt)
    GO TO  TABEL-E.                   ]
TABEL-2.                              ]  Normalfall-Unterblock
    Anweisungen                       ]-  (Bedingung2 erfüllt)
    GO TO  TABEL-E.                   ]
TABEL-E.                              Strukturblock-Ende
```

3. Grundstruktur Wiederholung

Zur Konstruktion der Schleifenbedingung wird in COBOL74 ebenfalls die IF-Anweisung benutzt. Eine Besonderheit bilden die sogenannten Zählschleifen, für die im Sprachumfang eigene COBOL-Anweisungen vorgesehen sind.

a) Schleife mit Vorabprüfung

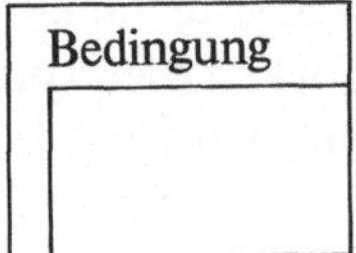

Codierbeispiel

```
SCHLEI-A.                              Strukturblock-Anfang
    IF Bedingung                       Verzweigung (COBOL-Bedingung)
    THEN  GO TO  SCHLEI-B              Sprung (Wiederholung)
    ELSE  GO TO  SCHLEI-E.             Sprung (Abbruch)
SCHLEI-B.                              ┐
    Anweisungen                        ├ Schleifenblock
    GO TO  SCHLEI-A.                   ┘
SCHLEI-E.                              Strukturblock-Ende
```

oder gleichbedeutend:

```
SCHLEI-A.                              Strukturblock-Anfang
    IF NOT (Bedingung)                 negierte COBOL-Bedingung
    THEN  GO TO SCHLEI-E.              Sprung (Abbruch)
SCHLEI-B.                              ┐
    Anweisungen                        ├ Schleifenblock
    GO TO SCHLEI-A.                    ┘
SCHLEI-E.                              Strukturblock-Ende
```

Ist der Schleifenblock sehr umfangreich, so kann er auch als Unterprogramm aufgerufen werden.

Codierbeispiel

```
SCHLEI-A.                              Strukturblock-Anfang
    PERFORM  WIEDERHO                  Schleifenblock: Prozedur-Aufruf
    UNTIL NOT (Bedingung).             Verzweigung (COBOL-Bedingung)
SCHLEI-E.                              Strukturblock-Ende
 .
 .
WIEDERHO SECTION.                      Interne Prozedur-Anfang
 .                                     ┐ Anweisungen des
 .                                     ┘ Schleifenblocks
WIEDERHO-ENDE.                         Interne Prozedur-Ende
    EXIT.                              = Rücksprung
```

Eine Zählschleife kann mit folgender COBOL74-Konstruktion realisiert werden, dabei wird der Schleifenblock als interne Prozedur aufgerufen. Die Anzahl der Wiederholungsschritte ist variabel und wird vom Programm her gesteuert.

Codierbeispiel

```
DATA DIVISION.
WORKING-STORAGE SECTION.
77  ZAEHLER  PIC 99.                  Zählerfeld, numerisch
 .
PROCEDURE DIVISION.
 .
    MOVE 36 TO ZAEHLER.               Einsetzen Zählerwert
 .
SCHLEI-A.                             Strukturblock-Anfang
    PERFORM WIEDERHO                  Schleifenblock: Prozedur-Aufruf
    ZAEHLER TIMES.                    Wiederholungs-Abfrage
SCHLEI-E.                             Strukturblock-Ende
 .
 .
WIEDERHO SECTION.                     Interne Prozedur-Anfang
 .                                    ] Anweisungen des
 .                                    ] Schleifenblocks
WIEDERHO-ENDE.                        Interne Prozedur-Ende
    EXIT.                             = Rücksprung
```

Ist die Anzahl der Wiederholungen dagegen konstant und bereits bei der Codierung bekannt, so kann auf das Zählerfeld verzichtet werden.

Codierbeispiel

```
PROCEDURE DIVISION.
 .
SCHLEI-A.                             Strukturblock-Anfang
    PERFORM WIEDERHO                  Schleifenblock: Prozedur-Aufruf
    36 TIMES.                         Anzahl der Wiederholungen
SCHLEI-E.                             Strukturblock-Ende
 .
 .
WIEDERHO SECTION.                     Interne Prozedur-Anfang
 .                                    ] Anweisungen des
 .                                    ] Schleifenblocks
WIEDERHO-ENDE.                        Interne Prozedur-Ende
    EXIT.                             = Rücksprung
```

Eine weitere Variante der Zählschleife ist mit der PERFORM-VARYING-Konstruktion möglich.

Codierbeispiel

```
DATA DIVISION.
WORKING-STORAGE SECTION.
77  ZAEHLER  PIC 9(3).                Zählerfeld, numerisch
 .
PROCEDURE DIVISION.
 .
SCHLEI-A.                             Strukturblock-Anfang
    PERFORM WIEDERHO                  Schleifenblock: Prozedur-Aufruf
    VARYING ZAEHLER                   zugehöriges Zählerfeld
    FROM 1                            Startwert des Zählerfeldes
    BY   1                            Schrittweite
    UNTIL ZAEHLER = 100.              Endwert des Zählerfeldes
SCHLEI-E.                             Strukturblock-Ende
 .
 .
WIEDERHO SECTION.                     Interne Prozedur-Anfang
 .                                    ]- Anweisungen des
 .                                    ]  Schleifenblocks
WIEDERHO-ENDE.                        Interne Prozedur-Ende
    EXIT.                             = Rücksprung
```

b) Schleife mit Abbruchbedingung

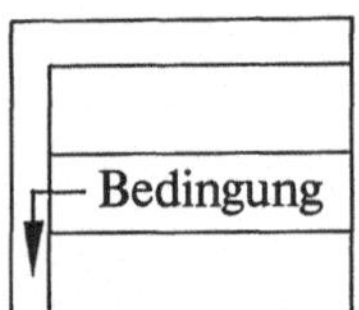

Für die im Schleifenblock liegende Abbruchbedingung wird ebenfalls die IF-Anweisung verwendet. Weitere im Schleifenblock liegende Abbruchbedingungen werden in gleicher Weise realisiert.

Codierbeispiel

```
SCHLEI-A.                             Strukturblock-Anfang
     .                                ]
    Anweisungen                       ]- 1. Teil des Schleifenblocks
     .                                ]
    IF Bedingung                      Verzweigung (COBOL-Bedingung)
    THEN  GO TO  SCHLEI-E.            Sprung bei Abbruch
     .                                ]
    Anweisungen                       ]- 2. Teil des Schleifenblocks
     .                                ]
    GO TO  SCHLEI-A.                  ]  Ende des Schleifenblocks
SCHLEI-E.                             Strukturblock-Ende
```

Leseoperation mit Abfrage auf Datei-Ende
Das Lesen einer unbekannten Anzahl von Datensätzen wird fast immer in einer Schleifenkonstruktion durchgeführt. Für das Erkennen des Datei-Endes steht in COBOL74 jedoch nur die AT END-Ergänzung bei READ-Operationen zur Verfügung. Es empfiehlt sich daher eine „Sobald"-Schleife mit der „Solange"-Funktion.

Codierbeispiel

```
SCHLEI-A.                        Strukturblock-Anfang
    READ Datei                   Eingabe-Operation
      AT END                     Ergänzung für Datei-Ende
      GO TO  SCHLEI-E.           zugehörige unbedingte Anweisung
    .                            ]
    Anweisungen                  ]- Schleifenblock
    .                            ]
    GO TO  SCHLEI-A.             ]  Ende des Schleifenblocks
SCHLEI-E.                        Strukturblock-Ende
```

Sind nach dem Erkennen des Datei-Endes noch einige Verarbeitungsschritte im Schleifenblock durchzuführen und danach erst die Schleife abzubrechen, so wird die Abbruchbedingung am zweckmäßigsten über ein eigenes Schalterfeld gesteuert.

Codierbeispiel

```
DATA DIVISION.
WORKING-STORAGE SECTION.
77  EOF-STOP  PIC X.             Schalterfeld
.
PROCEDURE DIVISION.
.
SCHLEI-A.                        Strukturblock-Anfang
    MOVE "N" TO EOF-STOP.        Voreinstellung Schalterfeld
SCHLEI-B.                        Schleifenblock-Anfang
    READ Datei                   Eingabe-Operation
      AT END                     Ergänzung für Datei-Ende
      MOVE "J" TO EOF-STOP.      zugehörige unbedingte Anweisung
    .                            ]
    Anweisungen                  ]- 1. Teil des Schleifenblocks
    .                            ]
    IF EOF-STOP = "J"            Verzweigungs-Abfrage
    THEN  GO TO  SCHLEI-E.       Sprung bei Abbruch
    .                            ]
    Anweisungen                  ]- 2. Teil des Schleifenblocks
    .                            ]
    GO TO  SCHLEI-B.             ]  Schleifenblock-Ende
SCHLEI-E.                        Strukturblock-Ende
```

5.2 Implementierung mit COBOL85

Wie der vorhergehende Abschnitt 5.1 deutlich zeigt, sind die elementaren Steuerflußkonstruktionen der SP in COBOL74 nur mit Hilfe ausgiebiger Verwendung von GO TO-Anweisungen und Paragraphennamen zu realisieren.
Zwar gibt es in COBOL74 die Schlüsselworte IF, THEN und ELSE für die Zweifachverzweigung, jedoch lassen sich in den THEN- oder ELSE-Unterblock nicht nach Belieben weitere Unterblöcke schachteln, weil der Abschluß dieser Unterblöcke durch den COBOL-Punkt gleichzeitig auch den übergeordneten IF-Block abschließt. Auch gestattet es die PERFORM-Anweisung von COBOL74 nicht, sogenannte Inline-Schleifen zu formulieren, bei denen der Schleifenblock unmittelbar vor oder nach der Schleifenbedingung steht.
Für die Mehrfachverzweigung bietet COBOL74 außer dem GO TO DEPENDING ON keine besonderen Hilfsmittel an.
Um diese Mängel im Sinne der Strukturierten Programmierung zu beheben, wurde die Sprache COBOL einmal um die sogenannten Bereichsbegrenzer (Scope-Terminator) erweitert. Zu allen Anweisungen, die mit einer Bedingung verbunden sind, wurde die entsprechende END-Anweisung eingeführt, z.B.:

```
IF              END-IF
PERFORM         END-PERFORM
READ            END-READ
ADD             END-ADD
SEARCH          END-SEARCH
```

Damit kann man nun auch in COBOL sehr bequem Strukturblöcke ineinanderschachteln. Man darf jedoch, wenn man davon Gebrauch machen will, die geschachtelten Strukturblöcke nicht durch Paragraphennamen einschließen, weil mit einem Paragraphen bekanntlich auch alle davor liegenden Anweisungen und Sätze beendet werden. Setzt man jedoch den Paragraphennamen in eine Kommentarzeile, so erzielt man damit denselben Effekt für die Programmdokumentation, ohne dabei die Schachtelung zu behindern.
Außerdem erhielt COBOL zur Formulierung der Mehrfachverzweigung die neue EVALUATE-Anweisung, mit der man sogar Entscheidungstabellen schreiben kann.
Diese Spracherweiterungen sind inzwischen im Standard COBOL85 (ANSI X3.23-1985 = ISO 1989-1985 = DIN 66028-1986) festgeschrieben und in mehreren COBOL-Compilern realisiert, z.B.:

- COBOL85 für BS2000
- VS COBOL II für MVS
- mbp COBOL-85 für MS-DOS, UNIX

1. Grundstruktur Folge

a) Sequenzsteuerblock

Ein oder mehrere Verarbeitungsschritte sind darstellbar als Anweisung(en), die jedoch keine COBOL-Worte zur Programmsteuerung enthalten dürfen.
Zugelassen sind also:
- Ein/Ausgabe-Operationen
- Übertragungsbefehle
- Arithmetische Anweisungen

b) Klammersymbol

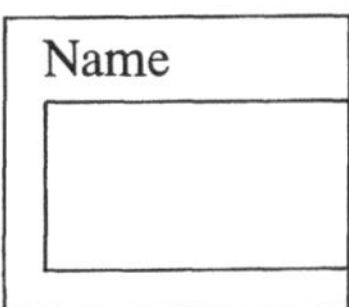

Mit dem Klammersymbol werden Verarbeitungsschritte zwecks besserer Lesbarkeit „optisch" zusammengefaßt.

Codierbeispiel

```
 PROCEDURE DIVISION.

*VORBEREITUNG-A                          Strukturblock-Anfang
     MOVE ZEROES TO P-FELD               ]
     ACCEPT E-FELD FROM TERMINAL         - Anweisungen
     MOVE 1 TO E-ZAEHLER.                ]
*VORBEREITUNG-E                          Strukturblock-Ende
```

c) Prozeduraufruf

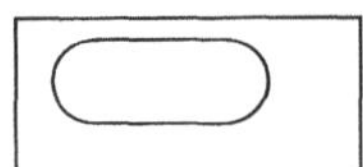

Hier bestehen zwischen COBOL74 und COBOL85 keine Unterschiede, d.h. alles was hierüber im Abschnitt 5.1 gesagt wurde, gilt unverändert auch für COBOL85. Insbesondere können Unterblöcke, wenn sie einen großen Umfang angenommen haben, als Prozedur realisiert werden. Sie werden dann in eine eigene SECTION ausgelagert und an der ursprünglichen Stelle mit PERFORM aufgerufen, siehe auch hierzu Abschnitt 5.1.

2. Grundstruktur Auswahl

In COBOL85 stehen für die Auswahl insbesondere die IF- und EVALUATE-Anweisung zur Verfügung. Darüber hinaus gibt es eine Reihe weiterer bedingter Anweisungen. Sie alle können mit einem Bereichsbegrenzer (Scope-Terminator END-...) abgeschlossen werden.

a) Zweifachverzweigung

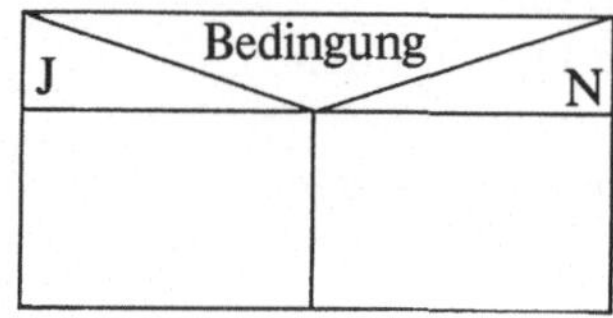

Codierbeispiel

```
*ABFRAGE-A                  Strukturblock-Anfang
     IF Bedingung           Verzweigung (COBOL-Bedingung)
     THEN                   ]
       Anweisungen          ]- JA-Unterblock
     ELSE                   ]
       Anweisungen          ]- NEIN-Unterblock
     END-IF                 Bereichsbegrenzer
*ABFRAGE-E                  Strukturblock-Ende
```

Das COBOL-Wort ELSE und der NEIN-Unterblock können weggelassen werden, falls dieser leer bleibt.
Der JA- und der NEIN-Unterblock müssen wenigstens eine Anweisung enthalten, eine Kommentarzeile allein genügt nicht. Ein leerer JA-Unterblock kann mit der COBOL85-Anweisung CONTINUE gefüllt werden.
Die Verwendung des NEXT SENTENCE-Zusatzes ist nicht angezeigt, weil mit diesem bekanntlich zum Ende des COBOL-Satzes gesprungen wird und dadurch alle übergeordneten, mit Bereichsbegrenzern abgeschlossenen Strukturblöcke verlassen würden.

Codierbeispiele

```
*ABFRAGE-A                  Strukturblock-Anfang
     IF Bedingung           Verzweigung (COBOL-Bedingung)
     THEN                   ]
       CONTINUE             ]- leerer JA-Unterblock
     ELSE                   ]
       Anweisungen          ]- NEIN-Unterblock
     END-IF                 Bereichsbegrenzer
*ABFRAGE-E                  Strukturblock-Ende
```

oder gleichbedeutend:

```
*ABFRAGE-A                  Strukturblock-Anfang
     IF NOT (Bedingung)     Verzweigung (negierte COBOL-Bedingung)
     THEN                   ]
       Anweisungen          ]- JA-Unterblock
     END-IF                 Bereichsbegrenzer
*ABFRAGE-E                  Strukturblock-Ende
```

In COBOL85 können arithmetische Operationen mit jeweils einer eigenen Klausel für den Normalfall wie für den Fehlerfall ergänzt werden.

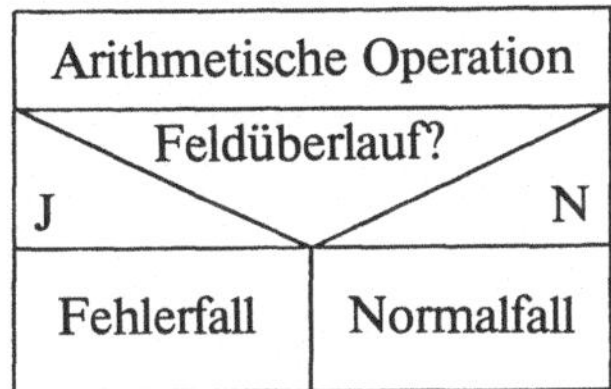

Codierbeispiel

```
*ARITHMET-A                          Strukturblock-Anfang
     MULTIPLY 100 BY R-FELD          Arithmetische Operation
     ON SIZE ERROR                   Ergänzung für Fehlerfall
       Anweisungen                   Fehlerfall-Unterblock
     NOT ON SIZE ERROR               Ergänzung für Normalfall
       Anweisungen                   Normalfall-Unterblock
     END-MULTIPLY                    Bereichsbegrenzer
*ARITHMET-E                          Strukturblock-Ende
```

In COBOL85 können Eingabe-Operationen mit jeweils einer eigenen Klausel für den Normalfall wie für den Fehlerfall ergänzt werden.

- AT END / NOT AT END = Abfrage auf Datei-Ende (EOF) →siehe Schleifenstruktur
- INVALID KEY / NOT INVALID KEY = Abfrage auf falschen Satzschlüssel, nur bei indexsequentiellen Datenzugriff sinnvoll!

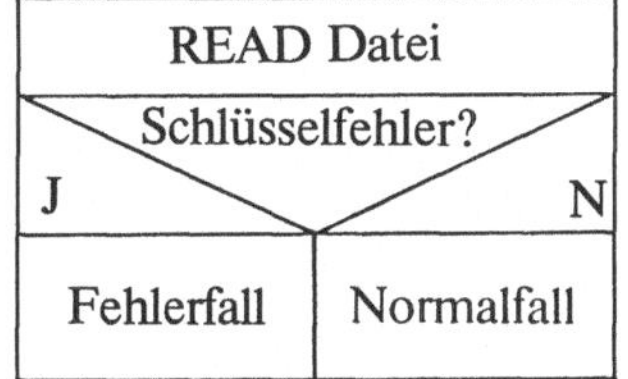

Codierbeispiel

```
*LESEN-A                             Strukturblock-Anfang
     READ Datei                      Eingabe-Operation
     INVALID KEY                     Ergänzung für Fehlerfall
       Anweisungen                   Fehlerfall-Unterblock
     NOT INVALID KEY                 Ergänzung für Normalfall
       Anweisungen                   Normalfall-Unterblock
     END-READ                        Bereichsbegrenzer
*LESEN-E                             Strukturblock-Ende
```

In COBOL85 können Ausgabe-Operationen mit jeweils einer eigenen Klausel für den Normalfall wie für den Fehlerfall ergänzt werden.

- INVALID KEY / NOT INVALID KEY = Abfrage auf falschen Satzschlüssel, nur bei indexsequentiellen Datenzugriff sinnvoll!

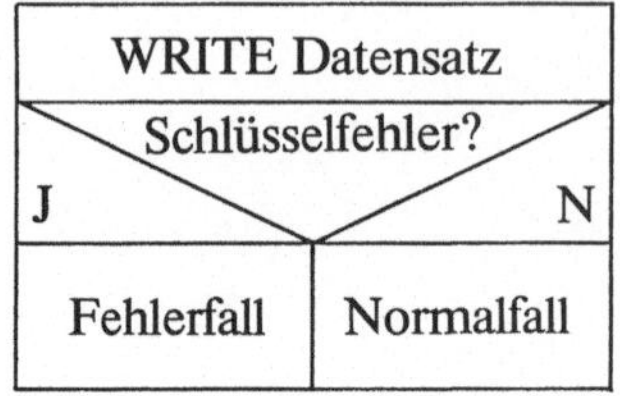

Codierbeispiel

```
*SCHREIB-A                      Strukturblock-Anfang
     WRITE AUSGABE-FELD         Ausgabe-Operation
     INVALID KEY                Ergänzung für Fehlerfall
       Anweisungen              Fehlerfall-Unterblock
     NOT INVALID KEY            Ergänzung für Normalfall
       Anweisungen              Normalfall-Unterblock
     END-WRITE                  Bereichsbegrenzer
*SCHREIB-E                      Strukturblock-Ende
```

b) Mehrfachverzweigung

Auch in COBOL85 gibt es für die Mehrfachverzweigung unterschiedliche Formulierungsmöglichkeiten.

1. Variante: Numerische Bedingungsvariable

Variable
SONST.
Fehler
1
2

Enthält die Bedingungsvariable einen ganzzahligen numerischen Wert, so kann hierfür das GO TO DEPENDING ON wie bei COBOL74 verwendet werden. (Codierbeispiel siehe Abschnitt 5.1).

Zu beachten ist dabei allerdings, daß bei der dort angegebenen Konstruktion Paragraphennamen verwendet werden. Damit kann ein solcher Strukturblock nicht mehr in übergeordnete, mit Bereichsbegrenzern versehene Blöcke geschachtelt werden.

2. Variante: Alphanumerische Bedingungsvariable

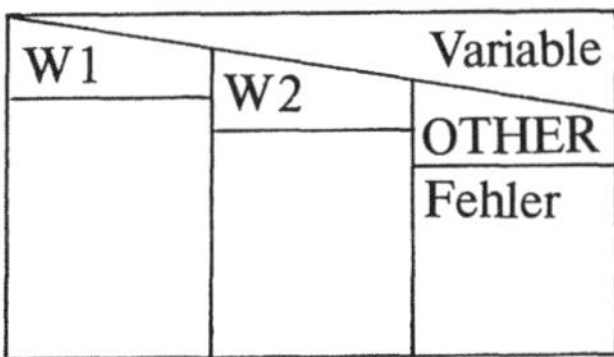

Der Inhalt der Variablen wird mit verschiedenen Werten verglichen und beim ersten zutreffenden Vergleich ist der zugehörige Unterblock auszuführen. Diese Variante läßt sich sehr einfach mit der in COBOL85 neuen EVALUATE-Anweisung formulieren, wobei man sogar verschiedene Bedingungen, bei denen jedoch dieselben Anweisungen auszuführen sind, in einem Unterblock zusammenfassen kann.

Codierbeispiel

```
 DATA DIVISION.
 WORKING-STORAGE SECTION.
 01  LACK.
  05 FARBE     PIC X(4).                Bedingungsvariable, alphanumerisch
  .
  .
 PROCEDURE DIVISION.
  .
     MOVE "GELB" TO FARBE.              Einsetzen Variableninhalt
  .
*ABFRAGE-A                              Strukturblock-Anfang
     EVALUATE FARBE                     Angabe der Variablen
     WHEN "BLAU"                        ]
     WHEN "LILA"                        - Normalfall-Unterblock
       Anweisungen                      ] (Variableninhalt = BLAU oder LILA)
     WHEN "ROSA"                        ] Normalfall-Unterblock
     WHEN "GRAU"                        - (Variableninhalt = ROSA oder GRAU
     WHEN "GELB"                        ]                    oder GELB)
       Anweisungen                      ] Fehlerfall-Unterblock
     WHEN OTHER                         ] (für alle übrigen Farbtöne!)
       Anweisungen                      Bereichsbegrenzer
     END-EVALUATE                       Strukturblock-Ende
*ABFRAGE-E
```

3.Variante: Bedingungsnamen

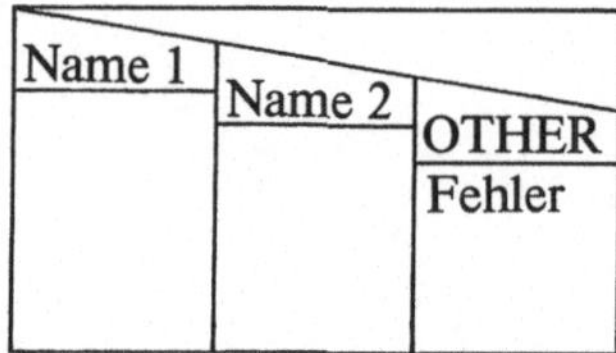

Auch das spezielle COBOL-Sprachmittel der Bedingungsnamen läßt sich mit der EVALUATE-Anweisung verwenden.
Bedingungsnamen sind in der WORKING-STORAGE SECTION (oder LINKAGE SECTION) unter der Stufennummer 88 definierte Namen für bestimmte Werte einer Variablen.

Codierbeispiel

```
 DATA DIVISION.
 WORKING-STORAGE SECTION.
 01  LACK.
  05 FARBE      PIC 9.             Bedingungsvariable
  88 BLAU       VALUE 0.           ┐
  88 ROSA       VALUE 1.           │
  88 GELB       VALUE 2.           │
  88 LILA       VALUE 3.           ├ Bedingungsnamen
  88 GRAU       VALUE 4.           │
  .                                │
  88 SCHWARZ    VALUE 9.           ┘
  .
 PROCEDURE DIVISION.
  .  MOVE 2 TO FARBE.              Einsetzen Variablenwert
  .
*ABFRAGE-A                         Strukturblock-Anfang
     EVALUATE TRUE
     WHEN BLAU                     ┐
     WHEN LILA                     ├ Normalfall-Unterblock
       Anweisungen                 ┘ (Variablenwert = 0 oder 3)
     WHEN ROSA                     ┐
     WHEN GRAU                     ├ Normalfall-Unterblock
     WHEN GELB                     │ (Variablenwert = 1 oder 2 oder 4)
       Anweisungen                 ┘
     WHEN OTHER                    ┐ Fehlerfall-Unterblock
       Anweisungen                 ┘ (für alle übrigen Farbtöne!)
     END-EVALUATE                  Bereichsbegrenzer
*ABFRAGE-E                         Strukturblock-Ende
```

4.Variante: Tabellenverarbeitung

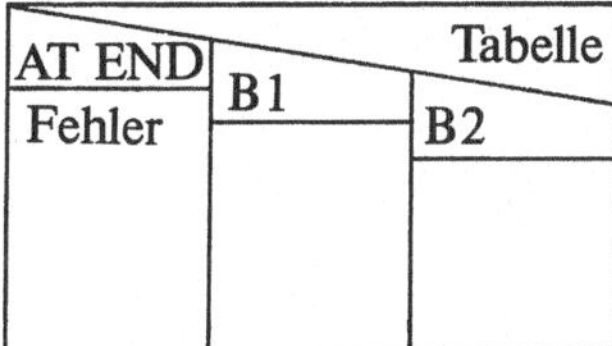

Eine indizierte Tabelle kann mit der SEARCH-Anweisung durchsucht werden, wobei die Prüfung auf mehrere Bedingungen möglich ist und auch der „Nicht-Treffer-Fall" formuliert werden kann.

Codierbeispiel

```
 DATA DIVISION.
 WORKING-STORAGE SECTION.
 01  STEUTAB.                           Tabelle
  05 STEU-ELEM  PIC X(10)               Tabellen-Element
       OCCURS   100 TIMES               Tabellen-Größe
       INDEXED BY TABIND.               zugehöriges Indexfeld
  .
 PROCEDURE DIVISION.
  .
     SET TABIND TO 1.                   Initialisierung Indexfeld
  .
*TABELLE-A                              Strukturblock-Anfang
     SEARCH STEU-ELEM                   Such-Operation
     AT END                             ] Ergänzung für
       Anweisungen                      ] Nicht-Treffer-Fall
     WHEN Bedingung1                    ] Normalfall-Unterblock
       Anweisungen                      ] (Bedingung1 erfüllt)
     WHEN Bedingung2                    ] Normalfall-Unterblock
       Anweisungen                      ] (Bedingung2 erfüllt)
     END-SEARCH                         Bereichsbegrenzer
*TABELLE-E                              Strukturblock-Ende
```

c) Entscheidungstabelle

Eine Entscheidungstabelle (ET) kann auch als Verallgemeinerung einer Mehrfachverzweigung aufgefaßt werden. Aufbau und Interpretation einer ET sind im Abschnitt 7.5 näher beschrieben. Falls kein ET-Vorübersetzer zur Verfügung steht, muß man die ET von Hand in COBOL umsetzen. Dies ist mit COBOL74 nur sehr umständlich zu bewerkstelligen, mit COBOL85 hingegen relativ einfach mit Hilfe der EVALUATE-Anweisung.

Beispiel der ET aus Abschnitt 7.5

	ELSE-Regel	weitere Regeln			
Bedingung 1	–	Y	Y	N	
Bedingung 2	–	Y	N	N	
Bedingung 3	–	N	–	Y	
Aktion 1	–	X	–	X	
Aktion 2	–	–	X	X	
Aktion 3	X	–	–	–	

Bedingungsteil: Bedingung 1–3; Aktionsteil: Aktion 1–3

Codierbeispiel

```
*ETAB-A
     EVALUATE  Bedingung1  ALSO  Bedingung2  ALSO  Bedingung3
     WHEN      TRUE        ALSO  TRUE        ALSO  FALSE
       Aktion1 (Anweisungen)
     WHEN      TRUE        ALSO  FALSE       ALSO  ANY
       Aktion2 (Anweisungen)
     WHEN      FALSE       ALSO  FALSE       ALSO  TRUE
       Aktion1 (Anweisungen)
       Aktion2 (Anweisungen)
     WHEN OTHER
       Aktion3 (Anweisungen)
     END-EVALUATE
*ETAB-E
```

Wie der Vergleich zeigt, wird die ET bei der Formulierung mit der EVALUATE-Anweisung um 90 Grad gedreht, da jeder Regel der ET eine WHEN-Klausel entspricht. Die Bedingungen und die korrespondierenden Anzeiger TRUE (für Y), FALSE (für N) und ANY (für –) werden durch das ALSO-Wort getrennt. Die WHEN OTHER-Klausel entspricht der ELSE-Regel.
Ausgeführt werden die Anweisungen der ersten WHEN-Klausel, bei denen die Operatoren TRUE und FALSE den Wahrheitswerten der Bedingungen entsprechen. Alle weiteren nachfolgenden WHEN-Klauseln werden nicht mehr geprüft. Daraus folgt, daß die ET eindeutig sein muß (d.h. alle Regeln müssen sich gegenseitig ausschließen, vgl. 7.5). Ferner darf die Prüfung einer Bedingung nicht vom Resultat der vorhergehenden abhängen. Wenn z.B. die erste Bedingung lautet: „X NUMERIC" und die zweite Bedingung: „X > 0", dann ist die zweite von der ersten abhängig, da nichtnumerische Variable nicht mit 0 verglichen werden können. In diesen Fällen (Mehrdeutigkeit der ET, abhängige Bedingungen) ist die Umwandlung in EVALUATE-Form nicht möglich.
Die Anweisungen der Aktionen können entweder direkt anschließend an die jeweilige WHEN-Klausel geschrieben werden, oder, falls sie zu umfangreich geraten, in eine eigene Section ausgelagert und nach der zugehörigen WHEN-Klausel mit PERFORM Aktion-Name aufgerufen werden.
Wie das Beispiel zeigt, geht die Übersicht in der EVALUATE-Anweisung bei zunehmender Anzahl von Bedingungen sehr rasch verloren. Das ursprüngliche ET-Format ist dagegen wesentlicher kompakter.

3. Grundstruktur Wiederholung

Zur Formulierung von Schleifen verwendet man in COBOL85 am besten die PERFORM-Anweisung. Dabei kann man, wie bereits bei COBOL74 gezeigt wurde, eine sogenannte „Outline-Schleife“ schreiben, also den Schleifenblock in eine Section oder in einen Paragraphen stecken und diese, gesteuert durch eine Bedingung, wiederholt mit PERFORM Section-Name bzw. PERFORM Paragraphen-Name aufrufen.
Eine weitere Möglichkeit (die in COBOL85 neu hinzugekommen ist!) besteht darin, den Schleifenblock zwischen PERFORM und END-PERFORM zu schreiben, d.h. eine sogenannte „Inline-Schleife“ zu bilden. Die „Outline-Schleife“ darf dagegen nicht mit END-PERFORM abgeschlossen werden.
Die PERFORM-Anweisung hat viele Variationsmöglichkeiten. Sie hier erschöpfend darzustellen, würde den Rahmen des Buches sprengen. Nähere Details sind in der DIN-Norm oder in den Beschreibungen der Compiler-Hersteller nachzulesen.

a) Schleife mit Vorabprüfung

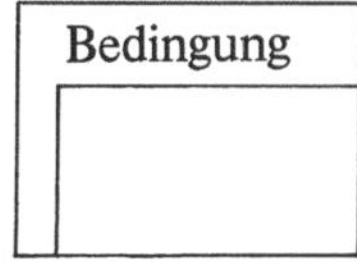

Der Schleifenblock wird durchlaufen, solange die Bedingung gilt.

Codierbeispiel

```
*SCHLEIFE-A                          Strukturblock-Anfang
     PERFORM WITH TEST BEFORE        Verzweigungs-Anweisung
     UNTIL NOT (Bedingung)           (verneinte COBOL-Bedingung)
       Anweisungen                   Schleifenblock
     END-PERFORM                     Bereichsbegrenzer
*SCHLEIFE-E                          Strukturblock-Ende
```

Die Klausel WITH TEST BEFORE entspricht dem Standardwert, sie kann also im Prinzip weggelassen werden, doch möge man auch hier die „Lesbarkeit“ der Programm-Codierung berücksichtigen.
Häufig kann man die verneinte Bedingung noch vereinfachen, indem man evtl. vorhandene Operatoren in der Bedingung umdreht. Z.B. kann man "NOT (A < B)" umformulieren zu "A > OR = B". Aber auch hier sollte man den Grundsatz der Lesbarkeit nicht außeracht lassen, denn laufend wechselnd geschriebene Bedingungen führen bekanntermaßen zu Interpretationsfehlern.

Die Schleife mit Vorabprüfung kann auch als Zählschleife realisiert werden. Die Steuerung der Wiederholungen geschieht dann über ein Zählerfeld, das von einem Anfangswert aus mit vorgegebener Schrittweite bis zum definierten Endwert herauf gezählt wird.

Codierbeispiel

```
 DATA DIVISION.
 WORKING-STORAGE SECTION.
 77  ZAEHLER  PIC 9(3).                  Zählerfeld, numerisch
 .
 PROCEDURE DIVISION.
 .
*SCHLEIFE-A                              Strukturblock-Anfang
     PERFORM WITH TEST BEFORE
     VARYING ZAEHLER                     Zählerfeld
     FROM 1                              Startwert des Zählerfeldes
     BY   1                              Schrittweite
     UNTIL ZAEHLER = 100                 Endwert des Zählerfeldes
       Anweisungen                       Schleifenblock
     END-PERFORM                         Bereichsbegrenzer
*SCHLEIFE-E                              Strukturblock-Ende
```

Zu beachten ist, daß das Zählerfeld durch die Anweisungen im Schleifenblock keinesfalls verändert wird, da sonst die Schleifensteuerung außer Kontrolle gerät. Gegen eine Verwendung als z.B. Tabellenindex ist jedoch nichts einzuwenden.
Der Zusatz WITH TEST BEFORE ist auch hier wieder Standardwert.

Diese Form der Zählschleife kann sogar für die Bearbeitung mehrdimensionaler Tabellen erweitert werden!

Codierbeispiel

```
 DATA DIVISION.
 WORKING-STORAGE SECTION.
 01     BUND.                            Tabelle
  02    LAENDER                          1. Dimension
        OCCURS     11 TIMES
   03   KREISE                           2. Dimension
        OCCURS     80 TIMES
    04 GEMEINDEN  PIC 999                3. Dimension
        OCCURS    100 TIMES.
 77     LAND       PIC  99.
 77     KREIS      PIC  99.
 77     GDE        PIC 999.
 .
 PROCEDURE DIVISION.
 .
*SCHLEIFE-A                              Strukturblock-Anfang
     PERFORM
     VARYING LAND   FROM 1 BY 1          Durchlauf der 1. Dimension
     UNTIL   LAND  >  11                  (Alle Länder)
     AFTER   KREIS  FROM 1 BY 1          Durchlauf der 2. Dimension
     UNTIL   KREIS >  80                  (Alle Kreise eines Landes)
     AFTER   GDE    FROM 1 BY 1          Durchlauf der 3. Dimension
     UNTIL   GDE   > 100                  (Alle Gemeinden eines Kreises)
       Anweisungen                       Schleifenblock
     END-PERFORM                         Bereichsbegrenzer
*SCHLEIFE-E                              Strukturblock-Ende
```

b) Schleife mit Nachherprüfung

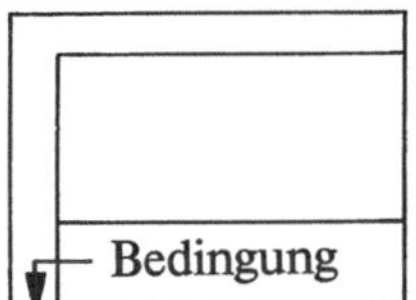

Die Schleife wird durchlaufen, bis eine Bedingung gilt.

Die Formulierung erfolgt wie bei der Schleife mit Vorabprüfung, nur wird jetzt der Zusatz WITH TEST AFTER verwendet. Da die Schleife durchlaufen wird, bis eine Bedingung erfüllt ist, braucht diese auch nicht durch NOT umgekehrt zu werden.

Codierbeispiel

```
*SCHLEIFE-A                          Strukturblock-Anfang
     PERFORM WITH TEST AFTER         Verzweigungs-Anweisung
     UNTIL Bedingung                 COBOL-Bedingung
       Anweisungen                   Schleifenblock
     END-PERFORM                     Bereichsbegrenzer
*SCHLEIFE-E                          Strukturblock-Ende
```

c) Zählschleife

Auch Zählschleifen kann man als Inline-Schleife formulieren. Ist die Anzahl der Wiederholungsschritte variabel, sollte diese vom Programm her über ein entsprechendes Zählerfeld gesteuert werden.

Codierbeispiel

```
 DATA DIVISION.
 WORKING-STORAGE SECTION.
 77  ZAEHLER  PIC 99.                Zählerfeld, numerisch
 .
 PROCEDURE DIVISION.
  .
     MOVE 36 TO ZAEHLER.             Einsetzen Zählerwert
  .
*SCHLEIFE-A                          Strukturblock-Anfang
     PERFORM
     ZAEHLER TIMES                   Wiederholungs-Abfrage
       Anweisungen                   Schleifenblock
     END-PERFORM                     Bereichsbegrenzer
*SCHLEIFE-E                          Strukturblock-Ende
```

Ist die Anzahl der Wiederholungen konstant und schon bei der Codierung bekannt, so kann man auch die entsprechende ganze Zahl anstelle des Zählfeldes einsetzen.

Codierbeispiel

```
PROCEDURE DIVISION.
 .
*SCHLEIFE-A                    Strukturblock-Anfang
    PERFORM
    36 TIMES                   Anzahl der Wiederholungen
      Anweisungen              Schleifenblock
    END-PERFORM                Bereichsbegrenzer
*SCHLEIFE-E                    Strukturblock-Ende
```

d) Schleife mit Abbruchbedingung

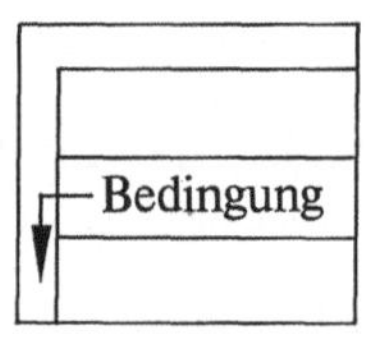

Der Schleifenblock darf beliebig viele Abbruchbedingungen enthalten.

Die einfachste Formulierung der Abbruchbedingung erfolgt mit der Klausel EXIT PERFORM, die allerdings nicht im COBOL85 STANDARD, sondern im CODASYL-JOD (Journal of Development) definiert ist. Der Compiler COBOL85 des BS2000 akzeptiert diese Erweiterung.
EXIT PERFORM darf als Abbruchbedingung nur in Inline-Schleifen verwendet werden. Da die PERFORM-Anweisung, mit der die Wiederholungsstruktur hergestellt wird, selber eine Bedingung benötigt, darf diese keinesfalls als Schleifenbedingung wirken. Mit anderen Worten: mit der PERFORM-Anweisung wird eine Endlosschleife formuliert, damit die EXIT PERFORM-Anweisung die Funktion des Schleifenabbruches übernehmen kann.

Codierbeispiel

```
*SCHLEIFE-A                             Strukturblock-Anfang
     PERFORM
     1000000 TIMES                      nie eintreffende Bedingung!
       Anweisungen                      1. Teil des Schleifenblocks
     IF Bedingung1                      Verzweigungs-Abfrage (COBOL-Bedingung)
     THEN EXIT PERFORM                  Schleifen-Abbruch
     END-IF                             Bereichsbegrenzer 1.Abbruchbedingung
       Anweisungen                      2. Teil des Schleifenblocks
     IF Bedingung2                      Verzweigungs-Abfrage (COBOL-Bedingung)
     THEN EXIT PERFORM                  Schleifen-Abbruch
     END-IF                             Bereichsbegrenzer 2.Abbruchbedingung
       Anweisungen                      3. Teil des Schleifenblocks
     END-PERFORM                        Bereichsbegrenzer Schleifenblock
*SCHLEIFE-E                             Strukturblock-Ende
```

Leseoperationen mit Abfrage auf Datei-Ende
Das Lesen einer unbekannten Anzahl von Datensätzen wird fast immer in einer Schleifenkonstruktion durchgeführt. Für das Erkennen des Datei-Endes steht nur die AT END-Ergänzung zur Verfügung. Die Steuerung der Wiederholungsfunktion benutzt wieder eine Bedingung, die niemals zutrifft und hier als Bedingungsname formuliert ist.

Codierbeispiel

```
 DATA DIVISION.
 WORKING-STORAGE SECTION.
 77  SCHALTER     PIC X.                Schalterfeld
 88  UNENDLICH    VALUE "§".            Achtung: das Feld Schalter darf
  .                                     nie den Inhalt „§“ erhalten!
 PROCEDURE DIVISION.
  .
*SCHLEIFEN-A                            Strukturblock-Anfang
     PERFORM
     UNTIL UNENDLICH                    Endlos-Bedingung
       READ Datei                       Eingabe-Operation
         AT END                         Ergänzung für Datei-Ende
           Anweisungen                  nur bei Datei-Ende auszuführen
         EXIT PERFORM                   Abbruch-Anweisung
       END-READ                         Bereichsbegrenzer Abbruchbedingung
       Anweisungen                      Schleifenblock
     END-PERFORM                        Bereichsbegrenzer Schleifenblock
*SCHLEIFE-E                             Strukturblock-Ende
```

Wird die EXIT PERFORM-Anweisung von dem verfügbaren Compiler nicht unterstützt, so besteht folgende Konstruktions-Möglichkeit:

Codierbeispiel

```
 DATA DIVISION.
 WORKING-STORAGE SECTION.
 77  SCHALTER    PIC X.            Schalterfeld
 88  UNENDLICH   VALUE "§".        Achtung: das Feld Schalter darf
                                   nie den Inhalt „§“ erhalten!
 PROCEDURE DIVISION.

*SCHLEIFEN-A                       Strukturblock-Anfang
      PERFORM
      UNTIL UNENDLICH
        Anweisungen                1. Teil des Schleifenblocks
        IF  Bedingung1             Verzweigungs-Abfrage
        THEN  CONTINUE             Verzweigungs-Anweisung (Abbruch)
        ELSE
          Anweisungen              2. Teil des Schleifenblocks
          IF  Bedingung2           Verzweigungs-Abfrage
          THEN  CONTINUE           Verzweigungs-Anweisung (Abbruch)
          ELSE
            Anweisungen            3. Teil des Schleifenblocks
          END-IF                   Bereichsbegrenzer 1.Abbruchbedingung
        END-IF                     Bereichsbegrenzer 2.Abbruchbedingung
      END-PERFORM                  Bereichsbegrenzer Schleifenblock
*SCHLEIFE-E                        Strukturblock-Ende
```

Mit jeder weiteren Abbruchbedingung muß ein neuer IF-Block eingefügt werden, so daß die Konstruktion immer unübersichtlicher wird. Ein letzter Ausweg ist die im Abschnitt 5.1 gezeigte Konstruktion mit den diszipliniert angewendeten GO TO's. Allerdings kann man eine solche Schleife nicht mehr schachteln.

5.3 Implementierung mit Assembler

Die Progammiersprache Assembler ist älter als die Methode der Strukturierten Programmierung und besitzt dadurch Sprachelemente, mit denen gegen die Regeln der SP verstoßen werden kann. Doch durch die disziplinierte Anwendung geeigneter Befehle lassen sich auch in Assembler die Grundsätze der SP einhalten. Etwas benachteiligt ist der Grundsatz der Lesbarkeit, da die Sprachsyntax eine eingerückte Schreibweise für Struktur-Unterblöcke nicht zuläßt. Daher sollten die Strukturblockteile stets mit symbolischen Adressen (EQU-Anweisung) präzise bezeichnet werden, damit intern notwendige Sprungbefehle ihr Sprungziel stets innerhalb des eigenen Strukturblocks finden. Nur so ist ein späteres Ändern problemlos möglich.

1. Grundstruktur Folge

a) Sequenzsteuerblock

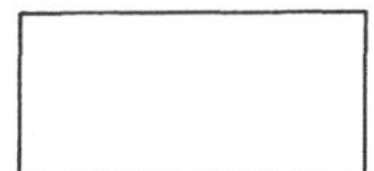

Ein oder mehrere Verarbeitungsschritte sind darstellbar als einzelner Assemblerbefehl oder als Folge von Assemblerbefehlen, sofern keine Steuerfunktion vorliegt.

Zugelassen also:	Nicht zu verwenden:
- Übertragungsbefehle	- alle Sprungbefehle
- Umwandlungsbefehle	- alle Befehle, die eine Anzeige setzen, sofern diese abgefragt wird.
- Lade/Speicherbefehle	
- Makroaufrufe	

b) Klammersymbol

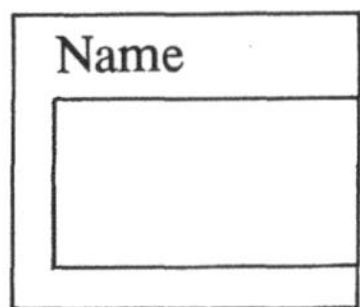

Da Verarbeitungsschritte, die einzeln zwischen Strukturblöcken stehen, sehr leicht übersehen werden können, ist es günstiger, hier das Klammersymbol zu verwenden.

Codierbeispiel

```
VORBER-A EQU   *                    Strukturblock-Anfang
         LA    5,E-FELD            ]
         ST    5,E-ADRE            ]- Anweisungen
         MVC   E-FELD,A-FELD       ]
VORBER-E EQU   *                    Strukturblock-Ende
```

c) Prozeduraufruf

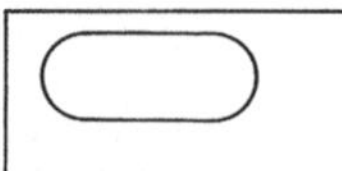

Prozeduren können realisiert werden als
- interne Prozeduren
- externe Prozeduren

Interne Prozeduren liegen im gleichen Modul wie die aufrufende Prozedur, so daß eine Adreßübergabe von gemeinsam benutzten Datenfeldern nicht notwendig ist. Da jedoch bei Assembler-Programmierung zur Sicherung von Zwischenergebnissen nicht nur Speicherbereiche, sondern auch Register verwendet werden, empfiehlt sich ein Sicherstellungsbereich (üblicherweise SAVEAREA genannt). In diesen werden beim Aufruf einer Unterprozedur die aktuellen Register-Inhalte der aufrufenden Prozedur hinterlegt. Unmittelbar vor Rückkehr aus der Unterprozedur werden dann die Register-Inhalte der aufrufenden Prozedur wieder zurückgeladen.

Codierbeispiel

```
HAPROZ-A EQU   *                  Hauptprozedur-Anfang
         .
         BAL   14,INPROZ-A        Aufruf interne Prozedur
         .
HAPROZ-E EQU   *                  Hauptprozedur-Ende
INPROZ-A EQU   *                  Interne Prozedur-Anfang
         STM   5,9,SAVEAREA       Sicherstellen 5 Register-Inhalte
         .
         .
         LM    5,9,SAVEAREA       Rückladen 5 Register-Inhalte
         BR    14                 Rücksprung in Hauptprozedur
INPROZ-E EQU   *                  Interne Prozedur-Ende
         .
         .
** DATEN-BESCHREIBUNGEN **
         DS    0D                 Einstellen Doppelwortgrenze
SAVEAREA DS    16F                Sicherstellungsbereich für alle Register
```

Externe Prozeduren liegen nicht im gleichen Modul wie die aufrufende Prozedur, sondern in getrennt übersetzten Programmteilen. Die Adressen von gemeinsam benutzten Datenfeldern müssen also beim Aufruf der externen Unterprozedur dieser bekanntgegeben werden. Dies geschieht durch Übergabe einer einzigen Adresse, nämlich einer Listenadresse! In dieser Liste sind die bewußten Adressen nacheinander aufgeführt, jede übrigens 4 Bytes lang. In der Unterprozedur kann dann anhand der bekannten Listenadresse durch richtiges Abzählen auf das jeweils benötigte Datenfeld zugegriffen werden.

Codierbeispiel der Hauptprozedur

```
HAPROZ   START                      Hauptprozedur-Anfang
         EXTRN EXPROZ               Symbolische Verknüpfungsadresse
         .
HAPROZ-A EQU   *
         .
         LA    1,DATFELD1           Laden Adresse Datenfeldbeginn
         LA    13,SAVEAREA          Laden Adresse Sicherstellungsbereich
         LA    14,RUECK-A           Laden Adresse Rücksprungstelle
         L     15,PROZADR           Laden Adresse externe Prozedur
RUECK-A  EQU   *                    Rückkehrstelle aus externer Prozedur
         .
** DATEN-BESCHREIBUNGEN **          Globaler Datenbereich
         DS    0D                   Einstellen Doppelwortgrenze
PROZADR  DC    A(EXPROZ)            Adreßkonstante: externe Prozedur
SAVEAREA DS    18F                  Sicherstellungsbereich
DATFELD1 DS    CL20                 Datenbereich 1
DATFELD2 DS    CL40                 Datenbereich 2
         .
         END                        Hauptprozedur-Ende
```

Codierbeispiel der externen Prozedur

```
EXPROZ   CSECT                      Externe Prozedur-Anfang
         STM   14,12,12(13)         Sicherstellen Register-Inhalte
         L     1,24(13)             Laden Adresse Datenfeldbeginn
         .
         .
         LM    14,12,12(13)         Rückladen Register-Inhalte
         BR    14                   Rücksprung in Hauptprozedur
         .
** DATEN-BESCHREIBUNGEN **
         DS    0D                   ]
         .                          ]- lokaler Datenbereich
         .                          ]
         END                        Externe Prozedur-Ende
```

2. Grundstruktur Auswahl

Für Verzweigungen wird bei Assembler-Programmierung folgende Konstruktion verwendet:

- Anzeige setzender Befehl
- bedingter Sprungbefehl

Für die Formulierung der bedingten Sprungbefehle wird die Verwendung des sogenannten „erweiterten mnemotechnischen Operationscodes" sehr angeraten, da diese Schreibweise erheblich besser lesbar ist als die jeweils gleichwertige Formulierung in der Form

BC Maske,Adresse

a) Zweifachverzweigung

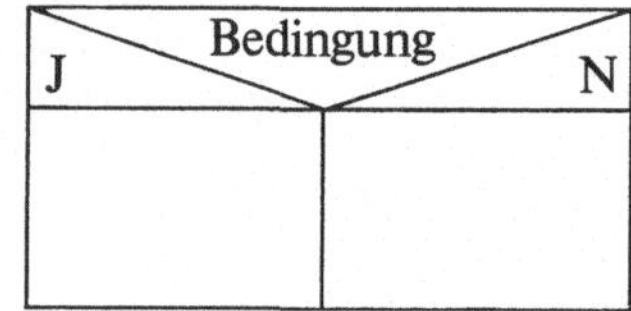

Codierbeispiel

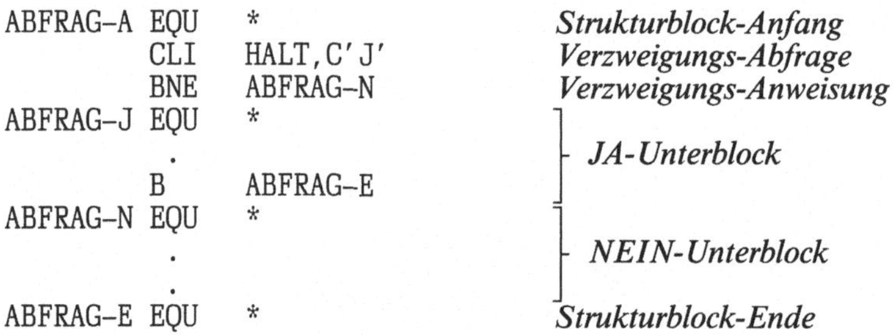

```
ABFRAG-A EQU   *                Strukturblock-Anfang
         CLI   HALT,C'J'        Verzweigungs-Abfrage
         BNE   ABFRAG-N         Verzweigungs-Anweisung
ABFRAG-J EQU   *                ]
         .                      ] JA-Unterblock
         B     ABFRAG-E         ]
ABFRAG-N EQU   *                ]
         .                      ] NEIN-Unterblock
         .                      ]
ABFRAG-E EQU   *                Strukturblock-Ende
```

Es kann durchaus vorkommen, daß in einer Zweifachverzweigung ein Unterblock (zunächst) leer bleibt. Aus Gründen der besseren Lesbarkeit und um Ergänzungen später zielgerichteter vornehmen zu können, sollte der jeweils leere Unterblock dennoch mit einer EQU-Anweisung gekennzeichnet werden.

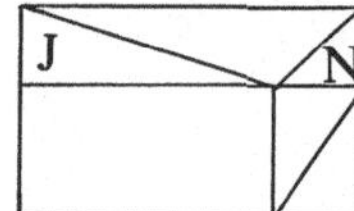

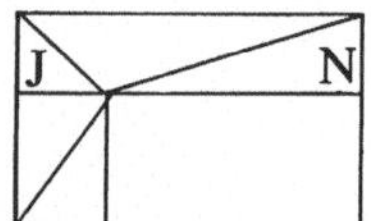

Codierbeispiele

```
ABFRAG-A EQU   *                 Strukturblock-Anfang
         CLI   HALT,C'J'         Verzweigungs-Abfrage
         BNE   ABFRAG-N          Verzweigungs-Anweisung
ABFRAG-J EQU   *                 ]
          .                      |- JA-Unterblock
         B     ABFRAG-E          ]
ABFRAG-N EQU   *                 leerer NEIN-Unterblock
ABFRAG-E EQU   *                 Strukturblock-Ende
          .
          .
ABFRAG-A EQU   *                 Strukturblock-Anfang
         CLI   STOP,C'N'         Verzweigungs-Abfrage
         BE    ABFRAG-N          Verzweigungs-Anweisung
ABFRAG-J EQU   *                 leerer JA-Unterblock
ABFRAG-N EQU   *                 ]
          .                      |- NEIN-Unterblock
          .                      ]
ABFRAG-E EQU   *                 Strukturblock-Ende
```

b) Mehrfachverzweigung

1. Variante : Alphanumerische Bedingungsvariable

SONST.	W1	Variable W2
Fehler		

Bei dieser Mehrfachverzweigung wird der Inhalt der Bedingungsvariablen nacheinander mit verschiedenen alphanumerischen Werten verglichen. Bei Übereinstimmung wird sofort auf den zugehörigen Unterblock verzweigt, noch nachfolgende Abfragen entfallen. Des Zeitvorteils wegen ordnet ein geschickter Programmierer daher die Abfragen so, daß diejenigen mit der höchsten Trefferwahrscheinlichkeit in der Abfragekette vorn liegen. Für den Fall, daß überhaupt keine der Bedingungen zutrifft, ist der SONST-Unterblock vorgesehen.

Codierbeispiel

```
ABFRAG-A EQU   *                   Strukturblock-Anfang
         CLC   VERWAND,BEGRIFF1    Verzweigungs-Abfrage-1
         BE    ABFRAG-1            Verzweigungs-Anweisung-1
         CLC   VERWAND,BEGRIFF2    Verzweigungs-Abfrage-2
         BE    ABFRAG-2            Verzweigungs-Anweisung-2
ABFRAG-S EQU   *                   ]
          .                        ]- Fehlerfall-Unterblock
         B     ABFRAG-E            ]
ABFRAG-1 EQU   *                   ]
          .                        ]_ Normalfall-Unterblock
         B     ABFRAG-E            ]  (Variablen-Inhalt = VATER)
ABFRAG-2 EQU   *                   ]
          .                        ]_ Normalfall-Unterblock
         B     ABFRAG-E            ]  (Variablen-Inhalt = ONKEL)
ABFRAG-E EQU   *                   Strukturblock-Ende
          .
          .
** DATEN-BESCHREIBUNGEN **
         DS    0D                  Einstellen Doppelwortgrenze
VERWAND  DS    CL5                 Bedingungsvariable
          .
BEGRIFF1 DC    CL5'VATER'          Alphanumerischer Wert 1
BEGRIFF2 DC    CL5'ONKEL'          Alphanumerischer Wert 2
```

2.Variante : Numerische Bedingungsvariable

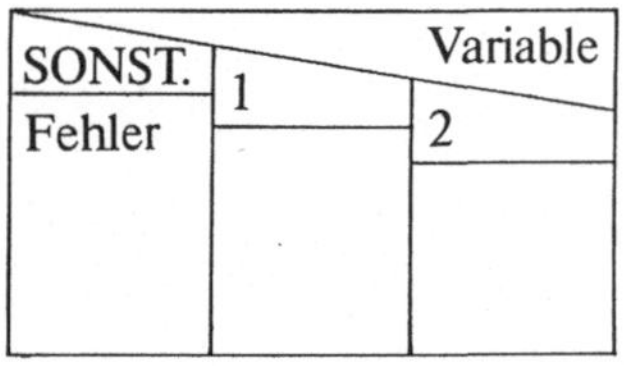

SONST.	1	2 Variable
Fehler		

In dieser Mehrfachverzweigung wird der jeweilige numerische Wert der Bedingungsvariablen festgestellt und danach der zugehörige Unterblock ausgewählt. Somit obliegt dieser Variante nur noch eine Schaltfunktion, sie enthält aber nicht die Entscheidung selber! Diese hat vorher im Programmablauf zu geschehen und kann an sehr unterschiedlichen Stellen vorgenommen werden. Damit bei Änderungen/Ergänzungen diese Zusammenhänge nicht übersehen werden, ist stets auf eine präzise Dokumentation zu achten.

Bei dem nachfolgenden Codierbeispiel wird mit einer Adresstabelle gearbeitet, deren Elemente aus den Adreßkonstanten der Unterblöcke gebildet werden. Jede Adreßkonstante ist 4 Bytes lang. Der Zugriff auf die jeweils richtige Adresse geschieht dadurch, daß der Wert der Variablen zunächst mit 4 multipliziert und danach auf die Anfangsadresse der Adresstabelle addiert wird.

Beispiel: das Feld BEDIVAR enthält den Wert 2, dieser wird in das Register 5 geladen. Nach dem SLA-Befehl enthält das Register 5 den Wert 8. Dieser wird auf die Anfangsadresse von ADRETAB addiert und somit enthält Register 5 schlußendlich die Adresse des Unterblocks ABFRAG-2.

Codierbeispiel

```
ABFRAG-A EQU   *               Strukturblock-Anfang
         L     5,BEDIVAR       Laden Variablenwert in Register 5
         C     5,UB-ZAHL       Variablenwert im zugelassenen Bereich ?
         BNH   ABFRAG-V        Verzweigungs-Anweisung
         LA    5,0             Fehler! daher „0“ in Register 5
ABFRAG-V EQU   *
         SLA   5,2             Errechnen Distanz (= BEDIVAR*4)
         L     5,ADRETAB(5)    Addieren Distanz auf Anfangsadresse
         BR    5               Verzweigungs-Anweisung
ABFRAG-S EQU   *               ]
         .                     |- Fehlerfall-Unterblock
         B     ABFRAG-E        ]
ABFRAG-1 EQU   *               ]
         .                     |- Normalfall-Unterblock
         B     ABFRAG-E        ]   (Variablen-Wert = 1)
ABFRAG-2 EQU   *               ]
         .                     |- Normalfall-Unterblock
         B     ABFRAG-E        ]   (Variablen-Wert = 2)
ABFRAG-E EQU   *               Strukturblock-Ende
         .
         .
** DATEN-BESCHREIBUNGEN **
         DS    0D              Einstellen Doppelwortgrenze
BEDIVAR  DS    F               Numerische Bedingungsvariable
         .
UB-ZAHL  DC    F'2'            Anzahl der Normalfall-Unterblöcke
ADRETAB  DC    A(ABFRAG-S)     Adresse Fehlerfall-Unterblock
         DC    A(ABFRAG-1)     Adresse 1. Normalfall-Unterblock
         DC    A(ABFRAG-2)     Adresse 2. Normalfall-Unterblock
```

3. Grundstruktur Wiederholung

Wie bei Verzweigungen wird auch für die Schleifenbedingungen folgende Assemblerkonstruktion verwendet:

- Anzeige setzender Befehl
- bedingter Sprungbefehl

Der leichteren Lesbarkeit wegen empfiehlt sich auch hier die Verwendung des sogenannten „erweiterten mnemotechnischen Operationscodes".

a) Schleife mit Vorabprüfung

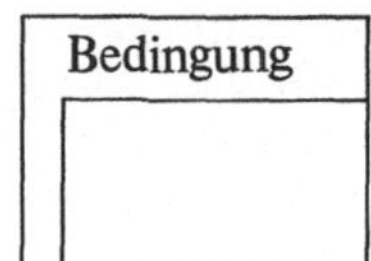

Codierbeispiel

```
SCHLEI-A EQU   *                  Strukturblock-Anfang
         CLI   HALT,C'J'          Verzweigungs-Abfrage
         BE    SCHLEI-E           Verzweigungs-Anweisung
SCHLEI-B EQU   *                  ]
          .                       |- Schleifenblock
         B     SCHLEI-A           ]
SCHLEI-E EQU   *                  Strukturblock-Ende
```

Zählschleifen lassen sich mit dem BCT-Befehl sehr effektiv codieren. Wird der an sich gleichwertige BCTR-Befehl verwendet, so muß vorher die Sprungadresse in das Sprungregister geladen werden.
Es ist zu beachten, daß das Zählregister mit dem richtigen Wert initialisiert wird. Dieser Wert ist entweder bereits bei der Codierung bekannt oder aber er kann/muß als variabler Wert im Programmablauf errechnet werden. Bei der hier vorgestellten Lösung entspricht dieser Wert übrigens genau der Anzahl der Schleifenwiederholungen.

Codierbeispiel

```
SCHLEI-A EQU   *                  Strukturblock-Anfang
         LA    5,100              Laden Zählregister
SCHLEI-B EQU   *                  ]
          .                       |- Schleifenblock
         BCT   5,SCHLEI-B         ]
SCHLEI-E EQU   *                  Strukturblock-Ende
```

b) Schleife mit Abbruchbedingung

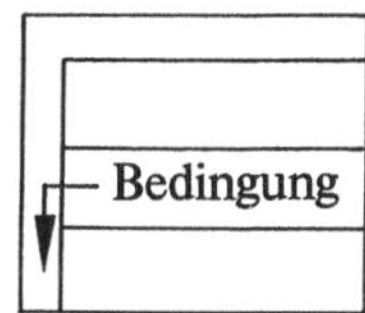

Codierbeispiel

```
SCHLEI-A EQU   *                  Strukturblock-Anfang
         MVI   HALT,C'N'          Initialisieren Schalterfeld
SCHLEI-B EQU   *                  ┐
         .                        ├ 1. Teil des Schleifenblocks
         .                        ┘
         CLI   HALT,C'J'          Verzweigungs-Abfrage
         BE    SCHLEI-E           Verzweigungs-Anweisung
         .                        ┐ 2. Teil des Schleifenblocks
         .                        │ Ende Schleifenblock
         B     SCHLEI-B           ┘
SCHLEI-E EQU   *                  Strukturblock-Ende
```

Leseoperationen mit Abfrage auf Dateiende
Diese Schleifenkonstruktion ist bei der Assembler-Programmierung nicht ohne weiteres in die Regeln der SP einzupassen. Dies liegt am Aufbau des Datei-Steuerblocks, durch den beim Erkennen des Dateiendes ein Adressen-Sprung über den EXIT-Ausgang zum EXLST-Makro erzeugt wird. Mit derjenigen Adresse, die dort bei der EOFADR-Angabe steht, setzt das Programm dann den Ablauf fort.
Hierfür ist im Prinzip die „Sobald"-Schleife mit der „Solange"-Funktion am besten geeignet, die Formulierung einer Schleifenbedingung jedoch nicht notwendig!

Codierbeispiel

```
SCHLEI-A EQU   *                  Strukturblock-Anfang
         GET   EINDATEI,EINFELD   ┐
         .                        ├ Schleifenblock
         B     SCHLEI-A           ┘
SCHLEI-E EQU   *                  Strukturblock-Ende
         .
         .
** DATEN-BESCHREIBUNGEN **
         DS    0D                 Einstellen Doppelwortgrenze
EINFELD  DS    CL100              Satz-Einlesefeld
         .
         .
** DATEI-BESCHREIBUNGEN **
EINDATEI FCB   EXIT=HALT1,...     Dateisteuerblock
         .
HALT1    EXLST EOFADR=SCHLEI-E,...  EXLST-Makro
```

5.4 Implementierung mit FORTRAN77

Die Sprache FORTRAN gehört zu den ersten höheren Programmiersprachen und entstand noch bevor die Prinzipien der Strukturierten Programmierung formuliert wurden. Somit lassen sich, ähnlich wie in COBOL74, die elementaren Steuerflußkonstruktionen z.T. nur mit Hilfe von GO TO-Anweisungen und Labels realisieren.
Im Gegensatz zu COBOL, wo Paragraphennamen nicht nur Markierungen sind, sondern auch strukturierende Wirkung haben (Zusammenfassung von Sätzen zu höheren Einheiten), sind Labels in FORTRAN lediglich eine Kennzeichnung von Anweisungen, auf die sich andere Anweisungen (z.B. GO TO oder DO) beziehen können. Somit behindern Labels nicht das Schachteln von Strukturblöcken.
Da Labels in FORTRAN nur Nummern sind, tragen sie wenig zur Kommentierung eines Programms bei und sollten aus diesem Grunde nur dann verwendet werden, wenn sie wirklich gebraucht werden. Empfehlenswert ist es, Labels jeweils vor eine Leeranweisung (CONTINUE) zu setzen, weil man dann bequem sowohl davor als auch dahinter weitere Anweisungen einfügen kann, ohne das Label versetzen zu müssen.

1. Grundstruktur Folge

a) Sequenzsteuerblock

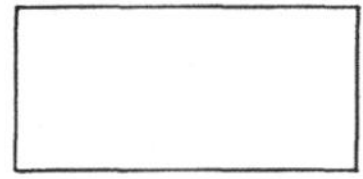

Ein oder mehrere Verarbeitungsschritte sind darstellbar als Anweisung(en), die jedoch keine FORTRAN-Worte zur Programmsteuerung enthalten dürfen.
Zugelassen sind also:
- Ein/Ausgabe-Operationen
- Übertragungsbefehle
- Arithmetische Anweisungen

b) Klammersymbol

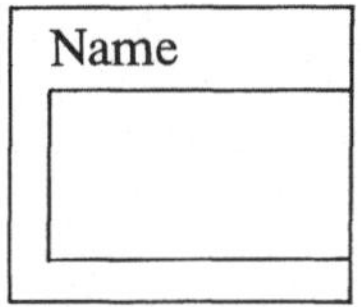

Mit dem Klammersymbol werden Verarbeitungsschritte zwecks besserer Lesbarkeit „optisch“ zusammengefaßt. In FORTRAN erreicht man dies durch entsprechende Kommentarzeilen.

Codierbeispiel

```
C VORBEREITUNG-A                    Strukturblock-Anfang
      PFELD = 0                     ]
      READ *,EFELD                  |- Anweisungen
      ZAEHLER = ZAEHLER + 1         ]
C VORBEREITUNG-E                    Strukturblock-Ende
```

c) Prozeduraufruf

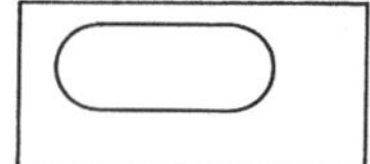

Eine Prozedur ist in FORTRAN darstellbar als
- ein Program
- eine Subroutine
- eine Function

Jede Prozedur kann für sich allein compiliert werden.
Eine Subroutine wird mit einer CALL-Anweisung aufgerufen. Eine Function kann wie Variable innerhalb von Ausdrücken verwendet werden. Bei jedem Aufruf können Daten über Parameter ausgetauscht werden. Die Parameterleiste wird in Klammern hinter dem Namen der gerufenen Prozedur angegeben.

Codierbeispiel

```
PROGRAM GEO                          Hauptprozedur-Anfang
REAL LINIE(100,2)                    Festlegung des Datentyps
 .
CALL EINGABE (LINIE)                 Aufruf der Unterprozedur
 .                                   (mit Aktualparameter LINIE)
 .
FLAECHE = INTEGRAL(LINIE)            Verwendung des Funktionswertes
 .                                   für den Aktualparameter LINIE
 .
STOP                                 Programm-Ende
END                                  Hauptprozedur-Ende
SUBROUTINE EINGABE(KURVE)            Unterprozedur-Anfang
                                     (mit Formalparameter KURVE)
REAL KURVE(100,2),PUNKT(2)           Festlegung des Datentyps
 .
READ *,PUNKT
KURVE(I,J) = PUNKT(J)                Verwendung des Parameters KURVE
 .
RETURN                               Rücksprung in aufrufende Prozedur
END                                  Unterprozedur-Ende
REAL FUNCTION INTEGRAL(KURVE)        Unterprozedur-Anfang
                                     = Reelle Funktion (mit
                                       Formalparameter KURVE)
REAL KURVE(100,2)                    Festlegung des Datentyps
 .
 Anweisungen                         Berechnung des Integrals
 .
INTEGRAL = Resultat                  Rückgabe des Funktionswertes
 .
RETURN                               Rücksprung in aufrufende Prozedur
END                                  Unterprozedur-Ende
```

Die Aktualparameter (beim Aufruf in der rufenden Prozedur) müssen mit den Formalparametern (in der gerufenen Prozedur) nicht dem Namen nach, wohl aber im Datentyp und in der Reihenfolge übereinstimmen. Dies wird leider nicht vom FORTRAN-Compiler überprüft (übrigens bei COBOL auch nicht), sondern bleibt der Sorgfalt und Disziplin des Programmierers überlasssen.
Die künftige Erweiterung der Sprache FORTRAN wird vermutlich (und hoffentlich) auch solche Schnittstellen-Überprüfungen anbieten.

Eine weitere Möglichkeit, Daten zwischen FORTRAN-Prozeduren auszutauschen, stellen die COMMON-Blöcke dar. Ersetzt man im obigen Codierbeispiel die Parameterlisten durch die folgende Vereinbarung

```
COMMON /KURVE/ LINIE
REAL LINIE (100,2)
```

so kann jede Prozedur auf diese Daten zugreifen. Dabei ist KURVE der Name des COMMON-Blocks und LINIE die Beschreibung seines Inhalts.
Dies gilt auch für alle anderen Prozeduren, die zu dem Programm hinzugebunden werden und diese Vereinbarungen enthalten, gleichgültig, wie sie aufgerufen werden. Darin liegt die Gefahr von unbeabsichtigten Fernwirkungen zwischen verschiedenen Prozeduren. Dieses Risiko kann der Programmierer nur dadurch entschärfen, daß er genau darüber „buchführt", welche COMMON-Bereiche in welchen Prozeduren verwendet werden. Eine Entwicklungsbibliothek als „Compilergedächtnis" könnte solche Verwendungsnachweise automatisch erstellen.

2. Grundstruktur Auswahl

In FORTRAN77 stehen für die Auswahl insbesondere die IF-Anweisung und spezielle Formen der GO TO-Anweisung zur Verfügung.

a) Zweifachverzweigung

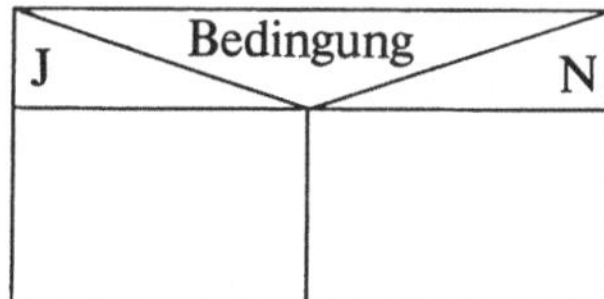

Codierbeispiel

```
C ABFRAGE-A                        Strukturblock-Anfang
      IF (Bedingung) THEN          Verzweigung
        Anweisungen                JA-Unterblock
      ELSE                         ⎤
        Anweisungen                ⎦ NEIN-Unterblock
      END IF
C ABFRAGE-E                        Strukturblock-Ende
```

Falls der NEIN-Unterblock leer bleibt, kann das Wort ELSE auch weggelassen werden. Soll das Wort THEN in einer eigenen Zeile (wie bei COBOL) stehen, so muß es in eine FORTRAN-Fortsetzungszeile gesetzt werden.
Das Leerzeichen zwischen END und IF kann entfallen.

Codierbeispiele

```
C ABFRAGE-A                        Strukturblock-Anfang
      IF (Bedingung)               Verzweigung (FORTRAN-Bedingung)
     :THEN                         ⎤
        CONTINUE                   ⎦ leerer JA-Unterblock
      ELSE                         ⎤
        Anweisungen                ⎦ NEIN-Unterblock
      ENDIF
C ABFRAGE-E                        Strukturblock-Ende
```

oder gleichbedeutend

```
C ABFRAGE-A                        Strukturblock-Anfang
      IF(.NOT. (Bedingung))        Verzweigung (negierte Bedingung)
     :THEN                         ⎤
        Anweisungen                ⎦ JA-Unterblock
      ENDIF
C ABFRAGE-E                        Strukturblock-Ende
```

b) Mehrfachverzweigung

Für die Mehrfachverzweigung gibt es in FORTRAN77 verschiedene Formulierungsmöglichkeiten.

1.Variante: Numerische Bedingungsvariable

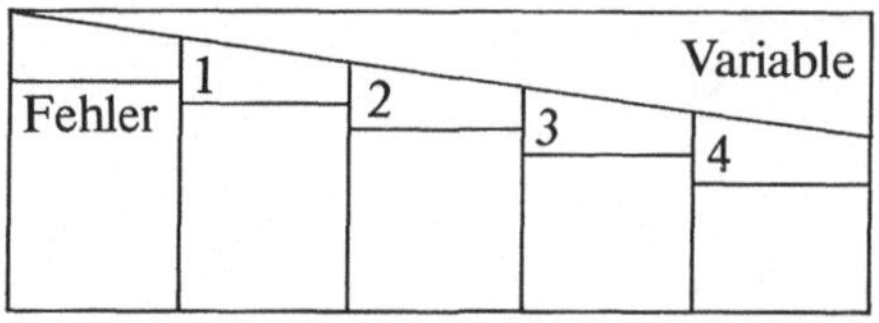

Fehler	1	2	3	4

Variable

Werden für die Bedingungsvariable nur ganzzahlige numerische Werte zugelassen, so kann für die Formulierung der Mehrfachverzweigung der sogenannte „berechnete Sprung" verwendet werden. Bei diesem entspricht der Wert einer Sprungvariablen seiner Stelle in einer Liste von Labels.
Ist der Wert der Sprungvariablen kleiner oder gleich Null oder größer als die Anzahl der Labels in der Liste der GO TO-Anweisung, so wird kein Sprung ausgeführt, sondern die Anweisungen des Fehlerfall-Unterblocks ausgeführt.

Codierbeispiel

```
C ABFRAGE-A                         Strukturblock-Anfang
      GO TO (10,20,30,40), ZAHL     Verzweigung
        Anweisungen                 ] Fehlerfall-Unterblock
      GO TO 100                     ] (ZAHL < 1 oder > 4)
   10 CONTINUE                      ]
        Anweisungen                 ] Normalfall-Unterblock
      GO TO 100                     ] (ZAHL = 1)
   20 CONTINUE                      ]
        Anweisungen                 ] Normalfall-Unterblock
      GO TO 100                     ] (ZAHL = 2)
   30 CONTINUE                      ]
        Anweisungen                 ] Normalfall-Unterblock
      GO TO 100                     ] (ZAHL = 3)
   40 CONTINUE                      ]
        Anweisungen                 ] Normalfall-Unterblock
      GO TO 100                     ] (ZAHL = 4)
  100 CONTINUE
C ABFRAGE-E                         Strukturblock-Ende
```

Es gibt in FORTRAN noch eine ähnliche, aber wenig empfehlenswerte Form eines Sprungs, den sogenannten „zugewiesenen Sprung":

```
ASSIGN 20 TO LABELNR     Einsetzen Variablenwert

GO TO LABELNR            Verzweigungs-Anweisung
```

Dabei wird einer Variablen, im obigen Beispiel LABELNR, per ASSIGN-Anweisung eine Nummer zugewiesen, die bei dem hernach durchlaufenen zugewiesenen Sprung eine Verzweigung zu dem in LABELNR gespeicherten Label bewirkt. Die Schwäche dieser Konstruktion liegt darin, daß die an ganz anderen Stellen in der Prozedur verstreuten ASSIGN-Anweisungen das Sprungziel bestimmen und Label-Nummern im allgemeinen keine problemrelevante Information enthalten.

2.Variante: Bedingungsfolge

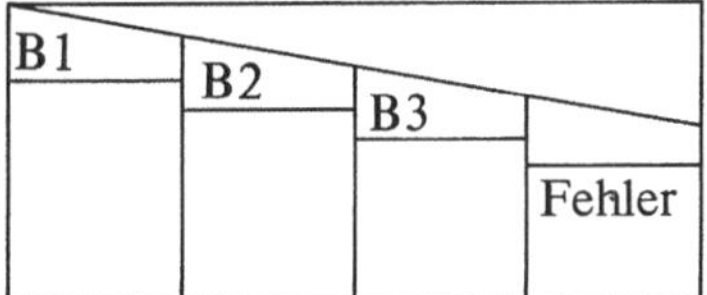

Eine Mehrfachverzweigung enthält immer eine Folge von Bedingungen. Dieses Grundprinzip läßt sich auch durch eine Verallgemeinerung der Zweifachverzweigung mit der ELSE IF-Klausel realisieren.

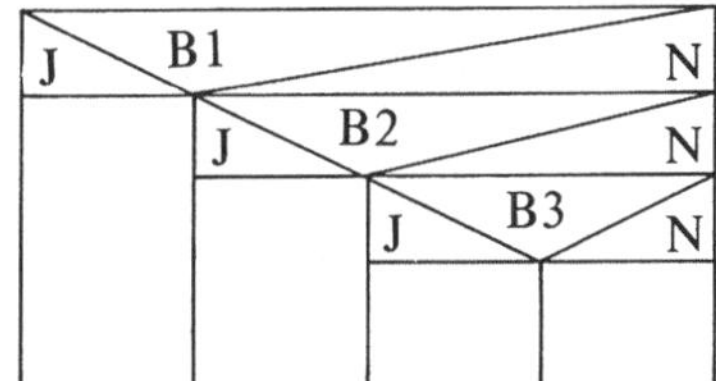

Codierbeispiel

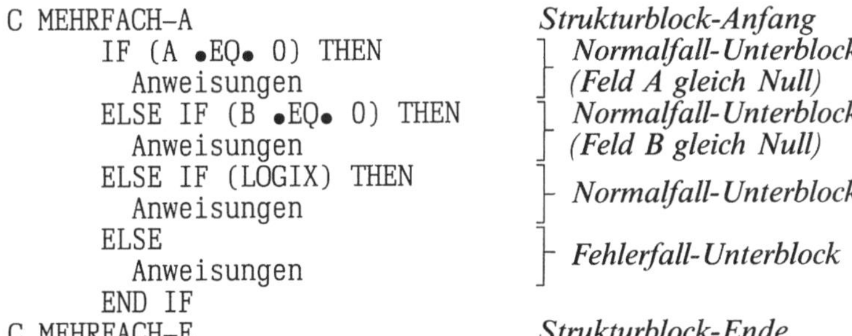

```
C MEHRFACH-A                         Strukturblock-Anfang
      IF (A .EQ. 0) THEN              ] Normalfall-Unterblock
        Anweisungen                   ] (Feld A gleich Null)
      ELSE IF (B .EQ. 0) THEN         ] Normalfall-Unterblock
        Anweisungen                   ] (Feld B gleich Null)
      ELSE IF (LOGIX) THEN            ]
        Anweisungen                   ] Normalfall-Unterblock
      ELSE                            ]
        Anweisungen                   ] Fehlerfall-Unterblock
      END IF
C MEHRFACH-E                         Strukturblock-Ende
```

Zwischen IF und THEN bzw. ELSE IF und THEN dürfen beliebige einfache oder zusammengesetzte FORTRAN-Bedingungen stehen.
ELSE IF darf auch zu einem Wort ELSEIF verkürzt werden.
Der ELSE-Fall kann als letzter angegeben werden, auf ihn sollte keinesfalls verzichtet werden (was von der Syntax her möglich ist), da dann unerwartete Bedingungssituationen im Programmablauf nicht mehr erkennbar sind.
Selbstverständlich können die Bedingungen in den einzelnen Unterblöcken auch einen Vergleich ein- und derselben Variablen mit verschiedenen Konstanten oder anderen Variablen darstellen.

3.Variante: Dreifachverzweigung
Eine etwas altertümliche, FORTRAN-spezifische Mehrfachverzweigung ist die Abfrage einer numerischen Variablen entsprechend ihres Vorzeichens „Negativ“, „Null“ oder „Positiv“.

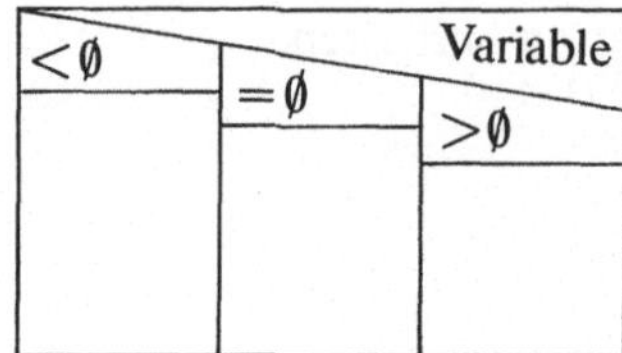

Codierbeispiel

```
C DREIFACH-A                          Strukturblock-Anfang
      IF (10,20,30) NUMVAR            Verzweigung
   10 CONTINUE                        ]
        Anweisungen                   |- Normalfall-Unterblock
      GO TO 100                       ]  (NUMVAR negativ)
   20 CONTINUE                        ]
        Anweisungen                   |- Normalfall-Unterblock
      GO TO 100                       ]  (NUMVAR gleich Null)
   30 CONTINUE                        ]
        Anweisungen                   |- Normalfall-Unterblock
      GO TO 100                       ]  (NUMVAR positiv)
  100 CONTINUE
C DREIFACH-E                          Strukturblock-Ende
```

oder gleichbedeutend (aber kürzer und klarer!):

```
C DREIFACH-A                          Strukturblock-Anfang
      IF  (NUMVAR .LT. 0)  THEN       Verzweigung
        Anweisungen                   1.Fall: NUMVAR negativ
      ELSEIF (NUMVAR .EQ. 0) THEN     Verzweigung
        Anweisungen                   2.Fall: NUMVAR gleich Null
      ELSE                            Verzweigung
        Anweisungen                   3.Fall: NUMVAR positiv
      ENDIF
C DREIFACH-E                          Strukturblock-Ende
```

In FORTRAN können Ein/Ausgabe-Operationen mit jeweils einer eigenen Klausel für das Dateiende und für den Fehlerfall ergänzt werden.

Codierbeispiel

```
C LESEN-A                              Strukturblock-Anfang
      READ (1,100,END=10,ERR=11)       Verzweigungs-Anweisung
        Anweisungen                    ]
        GO TO 20                       ]- Normalfall-Unterblock
 10   CONTINUE                         ]
        Anweisungen                    ]- Dateiende-Unterblock
        GO TO 20                       ]
 11   CONTINUE                         ]
        Anweisungen                    ]- Fehlerfall-Unterblock
 20   CONTINUE
C LESEN-E                              Strukturblock-Ende
```

Natürlich ist es manchmal geschickter, die Behandlung der Ausnahmen an andere Stellen der Prozedur zu legen, insbesondere, wenn mehrere IO-Anweisungen derselben Art vorkommen. Doch dann ist der Zusammenhang mit dem auslösenden IO-Befehl nicht mehr unmittelbar sichtbar und damit die gute Lesbarkeit des Programms beeinträchtigt.

Mehr dem Ziel der Strukturierten Programmierung entspricht der bei allen Ein/Ausgabe-Operationen zulässige Operand IOSTAT, mit dem eine Variable zur Aufnahme eines Rückkehr-Codes eingerichtet wird, den das System nach Beendigung der IO-Anweisung dort hinterlegt.

Der Rückkehr-Code ist wie folgt definiert:

- ein negativer Wert bedeutet Dateiende.
- der Wert Null entspricht dem Normalfall.
- ein positiver Wert bedeutet systemabhängiger Fehler (auswertbar in einer weiteren Mehrfachverzweigung).

Codierbeispiel

```
C LESEN-A                                   Strukturblock-Anfang
      READ (1,100,IOSTAT=RETCOD)            Verzweigungs-Anweisung
      IF   (RETCOD .LT. 0) THEN
        Anweisungen                         Dateiende-Unterblock
      ELSEIF (RETCOD .GT. 0) THEN
        IF   (RETCOD .EQ. CODE1) THEN
          Anweisungen                       1.Fehlerfall-Unterblock
        ELSEIF (RETCOD .EQ. CODE2) THEN
          Anweisungen                       2.Fehlerfall-Unterblock
          .
          .
        ENDIF
      ENDIF
        Anweisungen                         Normalfall-Unterblock
C LESEN-E                                   Strukturblock-Ende
```

3. Grundstruktur Wiederholung

Zur Formulierung von Schleifen verwendet man in FORTRAN77, wenn möglich, die DO-Anweisung. Andernfalls muß man sich mit IF, GO TO und Labels behelfen.

a) Schleife mit Vorabprüfung

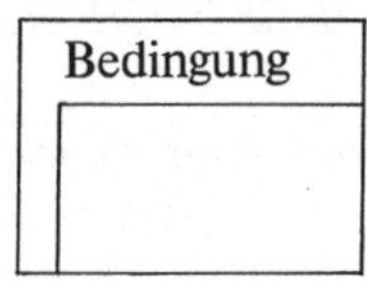

Der Schleifenblock wird durchlaufen, solange die Bedingung gilt.

Codierbeispiel

```
C SCHLEIFE-A                                   Strukturblock-Anfang
 100 CONTINUE
     IF •NOT• (Bedingung) GO TO 200            Verneinte Bedingung
       Anweisungen                             ] Schleifenblock
     GO TO 100                                 ]   (Rücksprung)
 200 CONTINUE
C SCHLEIFE-E                                   Strukturblock-Ende
```

Die als Schleifenbedingung verwendete „verneinte Bedingung“ kann häufig, vor allem durch Umdrehung von Operatoren, noch vereinfacht und damit in eine besser lesbare Form gebracht werden.
Zum Beispiel kann man „IF •NOT• (A •LT• B)“ umformulieren zu „IF A•GE•B“.

b) Zählschleife

Eine Schleife kann auch durch ein Zählfeld gesteuert werden, das von einem Anfangswert aus bis zu einem Endwert mit vorgegebener Schrittweite läuft. In dieser Situation wendet man am besten die DO-Anweisung an.

Codierbeispiel

```
C SCHLEIFE-A                                   Strukturblock-Anfang
      DO 500 ZAEHLER = 1,99,2                  Wiederholungs-Anweisung
        .                                      ]
        Anweisungen                            ]- Schleifenblock
        .                                      ]
 500  CONTINUE
C SCHLEIFE-E                                   Strukturblock-Ende
```

In diesem Beispiel wird der Schleifenblock für alle ungeraden Zahlen von 1 bis 99 durchlaufen. Gibt man die Schrittweite nicht an, so wird als Standardwert 1 angenommen. Anstelle von Konstanten für Anfangs- und Endwert sowie Schrittweite können auch Integer-Variable verwendet werden.

Zu beachten ist folgender Fall: es kann (fehlerhaft) eintreten, daß bereits beim ersten Aufruf der Schleife der Anfangswert größer ist als der Endwert. Welche Reaktion dann das Programm zeigt, hängt vom jeweils verwendeten Compiler ab. Es gibt im Prinzip zwei Möglichkeiten:

1. Der Schleifenblock wird überhaupt nicht durchlaufen.
2. Der Schleifenblock wird in jedem Fall einmal durchlaufen.

Das Feld ZAEHLER darf im Schleifenblock wohl verwendet (z.B. als Array-Index), aber auf keinen Fall verändert werden, weil dann der Ablauf zu unvorhersehbaren Ereignissen führt.

Selbstverständlich können DO-Schleifen auch ineinandergeschachtelt werden, etwa um mehrdimensionale Arrays zu bearbeiten. Dabei sollte jede Schleife mit einer eigenen CONTINUE-Anweisung abgeschlossen werden.

Codierbeispiel

```
C SCHLEIFE1-A                  Strukturblock-Anfang
      DO 500 I = 1,20          Durchlauf der 1.Dimension
C   SCHLEIFE2-A
        DO 400 J = 1,30        Durchlauf der 2.Dimension
          .                    ]  Schleifenblock
          Anweisungen          ]     Element MATRIX(I,J)
          .                    ]
 400    CONTINUE               Schleifenblockende 1.Dimension
C   SCHLEIFE2-E
 500  CONTINUE                 Schleifenblockende 2.Dimension
C SCHLEIFE1-E                  Strukturblock-Ende
```

c) Schleife mit Abbruchbedingung

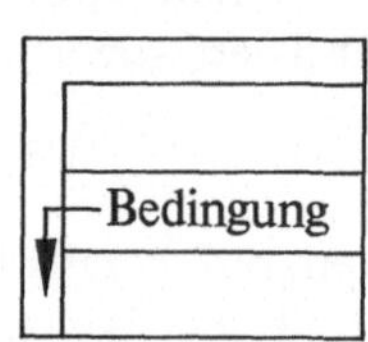

Der Schleifenblock kann beliebig viele Abbruchbedingungen enthalten

Codierbeispiel

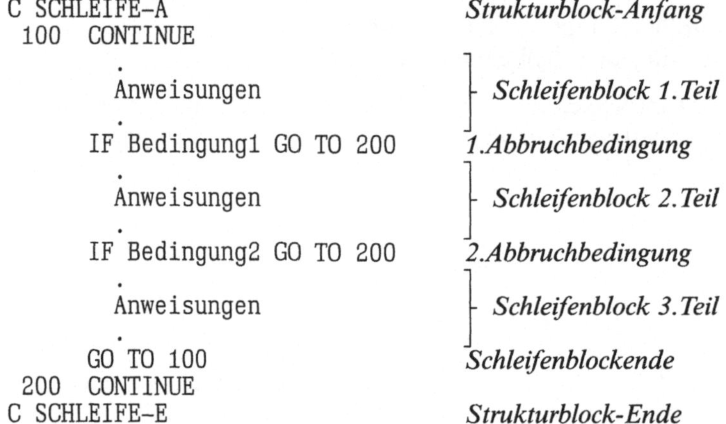

```
C SCHLEIFE-A                          Strukturblock-Anfang
 100  CONTINUE
         .
         Anweisungen                   Schleifenblock 1.Teil
         .
      IF Bedingung1 GO TO 200          1.Abbruchbedingung
         .
         Anweisungen                   Schleifenblock 2.Teil
         .
      IF Bedingung2 GO TO 200          2.Abbruchbedingung
         .
         Anweisungen                   Schleifenblock 3.Teil
         .
      GO TO 100                        Schleifenblockende
 200  CONTINUE
C SCHLEIFE-E                           Strukturblock-Ende
```

Mit jeder weiteren Abbruchbedingung muß eine „IF-Bedingung GO TO-Anweisung" eingefügt werden.

In einer Leseschleife kann die Abbruchbedingung auch in der READ-Anweisung enthalten sein.

Codierbeispiel

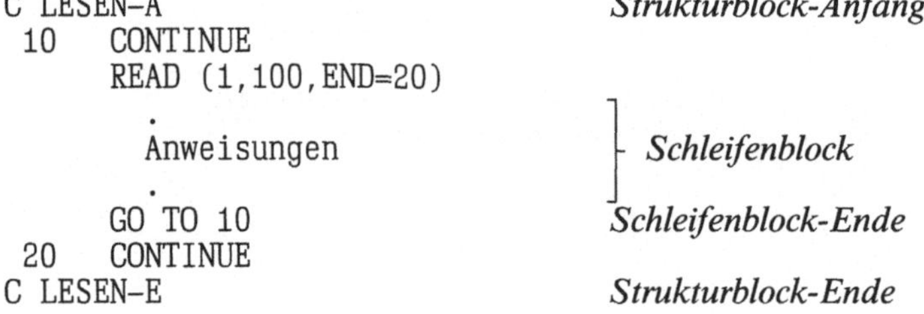

```
C LESEN-A                              Strukturblock-Anfang
 10   CONTINUE
      READ (1,100,END=20)
         .
         Anweisungen                   Schleifenblock
         .
      GO TO 10                         Schleifenblock-Ende
 20   CONTINUE
C LESEN-E                              Strukturblock-Ende
```

6 Beispiele und Übungen zur Strukturierten Programmierung

Die Beschränkung der Strukturblockarten und das Blockkonzept zwingen zu einer anderen Denkweise, als dies bisher notwendig war. Die nachfolgenden Beispiele und Übungen erleichtern die Einarbeitung in die neue Methode, insbesondere da, wo schon länger frei programmiert wurde. Um den Rahmen dieses Buches nicht zu sprengen, können keine umfassenden Lösungen behandelt werden. Jedoch gehen in der Datenverarbeitung häufig auftretende problembezogene Routinen aus den Beispielen hervor.

6.1 Lineare Verarbeitung

Nachstehend eine Problembeschreibung, die in eine Arbeitsweise umzusetzen ist. Es handelt sich um eine einfach[1] zu bearbeitende Aufgabenstellung, die einen Auswahlalgorithmus enthält, auf den in einer anschließenden Übung Bezug genommen wird.

1. Problembeschreibung
   Es sollen von allen Unternehmen eines Landes diejenigen drei herausgefunden werden, die die höchsten Jahresumsätze erzielten.
   Es ist zu ermitteln, welchen Anteil jeder dieser drei Umsätze, gemessen am Umsatz aller Unternehmen des Landes, prozentual ausmacht.

2. Eingabedaten
   Für jedes Unternehmen liegt ein Satz vor, der folgenden Aufbau hat:

	Firmen-Nummer	Firmen-Name	Umsatz	
1–6	7–10	11–30	31–40	41–80

3. Ausgabedaten
   Das gewünschte Ergebnis soll gemäß dem folgenden Druckbildentwurf zur Verfügung gestellt werden:

	Zeile	Nr.	Name	Umsatz	Anteil
	1				
	2				
	3				
	4	3396	BURGVERKAEUFE AG	2.000.000,02	17,0 %
	5				
1"	6	2169	MURMEL-VERTRIEB AG	1.000.000,01	8,5 %
	7				
	8	2241	REPUSATIONS-KG	500.000,05	4,3 %
	9				
	10				
	11				
2"	12				
	13				

4. Zusätzliche Bedingungen
   Die Umsätze der Firmen sind in Mark und Pfennig erfaßt. Gleichheit ist daher auszuschließen und nicht zu berücksichtigen.

[1] Da die Lösung der Aufgabe in Prinzip, mit Ausnahme einer Leseschleife, geradlinig verläuft, wurde der Ausdruck „lineare Verarbeitung“ gewählt.

5. Beschreibung der Feldvorgaben

Der Satzinhalt ist im folgenden Bereich zur Verfügung zu stellen:

EINB:

	FIRMNR	NAME	UMS	
1–6	7–10	11–30	31–40	41–80

Die nachstehenden drei Bereiche sollen zur Sicherstellung der Daten der drei gesuchten Unternehmen dienen.

Bereich für das Unternehmen mit dem höchsten Umsatz:

FE1:

	FIRMNR 1	NAME 1	UMS 1	
1–6	7–10	11–30	31–40	41–80

Bereich für das Unternehmen mit dem zweithöchsten Umsatz:

FE2:

	FIRMNR 2	NAME 2	UMS 2	
1–6	7–10	11–30	31–40	41–80

Bereich für das Unternehmen mit dem dritthöchsten Umsatz:

FE3:

	FIRMNR 3	NAME 3	UMS 3	
1–6	7–10	11–30	31–40	41–80

Der ermittelte Umsatz aller Unternehmen ist in der Variablen mit dem Namen GESUMS zur Verfügung zu stellen. Die prozentualen Anteile sind nacheinander zu ermitteln. Dafür ist die Variable mit dem Namen PROZ zu verwenden.

Nach dieser sehr detaillierten Beschreibung sollte es nicht zu schwer sein, eine Lösung zu finden. Es soll eine Lösung mittels Struktogrammen erstellt werden, bevor mit der nächsten Aufgabe fortgefahren wird.

6.2 Mischen

Die nachfolgende Problembeschreibung enthält das in allen Bereichen der Datenverarbeitung auftretende Problem „Mischen von Dateien".
Die Datensätze zweier oder mehrerer sequentiell von einem Programm zu lesenden Dateien stehen in Abhängigkeit zueinander und sind daher parallel zu bearbeiten. Das setzt voraus, daß alle sequentiell zu bearbeitenden Dateien nach einem gleichen Merkmal in gleicher Folge sortiert vorliegen.

Es sind die Struktogramme zu erstellen, die die nachfolgende verbale Beschreibung fordert:

1. Problembeschreibung
   Das Programm soll die Umsatzdaten (gespeichert in getrennten Dateien) aller drei Filialen eines Unternehmens in eine Datei zu einem gemischten Umsatzbestand zusammenfügen.
   - Filiale 1: vertreibt Holzprodukte,
   - Filiale 2: vertreibt Stahlprodukte,
   - Filiale 3: vertreibt Kunststoffprodukte.

   Die gemischte Umsatzdatei ist für spätere Auswertungen so aufzubauen, daß sie die Daten aller Käufe eines Kunden zusammenhängend speichert. Hat ein Kunde in mehreren Filialen innerhalb eines Erfassungszeitraumes Umsätze getätigt, ist beim gemischten Umsatz zuerst der Satz der niedrigsten Filialnummer auszugeben.

2. Datenflußplan

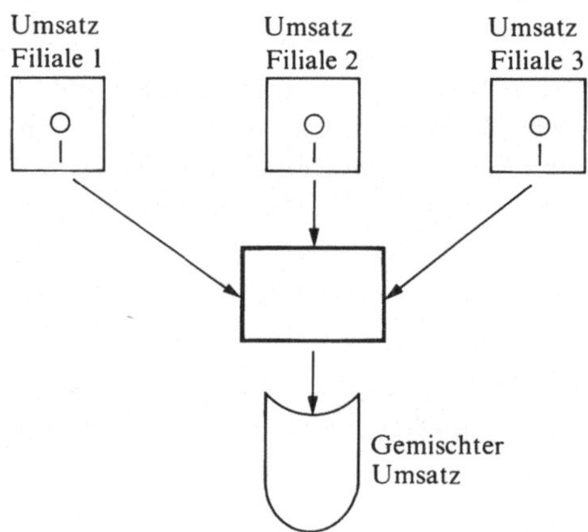

3. Eingabedaten
Die Sätze der Umsatzdateien sind identisch aufgebaut

Zeichen	Inhalt
1– 20	Informationen
21– 26	KUNDENNUMMER (Sortierbegriff)
27–150	Informationen

Die Filialnummer geht nicht aus dem Satz hervor. Für die richtige Dateizuordnung sorgt die Etikettroutine des Betriebssystems.

4. Ausgabedaten
Die Sätze des gemischten Umsatzbestands haben den gleichen Aufbau wie die Umsatzdateien der Filialen.

5. Zusätzliche Bedingungen
a) Allgemeines
Das Programm ist so zu gestalten, daß es
- nur einen Unterprogrammaufruf und das dazugehörende Unterprogramm „EINGABE" enthält. Das Lesen der Dateien FILIALE1, FILIALE2 und FILIALE3 soll in diesem Unterprogramm realisiert sein, deshalb muß es eine Prüfroutine enthalten, mit der festgestellt wird, welche Datei gelesen werden darf.
- nur einen Unterprogrammaufruf und das dazugehörende Unterprogramm „VERARBEIT" enthält. Die hierin notwendige Prüfroutine muß feststellen, welche Eingabedatei den nächsten auszugebenden Satz enthält.

b) Feldbeschreibung
Für die Mischroutinen sind je Datei drei Hilfsfelder notwendig:
- Dateizustandsbyte: FILESx[1]
  zum Feststellen,
  ob eine Datei gelesen werden darf (Kennung = 0),
  ob eine Datei nicht gelesen werden darf (Kennung = 1),
  ob eine Datei bereits geschlossen ist (Kennung = 2),
  ob eine Datei in einem Programmlauf nicht benötigt wird und somit nicht geöffnet werden soll (Kennung = 3)
- Sortierbegriff: FILKNRx[1]
  zum Feststellen, welche Datei als nächste zu bearbeiten ist (der Satz mit dem niedrigsten Sortierbegriff bei aufsteigend sortierten Dateien)
- Dateirangbyte: FILNRx[1]
  zum Feststellen, welche Datei den nächsten zu bearbeitenden Satz enthält, wenn die Sortierbegriffe in zwei oder mehr bereitgestellten Sätzen gleich sind.

[1] x steht für die jeweilige Filiale (Datei)

Diese drei Hilfsfelder je Datei werden zusammengezogen und ergeben dann in ihrem Aufbau einen dateiabhängigen Bereich:

FIL 1	FILLES 1	FILKNR 1	FILNR 1
FIL 2	FILLES 2	FILKNR 2	FILNR 2
FIL 3	FILLES 3	FILKNR 3	FILNR 3

Um den Mischvorgang durchführen zu können, ist ein weiterer Bereich notwendig, der nicht dateiabhängig ist und das Ergebnis der Mischroutine aufnimmt:

MINI	MINLES	MINKNR	MINNR

Mittels dieser Bereiche ist der Mischvorgang zu realisieren d.h. aus einer Vielzahl Dateien diejenige heraussuchen, deren bereitgestellter Satz als nächster zu bearbeiten ist: Rückführung aller Dateien auf eine zu bearbeitende.

Die beschriebene Aufgabe sollte in Struktogrammen umgesetzt werden.

Mischen (Erweiterung)

Das bestehende Programm der vorangegangenen Aufgabe soll in größerem Umfang erweitert werden:

1. Das Unternehmen vergrößert sich um eine Filiale. Der Umsatz dieser Filiale ist als Datei FILIALE4 mit niedrigster Dateipriorität in das Programm zu integrieren.
2. Wurden in einem Erfassungszeitraum von einer oder mehreren Filialen keine Umsätze getätigt (Urlaub, Renovierung usw.), so sind diese Filialen mittels Vorlaufsatz vom Verarbeitungslauf auszuschließen.
   Aufbau des Vorlaufsatzes:

Zeichen	Inhalt
1–2	KEZ (gültige Satzart = VS)
3–6	INH
3	· INH1 (E = Datei FILIALE1 eröffnen)
4	· INH2 (Z = Datei FILIALE2 eröffnen)
5	· INH3 (D = Datei FILIALE3 eröffnen)
6	· INH4 (V = Datei FILIALE4 eröffnen)
7–80	nicht belegt

3. Plausibilitäten und Kontrollen
   - Die Umsatzdateien der Filialen sind hinsichtlich aufsteigender Sortierfolge zu prüfen. Nicht in Folge liegende Sätze sind in der Datei FEHLERLISTE aufzulisten.
     Bei Sortierfolgefehler in den Dateien FILIALE1, FILIALE2 und FILIALE3 ist nach Ausgabe der Fehlermeldung der Folgesatz zu lesen.
     (Meldungen A, B und C im Druckbildentwurf der Datei FEHLERLISTE)
   - Bei mehr als 20 Sortierfolgefehlern in einer der Dateien FILIALE1, FILIALE2 oder FILIALE3 ist das Programm nach Ausgabe der Fehlermeldung abzubrechen.
     (Meldung D, E und F im Druckbildentwurf der Datei FEHLERLISTE)
   - Der erste Sortierfolgefehler in Datei FILIALE4 führt nach Ausgabe der Fehlermeldung zum Programmabbruch.
     (Meldung G im Druckbildentwurf der Datei FEHLERLISTE)
   - Sofern kein Programmabbruch erfolgte, nachdem die Datei FEHLERLISTE eröffnet wurde, ist das als Meldung auszugeben.
     (Meldung H im Druckbildentwurf der Datei FEHLERLISTE)

```
3       FEHLERLISTE PROGRAMM:  M I S C H E N  VOM  XX.XX.XX
4       ---------------------------------------------------

7  A.   SORTIERFOLGE-FEHLER IN DATEI FILIALE1   XXX Zeichen 1-30 des falschen Satzes XXX
9  B.   SORTIERFOLGE-FEHLER IN DATEI FILIALE2   XXX Zeichen 1-30 des falschen Satzes XXX
11 C.   SORTIERFOLGE-FEHLER IN DATEI FILIALE3   XXX Zeichen 1-30 des falschen Satzes XXX

14 D.   MEHR ALS 20 SORTIERFOLGE-FEHLER IN DATEI FILIALE1 *** PROGRAMM-ABBRUCH
16 E.   MEHR ALS 20 SORTIERFOLGE-FEHLER IN DATEI FILIALE2 *** PROGRAMM-ABBRUCH
18 F.   MEHR ALS 20 SORTIERFOLGE-FEHLER IN DATEI FILIALE3 *** PROGRAMM-ABBRUCH

21 G.   SORTIERFOLGE-FEHLER IN DATEI FILIALE4: -PROGRAMMLAUF WIRD ABGEBROCHEN-

24 H.   ***  NORMALES PROGRAMMENDE  ***

        Meldungsbezeichnungen aus der Beschreibung unter:
        Punkt 3: Plausibilitäten und Kontrollen
        (die Meldungsbezeichnungen sind nicht Teil der Fehlerliste)
```

4. Meldungen an den Programm-Anwender (Ausgabegerät ist die Dialogstation).
   - Wenn der Vorlaufsatz eine falsche Satzart aufweist, ist folgende Meldung auszugeben:
     VORLAUF PRUEFEN, FALSCHE SATZART! PROGRAMM WIRD ABGEBROCHEN.
   - Wenn der Vorlaufsatz die richtige Satzart aufweist, ist eine zweizeilige Meldung auszugeben, aus der die zu eröffnenden Dateien hervorgehen:
     FOLGENDE DATEIEN WERDEN EROEFFNET:
     FILAUS FILIALE1 FILIALE2 FILIALE3 FILIALE4
     Dateien, die aufgrund gewünschter oder falscher Angaben im Vorlaufsatz nicht eröffnet werden sollen, werden in dieser Meldung nicht aufgeführt. Dieser Bereich bleibt frei (Leerstellen)
   - Anschließend wird diese Meldung durch zwei weitere Zeilen ergänzt:
     SOLL MIT DEN ANGEGEBENEN DATEIEN DIESER
     PROGRAMMLAUF DURCHGEFUEHRT WERDEN? (J/N)
     Antwort des Anwenders nach Überprüfung, ob der Programmlauf mit diesen Dateien stattfinden soll: J (für „JA") bzw. N (für „NEIN").
   - Wird versehentlich ein Zeichen ungleich „J" oder „N" eingegeben, so erhält der Anwender eine erneute Aufforderung:
     UNZULAESSIGE ANTWORT
     SOLL MIT DEN ANGEGEBENEN DATEIEN DIESER
     PROGRAMMLAUF DURCHGEFUEHRT WERDEN? (J/N)
   - Wird als Antwort „N" eingegeben, beendet sich das Programm mit folgender Meldung:
     PROGRAMM WIRD BEENDET.

5. Datenflußplan

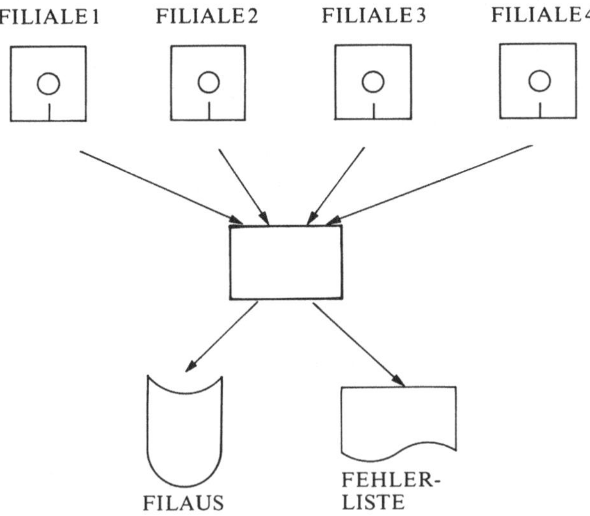

6. Anmerkung

Mit dieser erweiterten Übung soll einerseits aufgezeigt werden, daß trotz einer recht unfangreichen Programmänderung (bezogen auf die Programmgröße) klare Schnittstellen einen gezielten Eingriff erlauben, und andererseits sollen einige häufig auftretende Routinen dargestellt werden für:

- Überlesen eines Satzes, z.B. weil er fehlerhaft ist;
- Ausschließen einer oder mehrerer Datei(en) von einem Verarbeitungslauf, z.B. weil diese Datei für einen bestimmten Lauf nicht benötigt wird oder wie in der Übung nicht zur Verfügung steht;
- Programmabbruch unter Einhaltung der Zweipoligkeit, d.h. das Programm ist über den offiziellen Programmendeausgang im Steuerprogramm zu beenden.

6.3 Gruppenwechsel

Häufig soll in der Datenverarbeitung nach Bearbeitung einer unbestimmten Anzahl hintereinanderliegender Sätze einer Datei eine zusätzliche Bearbeitung stattfinden. Die Sätze müssen bei dieser Problematik mindestens ein gemeinsames Merkmal haben, aus dem erkennbar ist, ob ein zu bearbeitender Satz noch zur gleichen Gruppe von Sätzen gehört oder ob er bereits der erste Satz einer neuen Gruppe ist.
Da es sich hier um die Bearbeitung einer Gruppe von Sätzen handelt, spricht man auch von Gruppenwechselbearbeitung. Merkmal kann jedes Feld eines Satzes sein. Wird für eine bestimmte Bearbeitung ein Feld ausgewählt, spricht man vom Gruppenbegriff. Der Gruppenbegriff muß dann sinnvollerweise auch Sortierbegriff werden, wenn die Datei noch nicht danach sortiert ist. Beim nachstehenden Problem setzt sich der Gruppenbegriff gleich aus 3 Merkmalen zusammen:

1. Problembeschreibung
   Das Programm soll eine Umsatzliste erstellen, aus der die Umsätze je Kunde, je Vertreter und je Bezirk entnommen werden können. Darüber hinaus soll jeder Einzelposten - Artikelbezeichnung und Umsatzwert - aufgelistet werden. Jeder Bezirk soll auf einer neuen Seite beginnen. Es soll die Gesamtsumme gebildet und auf einer neuen Seite am Schluß ausgegeben werden.
   Die drei Umsatzsummen:
   - Kunden-Summe, mit einem Stern zu kennzeichnen,
   - Vertreter-Summe, mit zwei Sternen zu kennzeichnen,
   - Bezirks-Summe, mit drei Sternen zu kennzeichnen,

   dürfen nicht allein am Anfang eines Textteiles einer neuen Seite stehen. Sie sind ggf. noch auf der Seite aufzulisten, auf der die letzte zugehörige Postenzeile steht. Es sind nur Sätze mit der Satzart (SA=7) zu verarbeiten. Fehlerhafte Sätze sollen überlesen werden.

2. Datenflußplan

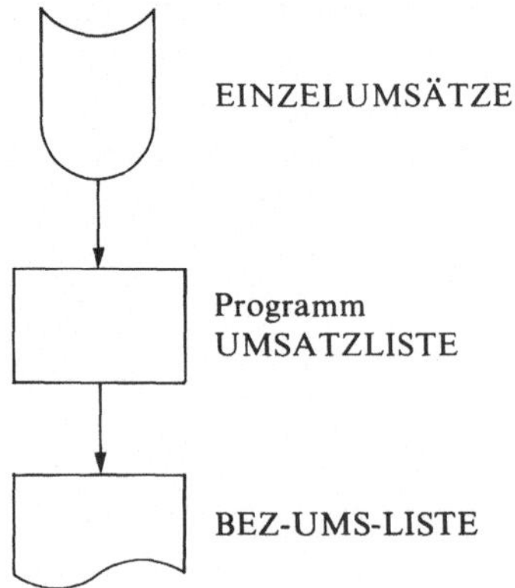

3. Eingabedaten
   Aus der Datei EINZELUMSAETZE wird nach einem Lesevorgang je ein Satz mit folgendem festen Aufbau zur Verfügung gestellt:

Zeichen	Inhalt
1	Satzart (gültige SA = 7)
2– 4	Vertreter-Nr.
5– 9	Kunden-Nr.
10– 29	Artikel-Bezeichnung
30– 35	Umsatzwert
36–177	Informationen
178–180	Bezirksnummer

   Die Sätze sind aufsteigend
   - nach Bezirks-Nr.,
   - nach Vertreter-Nr. je Bezirk,
   - nach Kunden-Nr. je Vertreter

   sortiert. Eine Folgeprüfung soll nicht durchgeführt werden.

4. Ausgabedaten
   Der Aufbau der Umsatzliste ist den Druckbildentwürfen zu entnehmen. Kanal 1 der Druckersteuerung entspricht der ersten zu bedruckenden Zeile einer Druckseite. Es ist ein Seitenwechsel durchzuführen, wenn die 56ste Zeile des Blattes überschritten wird und sich keine weiteren Summenzeilen anschließen. Summenzeilen sind noch auf dem gleichen Blatt zu drucken, auch wenn die 56ste Zeile die letzten Postendaten einer Gruppe enthält.

```
                10        20        30        40        50        60        70
        1234567890123456789012345678901234567890123456789012345678901234567890
     1
     2
     3
     4                         U M S A T Z L I S T E
     5                         ---------------------
1"   6
     7     BEZIRK   VERTRETER   KUNDE   ARTIKELBEZEICHNUNG        UMSATZ
     8
     9
    10     001      001         00002   XXXXXXXXXXXXXXXXXXXX      XXØX,XX
    11                                  XXXXXXXXXXXXXXXXXXXX      XXØX,XX
2"  12                                                           XXXØX,XX *
    13
    14                          00003   XXXXXXXXXXXXXXXXXXXX      XXØX,XX
    15                                  XXXXXXXXXXXXXXXXXXXX      XXØX,XX
    16                                                           XXXØX,XX *
    17                                                          XXXXØX,XX **
3"  18
    19              002         00001   XXXXXXXXXXXXXXXXXXXX      XXØX,XX
    20                                                           XXXØX,XX *
    21
    22                          00002   XXXXXXXXXXXXXXXXXXXX      XXØX,XX
    23                                                           XXXØX,XX *
4"  24                                                          XXXXØX,XX **
    25
                    003         00002   XXXXXXXXXXXXXXXXXXXX      XXØX,XX
                                                                 XXXØX,XX *
                                                                XXXXØX,XX **

"                                                              XXXXXØX,XX ***
```

Ø = Nullunterdrückung einschließlich dieser Schreibstelle

```
                                 U M S A T Z L I S T E
                                 ---------------------

     BEZIRK    VERTRETER    KUNDE     ARTIKELBEZEICHNUNG              UMSATZ


     002       004          000001    XXXXXXXXXXXXXXXXXXXXXXXX       XXØX,XX
                                      XXXXXXXXXXXXXXXXXXXXXXXX       XXØX,XX
                                                                    XXXØX,XX  *
                                                                   XXXXØX,XX  **

               005          000001    XXXXXXXXXXXXXXXXXXXXXXXX       XXØX,XX
                                                                    XXXØX,XX  *
                                                                   XXXXØX,XX  **

                                                                  XXXXXØX,XX  ***
```

```
 1234567890123456789012345678901234567890123456789012345678901234567890
                                 U M S A T Z L I S T E
                                 ---------------------

     BEZIRK    VERTRETER    KUNDE     ARTIKELBEZEICHNUNG              UMSATZ


     003       005          000001    XXXXXXXXXXXXXXXXXXXXXXXX       XXØX,XX
                                      XXXXXXXXXXXXXXXXXXXXXXXX       XXØX,XX
                                                                    XXXØX,XX  *
                                                                   XXXXØX,XX  **

               006          000002    XXXXXXXXXXXXXXXXXXXXXXXX       XXØX,XX
                                                                    XXXØX,XX  *
                                                                   XXXXØX,XX  **

                                                                  XXXXXØX,XX  ***
```

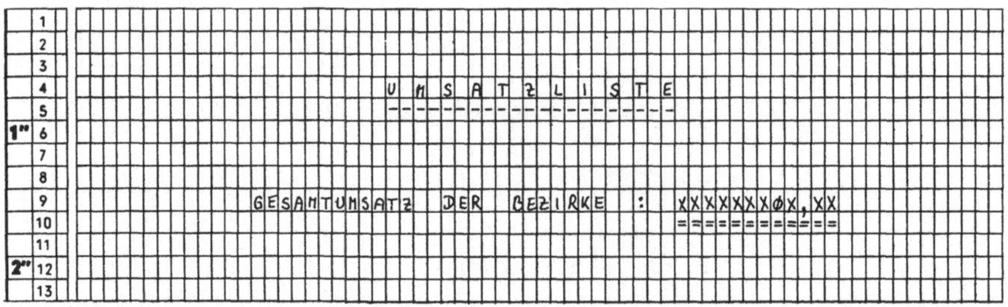

Ø = Nullunterdrückung einschließlich dieser Schreibstelle

5. Zusätzliche Bedingungen
Feldbeschreibungen

SA	Vertr.-Nr.	Kunden-Nr.	Artikel-bezeichnung	Umsatzwert		Bezirk
1	2 —— 4	5 —— 9	10 —— 29	30 —— 35		178 —— 180
	VNR	KNR				BEZNR

Eingabesatz-Bereich

ENDE	G3N	G2N	G1N
	BEZNR	VNR	KNR

GgN = Gruppe g Neu

VN = Vergleichsfeld Neu

	G3A	G2A	G1A

GgA = Gruppe g Alt

VA = Vergleichsfeld Alt

Der Eingabesatz enthält neben den Gruppenbegriffen auch die zur Verarbeitung gehörenden Daten, die jedoch keinen Einfluß auf die Gruppenwechselsteuerung haben.
Nach dem Lesen eines Satzes in den Eingabesatz-Bereich werden die Gruppenbegriffe ihrer Priorität entsprechend geordnet. Dazu ist ein Hilfsbereich notwendig, wenn man nicht umständlich die Felder des Eingabesatz-Bereiches verschieben will. Dieser Hilfsbereich ist das Vergleichsfeld Neu (VN), das auch gleichzeitig die Programmendekennung (ENDE = 1) enthält. Gruppe 1 in Vergleichsfeld Neu (G1N) ist das Feld, das den Gruppenbegriff niedrigster Priorität übertragen bekommt (KNR). G2N, also Gruppe 2, repräsentiert die nächst höhere Gruppe (VNR), während schematisch nach links fortfahrend sich die weiteren Gruppenbegriffsfelder anschließen (BEZNR).
Nach Verarbeitung eines Satzes kann dieses Vergleichsfeld Neu (VN) dann übertragen werden nach Vergleichsfeld Alt (VA), so daß nach dem anschließenden Lesen des nächsten Satzes das Vergleichsfeld Neu wieder mit den neuen Daten aus dem Eingabesatz-Bereich gefüllt werden kann. Über den Vergleich der neuen Sortierbegriffe mit den vorher bearbeiteten kann dann festgestellt werden, welche Gruppe wechselt.
Bei einem Gruppenwechsel sind, vom niedrigstrangigen bis zum wechselnden Gruppenbegriff in dieser Folge, die alten Gruppen zu beenden. Dieser Vorgang ist der Gruppennachlauf, bei dem z.B. die Gruppensumme ausgegeben wird. Daran anschließend folgt der Gruppenvorlauf, mit dem dann die neue Gruppe beginnt. Dort sind die Vorbereitungen zur Bearbeitung der neuen Gruppe zu treffen, wie z.B. das Rücksetzen der Gruppensumme auf den Anfangswert (= 0).

Die Technik der Gruppenwechselbearbeitung wird mit wenigen Abweichungen nach dem hier kurz skizzierten Prinzip häufig durchgeführt.

6.4 Tabellenverarbeitung

Die Tabellenverarbeitung mit ihren Algorithmen wird in der Datenverarbeitung oft angewandt. Man versteht unter dem Begriff Tabelle eine unbestimmte Anzahl hintereinanderliegender, gleich großer Bereiche, genannt Tabellenelemente. Jedes Tabellenelement ist ansprechbar über eine fortlaufende Nummer, z.B.: 5. Element der Tabelle. Diese fortlaufende Nummer (Index) ist nicht identisch mit dem Inhalt eines Tabellenelements und dient einzig dazu, ein bestimmtes Tabellenelement ansprechen zu können.
Jedes Tabellenelement kann in mehrere Felder unterteilt werden.
Um bei einem Tabellensuchvorgang feststellen zu können, ob das richtige Tabellenelement angesprochen wurde, muß je Element ein Feld vorhanden sein, das darüber Auskunft gibt. Es wird als Argument bezeichnet. Alle diesem Argument zugeordneten Felder enthalten die gewünschte Information für die weitere Verarbeitung. Alle Felder eines Elements werden gleichermaßen mit der diesem Element zugeordneten fortlaufenden Nummer, also mit gleichem Index angesprochen.

Bei der Tabellenverarbeitung sind drei Problemkreise zu unterscheiden:
- Einlesen/Aufbauen von Tabellen,
- Verarbeiten von Tabelleninhalten,
- Sortieren von Tabellenelementen.

Einlesen und Aufbauen einer Tabelle

Ein zu realisierendes, nicht näher bezeichnetes Problem soll mit Hilfe einer Tabelle gelöst werden. Dazu soll eine Unterroutine zum Einlesen der Tabelle geschrieben werden.

1. Problembeschreibung
   Es ist eine Unterroutine mit dem Namen TABLES zu erstellen, die aus einzulesenden Daten eine Tabelle im Arbeitsspeicher aufbaut. Der Speicherbereich für diese Tabelle ist auf die Größe von 1000 Tabellenelementen zu begrenzen.

2. Eingabedaten
   Aus einer Datei ARTIKELDATEN sind die Inhalt ARTNR und VPREIS zur Verfügung zu stellen. Aufbau eines Datensatzes:

Zeichen	Inhalt
1–10	nicht relevante Daten
11–15	ARTNR
16–20	nicht relevante Daten
21–26	VPREIS
27–115	nicht relevante Daten

   Die aufsteigende Folge der Artikelnummern ist zu prüfen, mehrfach auftretende Artikelnummern sind nicht erlaubt. Bei Folgefehler und bei mehr als 1000 Datensätzen sind die entsprechenden Meldungen auf der Dialogstation auszugeben:
   - FOLGEFEHLER IN DER DATEI ARTIKELDATEN.
     PROGRAMM WIRD ABGEBROCHEN.
   - MEHR ALS 1000 SAETZE IN DATEI ARTIKELDATEN.
     PROGRAMM WIRD ABGEBROCHEN.

   Nach Ausgabe der jeweiligen Meldung ist die Abbruchbedingung zu setzen.

3. Ausgabedaten
   Die Unterroutine TABLES hat dem übergeordneten Programm über die Variable mit dem Namen TLANG die in der Tabelle tatsächlich belegte Anzahl der Tabellenelemente mitzuteilen. Über die Variable mit dem Namen PROGRAMM-ENDE ist dem übergeordneten Programm mitzuteilen:
   - Inhalt 1 gesetzt: das Programm ist abzubrechen,
   - Inhalt 0 gesetzt: keine Abbruchbedingung in TABLES erkannt.

4. Besondere Bedingungen
   Die aus den Eingabedaten aufzubauende Tabelle darf 1000 Tabellenelemente nicht überschreiten; jedes Tabellenelement hat folgenden Aufbau:
   - 5 Zeichen: TARTNR (Argument/Sortierbegriff),
   - 6 Zeichen: TVPREIS (Funktion).

   Die aufsteigende Sortierfolge in der Tabelle ergibt sich aus den Eingabedaten.

Tabellen-element	Argument (TARTNR)	Funktion (TVPREIS)
1	210	3,80
2	230	5,16
3	271	1,12
4	318	0,57
5	2811	149,20
⋮	⋮	⋮
998	14496	0,02
999	14498	3121,49
1000	–	–

Verarbeiten von Tabellendaten

Das nachstehende Programm berücksichtigt bereits das Einlesen einer Tabelle, wie es die Unterroutine TABLES realisierte. Die Daten dieser Tabelle sollen in die hier anschließende Verarbeitung mit einbezogen werden.

1. Problembeschreibung
   Über die Unterroutine TABLES wird eine maximal 1000 Tabellenelemente umfassende Tabelle zur Verfügung gestellt.
   Die tatsächlich belegte Anzahl Tabellenelemente wird im Feld TLANG mitgeteilt.
   Das Programm ist abzubrechen, wenn in dem von TABLES übergebenen Feld PROGRAMMENDE eine 1 gesetzt ist.
   Die Tabelle ist aufsteigend sortiert, jedes Tabellenelement besteht aus TARTNR (Tabelle-Artikelnr./Argument) und TVPREIS (Tabelle-Verkaufspreis/Funktion).
   Eine Kunden-Bestelldatei ist nach Kundennummern sortiert. Bei der Bearbeitung dieser Datei ist für die jeweils eingelesene Artikelnummer der Verkaufspreis der Tabelle zu entnehmen.
   Das Durchsuchen der Tabelle nach der gewünschten Artikelnummer soll in der Unterroutine TABSUCH durchgeführt werden. Kann zu der eingelesenen Artikelnummer das entsprechende Argument in der Tabelle nicht gefunden werden, so ist dies dem übergeordneten Programm durch das Setzen von HIGH VALUE in das Ablieferfeld für den Preis aus der Tabelle APREIS mitzuteilen. Ist das Argument gefunden, so wird die Funktion nach APREIS übertragen und darin übergeben.
   Die inneren Arbeitsweisen für VORLAUF1, TABLES, OPEN, VORLAUF2, LESEN (Satz aus Kunden-Bestelldatei), VERARBEITUNG und NACHLAUF sind nicht auszuführen. Sie sollten nur den Rahmen des übergeordneten Programms aufzeigen. Die innere Arbeitsweise von TABSUCH ist dagegen detailliert darzustellen.

2. Eingabedaten (für TABSUCH)
   Die Unterroutine TABSUCH darf zugreifen auf:
   - den ganzen Bereich der Tabelle: ansprechbar mit TAB,
   - Elemente der Tabelle: ansprechbar mit TAB(IND),
   - das Argument eines Tabellenelements: ansprechbar mit TARTNR(IND),
   - die Funktion eines Tabellenelements: ansprechbar mit TVPREIS(IND).

   Der Unterroutine TABSUCH steht zur Verfügung:
   - Die Variable IND. Diese ist mit der laufenden Nummer des Tabellenelements zu versorgen, auf das zugegriffen werden soll. (Ein Zugriff auf Teile der Tabelle ist nur mit Hilfe dieser Variablen IND möglich.)
   - Die Artikelnummer ARTNR. Sie bildet während des Suchvorganges den Vergleichsbegriff zu dem das passende Argument in der Tabelle zu suchen ist.
   - Die tatsächliche Tabellenelement-Anzahl TLANG. Wurde die Tabelle mit weniger als 1000 Tabellenelementen belegt, so ist das Suchen in der Tabelle auch nur auf diesen tatsächlich belegten Bereich zu beschränken.

3. Ausgabedaten (für TABSUCH)
   Die Unterroutine TABSUCH stellt über die Variable APREIS (Ablieferfeld für den Preis aus der Tabelle) dem übergeordneten Programm zur Verfügung:
   - entweder den Preis aus der Tabelle, wenn er der Tabelle zu entnehmen war,
   - oder HIGH VALUE, wenn der Preis der Tabelle nicht zu entnehmen war.

   Die Variable APREIS ist vom übergeordneten Programm auszuwerten.

4. Besondere Bedingungen
   Besondere Vorgehensweisen werden nach der Lösung des Steuerprogramms genannt (unter „Verarbeiten von Tabellendaten“).

Es ist zunächst das Steuerprogramm zu den gemachten Angaben zu erstellen, bevor im Stoff weiter gegangen wird.

Nachdem der Rahmen für das Zugreifen auf die Tabelle durch das Steuerprogramm bekannt ist, soll auf die besondere Vorgehensweise eingegangen werden, die das Finden der gewünschten Tabellenelemente beschreibt. Aus einer Vielzahl von Algorithmen sollen zwei herausgegriffen und hier dargestellt werden. Der Leser versuche aber zunächst, die nachstehenden beiden Algorithmen in Struktogramme umzusetzen, bevor er die Lösungen betrachtet. Die Aufgabenbeschreibung, die vor dem Steuerprogramm steht, hat noch ihre Gültigkeit

Erster Algorithmus

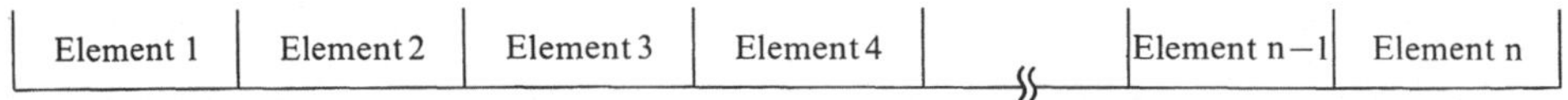

Das Argument des ersten Tabellenelements wird verglichen mit dem Suchbegriff, der eingelesen wurde. Bei Gleichheit des Vergleichsergebnisses wird dem Tabellenelement die Funktion(en) entnommen und dem übergeordneten Programm zur Verfügung gestellt. Kann keine Gleichheit festgestellt werden, so wird nach Heraufsetzen des INDEX um 1 das folgende Element der Tabelle angesprochen, mit dem der Vergleich wiederholt wird. Ist ein Suchbegriff nicht in der Tabelle als Argument vorhanden, so wird der Suchvorgang nur so lange fortgesetzt, bis die aktuell belegte Anzahl von Elementen abgefragt wurde (TLANG darf nicht überschritten werden).
Liegt eine Tabelle sortiert vor (z.B. aufsteigend), so kann der Suchvorgang nach einem nicht in der Tabelle enthaltenen Argument bereits abgebrochen werden, wenn ein Argument der Tabelle wertmäßig größer ist als der Suchbegriff (bei fallend sortierten Tabellen ist die Abfrage umgekehrt vorzusehen).

Bevor ein weiterer Algorithmus beschrieben wird, sollte dieser in ein Struktogramm umgesetzt, d.h. die Unterroutine TABSUCH erstellt werden.

Zweiter Algorithmus

Die Tabelle ist die gleiche wie beim ersten Algorithmus, jedoch muß eine aufsteigende Sortierfolge gewährleistet sein. Diese Vorgehensweise ist bei Tabellen mit vielen Elementen anzuwenden, da hierbei eine Berechnung des INDEX vorgenommen wird. Die Zugriffsmethode unterscheidet sich dadurch, daß im ersten Algorithmus durch Erhöhung des INDEX um 1 das nächste Tabellenelement angesprochen werden konnte und so bei Tabellen, auf deren letztes Element oft zugegriffen wird, viele Vergleiche notwendig sind. In diesem Algorithmus wird die Anzahl der belegten Tabellenelemente halbiert. Diese Zahl wird als erster Index benutzt. Tabellenelement 1 ist im allgemeinen der Anfangindex, TLANG z.B. in unserem Fall der Endindex. Die erste Einsprungstelle in die Tabelle errechnet sich gemäß

(Anfangsindex + Endindex):2 = Einsprungstelle.
(ANF + END) :2 = IND.

Der errechnete Wert für die Einsprungstelle ist grundsätzlich abzurunden.

Ist der Suchbegriff nicht gleich dem Argument in der Tabelle, so wird in dem Teil der Tabelle weitergesucht, in dem der Suchbegriff liegen müßte. Dieser Teil wird dann als neue Tabelle aufgefaßt. Der Einsprung wird über die schon aufgeführte Formel neu errechnet.

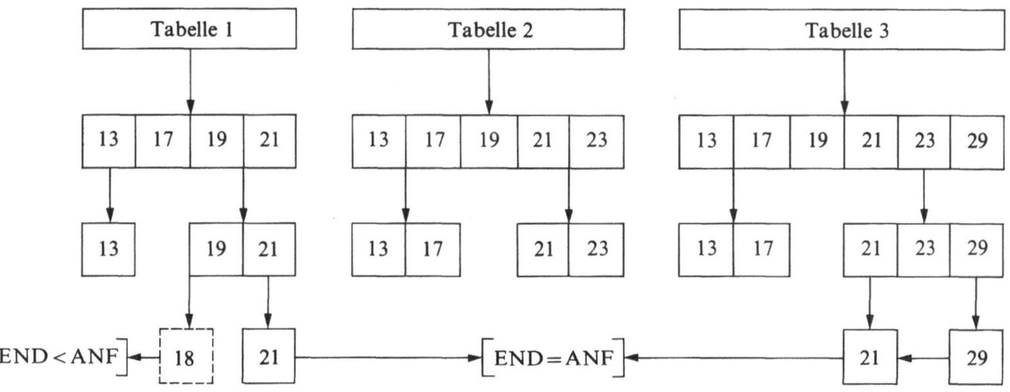

- Tabelle 1 hat vier Tabellenelemente, daher ergibt sich ein erster Zugriff auf (1+4):2=2 (abgerundet), d.h. zweites Element.
- Tabelle 2 hat fünf Tabellenelemente, daher ergibt sich ein erster Zugriff auf (1+5):2=3, d.h. drittes Element.
- Tabelle 3 hat sechs Tabellenelemente, daher ergibt sich ein erster Zugriff auf (1+6):2=3 (abgerundet), d.h. drittes Element.

Auf den Zugriff folgt der Vergleich, und es wird, sofern nicht gleich auf das gesuchte Argument zugegriffen wurde, mit der Resttabelle so verfahren, als wäre sie eine neue Tabelle. Dabei muß aber entweder der Endindex modifiziert werden, nämlich wenn mit der ersten (unteren) Tabellenhälfte die Suche fortzuführen ist, oder es ist der Anfangsindex zu verändern, wenn in der anderen (oberen) Tabellenhälfte weitergesucht werden soll.

Folgende Modifizierung ergibt sich:
- Endindex END=IND−1,
- Anfangsindex ANF=IND+1.

Nach dieser Veränderung wird die neue Einsprungstelle errechnet.

Die Abfrage END<ANF ist vorzusehen, weil Begriffe gesucht werden könnten, die kleiner sind als der kleinste der jeweiligen Resttabelle. Bei einer Tabelle mit zwei Elementen kann nach oben keine Überschreitung eintreten, weil bei Ermittlung von IND der Rest immer entfällt.

Sortieren von Tabellenelementen

Es soll davon ausgegangen werden, daß eine relativ kleine Datei mit Tabellendaten besteht, die von verschiedenen Programmen benötigt wird und deren Aufbau unverändert bleiben soll. Die Tabellenelemente bestehen jedoch aus Feldern, von denen mal das eine, mal das andere als Argument angesprochen werden soll, während die restlichen jeweils als Funktionen dienen.
Um in einem Programmlauf eine nach Argumenten geordnete Folge der Tabellenelemente verarbeiten zu können, wird eventuell ein Sortierlauf notwendig. Dieser kann mit einem vom Hersteller geschriebenen Programm, aber auch mit einem selbst erstellten durchgeführt werden. Aus der Vielzahl der für diese Funktion „Sortieren" bestehenden Algorithmen seien zwei einfache herausgegriffen. Sie sollen an einer ganz allgemein gefaßten Problemstellung erläutert werden.

1. Problembeschreibung
   Eine Datei XYZ enthält Tabellendaten, die im Vorlauf eines Verarbeitungsprogramms einzulesen und anschließend zu sortieren sind. Jeder Satz der Tabellendatei YXZ entspricht einem Tabellenelement.
   Die Datei liegt nach FELD1 fallend sortiert vor (Beschreibung unter Eingabedaten). Das Verarbeitungsprogramm setzt eine nach FELD3 steigend sortierte Tabelle voraus.
   In der Unterroutine TABAUFBAU sind Tabellendaten einzulesen, daraus ist eine Tabelle zu erstellen und diese nach dem gewünschten Argument zu sortieren. Das Feld TLANG gibt die tatsächlich belegte Anzahl der Tabellenelemente bekannt.

2. Eingabedaten
   Aufbau des Satzes der Tabellendatei XYZ:
   - Zeichen 1- 4 (numerisch) FELD1
     (Sortierbegriff, fallende Folge),
   - Zeichen 5-10 (alphanumerisch) FELD2,
   - Zeichen 11-15 (alphabetisch) FELD3,
   - Zeichen 16-25 (numerisch) FELD4.

3. Ausgabedaten
   Die Unterroutine TABAUFBAU stellt dem übergeordneten Programm in der Variablen TLANG die aktuell belegte Anzahl der Elemente der Tabelle zur Verfügung.

4. Besondere Bedingungen
   Es sind zum Sortieren (übungshalber) die beiden nachstehenden Algorithmen zu verwenden:

Erster Algorithmus

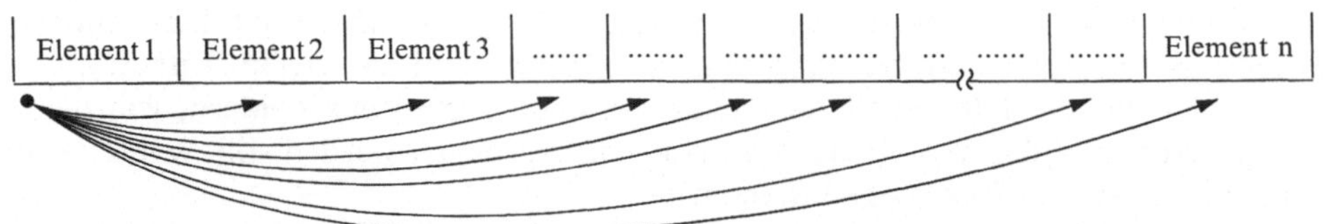

Das Argument des ersten Tabellenelements wird mit dem Argument des zweiten Tabellenelements verglichen. Ist das Argument des ersten Tabellenelements kleiner (und es wird eine aufsteigende Sortierfolge gewünscht), so bleiben beide Elemente mit ihrem Inhalt erhalten. Ist das Argument des ersten Tabellenelements größer, so werden die Inhalte beider Elemente vertauscht. In beiden Fällen wird anschließend in gleicher Weise das Argument des ersten Tabellenelements mit dem des dritten, dann vierten bis n-ten verglichen und ggf. ein Tausch der Inhalte vorgenommen. Damit enthält das erste den Inhalt des Tabellenelements mit dem niedrigsten Wert im Argument.

Dieser Vorgang ist jetzt mit dem zweiten Tabellenelement genauso wie beim ersten vorzunehmen. Die weiteren Sortiergänge beziehen sich dann auf das dritte, vierte bis zum (n-1)ten Tabellenelement. Dieses muß nur noch mit dem n-ten verglichen werden, und deren Inhalte müssen ggf. vertauscht werden. Erst damit kann eindeutig gesagt werden, daß die Tabelle sortiert ist. Ein vorzeitiges Erkennen, ob bereits die gewünschte Folge vorliegt, ist durch diesen Algorithmus nicht gegeben.

TABAUFBAU	
(TABAUFLES)	Entspricht der beschriebenen Unterroutine TABLES
(TABAUFSORT1)	

Entsprechend den vorher gemachten Angaben soll nun die Unterroutine TABAUFSORT1 erstellt werden.

Zweiter Algorithmus

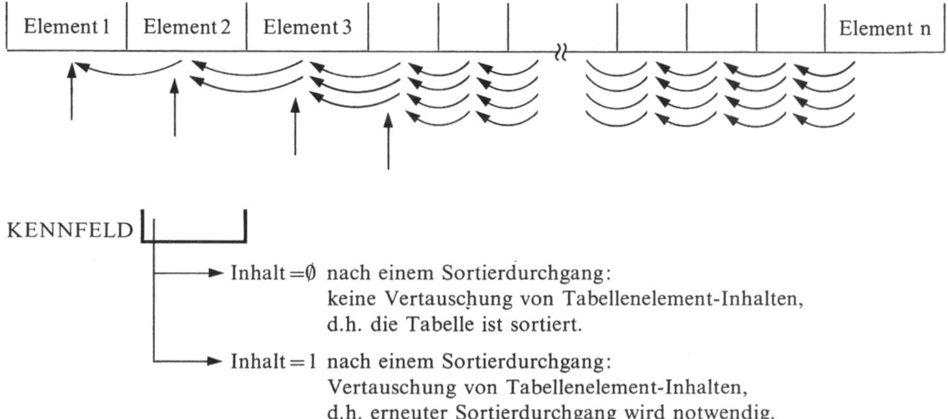

Vor jedem Sortierdurchgang durch die Tabelle wird ein Merkmal gesetzt (z.B. 0 nach KENNFELD), das bei einem Vertauschen von Tabellenelement-Inhalten geändert wird, (z.B. 1 nach KENNFELD). Damit kann nach einem Sortiergang festgestellt werden, ob eine Vertauschung durchgeführt wurde oder nicht. Ergab sich keine, so ist die Tabelle sortiert.
Die Sortierung geschieht durch den Vergleich des Arguments vom letzten Tabellenelement mit dem des vorletzten. Wird aufgrund des Vergleichsergebnisses ein Vertauschen notwendig, ist das unter Berücksichtigung des Setzens von KENNFELD durchzuführen. In jedem Fall wird anschließend das Argument des vorletzten Tabellenelements mit seinem davorliegenden verglichen und aufgrund dieses Vergleichsergebnisses auch hier eventuell getauscht. Dieser Vorgang wiederholt sich so oft, bis beim ersten Sortierdurchgang das erste, beim zweiten das zweite usw. Tabellenelement erreicht wird bzw. bis erkannt wird, daß das KENNFELD während eines Sortierdurchganges nicht umgesetzt wurde.
Während eines Sortierdurchganges wird mit diesem Algorithmus – (gewünschte Sortierfolge aufsteigend) – der Tabellenelement-Inhalt des wertniedrigsten Argumentes nach vorn gezogen.

Es soll nun dieser Algorithmus in ein Struktogramm umgesetzt werden. Das Einlesen der Tabelle ist bereits beschrieben worden. Es ergibt sich also nur für das Sortieren eine neue Unterroutine.

TABAUFBAU	
(TABAUFLES)	Entspricht der beschriebenen Unterroutine TABLES
(TABAUFSORT2)	

7 Strukturiert programmieren im System COLUMBUS-COBOL

Die Programmiersprache COBOL macht Implementierungen möglich, die voll den Regeln der Strukturierten Programmierung entsprechen. Andererseits sind freie Konstruktionen nicht ausgeschlossen und werden vom Compiler in gleicher Weise bearbeitet. Der Anwender erhält auch keine Mitteilung darüber, wenn er nur versehentlich die Regeln der SP nicht beachtet.
Dieser Nachteil des COBOL-Compilers ist vermeidbar, wenn man die Steuerbefehle nicht vom Codierer frei (d.h. mehr oder weniger diszipliniert) wählen läßt, sondern mittels eines COBOL-Werkzeugs (Tool) erzeugt.
Wenn dieses Tool streng den Regeln der SP folgt, wird nicht nur der oben genannte Nachteil vermieden, es können sogar noch weitere beachtliche Vorteile gewonnen werden.
Diese sind in dem Siemens BS2000-Werkzeug COLUMBUS-COBOL realisiert worden, das sich hervorragend für folgende Aufgaben einsetzen läßt:

- Entwurfsinstrument
- Implementierungswerkzeug
- Dokumentationswerkzeug
- Optimierungswerkzeug

Entwurfsinstrument

Das DV-Grobkonzept wird unter Beachtung der SP-Regeln schrittweise zum DV-Feinkonzept entwickelt.

Vorgehensweise:
Die Programmablaufpläne werden ausschließlich mit Struktogrammen dargestellt, wobei alle Bedingungen und Verarbeitungsaktionen als Pseudocode beschrieben werden. Unter Pseudocode sind umgangssprachliche Formulierungen zu verstehen, die vom Compilier nicht in Maschinensprache übersetzt werden können, Pseudocode wird ganz einfach als Kommentarzeile in das Quellprogramm eingefügt.
Der Vorteil des Pseudocode liegt in der Tatsache, daß er auch ohne Kenntnis einer Programmiersprache gelesen und verstanden werden kann, mithin ein wirkungsvolles Kommunikationsmittel zwischen Fachabteilung und EDV-Abteilung darstellt.
Wird z.B. der prinzipielle Lösungsweg für eine Prozedur auf diese Weise verständlich und präzise beschrieben, so braucht er später nicht mehr mühsam aus der Befehlsfolge rekonstruiert zu werden. Somit werden nicht nur Fehlinterpretationen vermieden, sondern auch Einarbeitungszeiten neuer Projekt-Mitarbeiter drastisch verringert.

Implementierungswerkzeug

Das DV-Feinkonzept wird umgesetzt in ein COLUMBUS-COBOL-Quellprogramm.

Vorgehensweise:
Alle in Pseudocode vorliegenden Bedingungen und Verarbeitungsaktionen werden voll mit den Mitteln der COBOL-Programmiersprache formuliert. Alle in Pseudocode vorliegenden Ablaufbeschreibungen bleiben aber als Kommentarzeilen erhalten.
Entsprechend den Vorschriften der COBOL-Sprache werden IDENTIFICATION DIVISION, ENVIRONMENT DIVISION und DATA DIVISION in gewohnter Weise aufgebaut.
In der PROCEDURE DIVISION werden alle Struktogramme (also die Teile der Programmsteuerung) mit COLUMBUS-Schlüsselwörtern eindeutig beschrieben. Da diese COLUMBUS-Schlüsselwörter später bei der Vorübersetzung/Precompilation in entsprechende COBOL-Steuerbefehle umgewandelt werden, ist im COLUMBUS-COBOL-Quellprogramm die Verwendung von COBOL-Steuerbefehlen strikte untersagt.

Dokumentationswerkzeug

Das in der Implementierungsphase entstandene COLUMBUS-COBOL-Quellprogramm läßt sich wegen der strikten Trennung von Programmsteuerung (COLUMBUS) und Verarbeitung (COBOL) leicht überprüfen und auch grafisch aufbereiten.
Durch Kontrolle der COLUMBUS-Syntax können Struktogramm-Entwurfsfehler leicht erkannt und markiert werden. Sie sind dadurch im Quellprogramm rasch aufgespürt und beseitigt.
Mit Hilfe der COLUMBUS-Schlüsselwörter lassen sich entsprechend gegliederte Ablaufdiagramme herstellen, bei denen die Verschachtelungstiefen deutlich darstellbar sind. Die grafische Umsetzung läßt sich mit den Möglichkeiten des jeweilig verwendeten Drucker-Zeichensatzes auch maschinell bewerkstelligen. Dies eröffnet einen nicht zu unterschätzenden Vorteil für eine stets aktuelle Programm-Dokumentation. Die im Zuge einer Verbesserung geänderten Programmteile stehen in kürzester Zeit wieder in grafisch umgesetzter Form zur Verfügung. Die so oft störende Zeitlücke zwischen Programm-Änderung und nachfolgender Programm-Dokumentation läßt sich mit COLUMBUS auf ein Minimum bringen.

Optimierungswerkzeug

Die strikte Beschreibung der Programmsteuerung durch COLUMBUS-Schlüsselwörter macht es leicht möglich, jeden Strukturblockteil mit einem Zählbefehl samt zugehörigen Zählfeld automatisch zu versehen. Damit lassen sich beim Ablauf des Programms aus diesen Durchlaufzählern folgende Aussagen gewinnen:

- welche Strukturblöcke wurden überhaupt durchlaufen?
- welche Strukturblöcke wurden wie oft durchlaufen?

Diese Informationen lassen sich, wenn beim Ablauf des Programms ausgewählte Testdaten verwendet werden, noch präzisieren:

- welche Strukturblöcke werden überproportional oft durchlaufen?
  = Ansatz für gezielte Optimierung.
- welche Strukturblöcke werden nie durchlaufen?
  = Ansatz zur Entfernung von Programmballast.

Beide Programm-Tuning-Maßnahmen sind im System COLUMBUS problemlos möglich!

7.1 COLUMBUS-COBOL-Quellprogramm

Aufbau

Da auch ein in COLUMBUS-COBOL formuliertes Quellprogramm letztendlich nur von einem COBOL-Compiler übersetzt werden kann, sind gewisse Vorschriften der COBOL-Sprache auch im System COLUMBUS einzuhalten. Dies gilt uneingeschränkt für die drei ersten Programmteile, nämlich IDENTIFICATION DIVISION, ENVIRONMENT DIVISION und DATA DIVISION.
Nur in der PROCEDURE DIVISION werden die COLUMBUS-Sprachelemente verwendet.
Ein COLUMBUS-Sprachelement besteht aus einem COLUMBUS-Schlüsselwort plus keinem, einem oder mehreren Parametern und beschreibt immer nur die Teile der Ablaufsteuerung, also die Elementar-Strukturblöcke der Strukturierten Programmierung. Da deren Anzahl bekanntlich begrenzt ist, ist auch die Zahl der COLUMBUS-Schlüsselwörter begrenzt. Tatsächlich sind es nicht mehr als 20, die von einem COBOL-Programmierer neu zu lernen sind, wenn er in das System COLUMBUS übersteigt.

Beispiel für ein vollständiges COLUMBUS-COBOL-Quellprogramm:

```
IDENTIFICATION DIVISION.                    ┐
PROGRAM-ID.        HAUPT.                   │
 .                                          │
ENVIRONMENT DIVISION.                       ├─ Original COBOL
 .                                          │
DATA DIVISION.                              │
 .                                          │
 .                                          ┘
HAUPT   @ENTRY   :TYP=M:                    ┐
        @PASS    VORARBE                    │
        @PASS    MALOCH                     │
        @PASS    SCHLUSS                    │
        @END                                │
VORARBE @ENTRY   :TYP=I:                    │
        COLUMBUS-Strukturblöcke             │
        @END                                │
MALOCH  @ENTRY   :TYP=I:                    ├─ COLUMBUS – Strukturblöcke, die
        @PASS    PRUEF                      ├─ COBOL-Verarbeitungs-
        COLUMBUS-Strukturblöcke             │  anweisungen enthalten
        @END                                │
PRUEF   @ENTRY   :TYP=DT:                   │
        Entscheidungstabelle                │
        @END                                │
SCHLUSS @ENTRY   :TYP=I:                    │
        COLUMBUS-Strukturblöcke             │
        @END                                ┘
```

Sprachbeschreibung

Zur Beachtung: die nachfolgend angegebenen Regeln gelten nur für den Teil des COLUMBUS-Quellprogramms, der auf die DATA DIVISION folgt. (In einem „normalen“ COBOL-Programm wäre dies die PROCEDURE DIVISION).

Im Prinzip kann weitgehendst formatfrei geschrieben werden, doch läßt sich die Sprachsicherheit mit einigen wenigen Einschränkungen deutlich erhöhen.

- Jeder Text kann, muß aber nicht, in jeder Zeile in Spalte 1 beginnen. Bei der Programm-Niederschrift ist daher aus Gründen der Übersichtlichkeit und der besseren Lesbarkeit die eingerückte Schreibweise vorzuziehen. Bei der Editierung können dann bequemerweise alle Zeilen ab Spalte 1 des Bildschirms eingegeben werden.

- Grundsätzlich sind COBOL-Punkte nicht zu verwenden, da durch sie die Optimierung des Programmflusses durch COLUMBUS behindert wird. Nur in wenigen Sonderfällen schreibt auch COLUMBUS als Ausnahme den COBOL-Punkt vor.

- Kommentare (freier Text, Pseudocode usw.) können nur in Kommentarzeilen angegeben werden.
  Kommentarzeilen beginnen stets mit dem Zeichen ‚*‘; entweder in Spalte 1 oder in Spalte 7 (dann aber Spalten 1...6 = BLANKS).

- In einer Zeile dürfen nicht mehr als 61 signifikante Zeichen stehen. Alle Zeichen einer Zeile (mit Ausnahme der führenden und nachfolgenden BLANKS) werden als signifikante Zeichen gezählt. Für den Fall, daß in einem längeren Zeichenliteral mehr als 61 signifikante Zeichen auftreten, muß mit einer Fortsetzungszeile gearbeitet werden. Eine Fortsetzungszeile beginnt mit ‚::‘ in Spalte 1 und 2, die Fortschreibung in Spalte 3.

COPY-Funktion

Es ist oftmals sehr von Vorteil, wenn einheitliche Datenfeld-Namen und -Strukturen verwendet werden (z.B. in einem Programmier-Team). Hier kann günstigerweise von der COPY-Funktion Gebrauch gemacht werden. Wenn auch die COPY-Anweisung überwiegend in der DATA DIVISION verwendet wird, so kann sie im Prinzip an jeder Stelle im Programm stehen.

Syntax

- Wenn aus einer LMS-Bibliothek zu kopieren ist:
  @COPYC Element [:Parameter,Parameter:]
  oder @COPY Element [:Parameter,Parameter:]

- Wenn aus einer FMS-Bibliothek zu kopieren ist:
  @COPYF Element [:Parameter,Parameter:]

- Als Parameter stehen zur Verfügung:
  LIST vollständige Ausgabe des kopierten Elements durch das Dienstprogramm COLLIST
  NOLIST keine Ausgabe des kopierten Elements durch das Dienstprogramm COLLIST
  REP[LACING] Wort BY Wort
  oder REP[LACING] "String" BY "String"
  Wort = eine maximal 30 Zeichen lange Zeichenkette, die keine Leerstellen, Doppelpunkte oder Kommata enthalten darf.
  String = eine maximal 58 Zeichen lange Zeichenkette, die von Quotes eingeschlossen ist und auch Leerstellen, Doppelpunkte oder Kommata enthalten darf.

Codierbeispiele

```
@COPY   WERTLISTE
 .
@COPYC  TABELLE1 :NOLIST:
 .
@COPYF  TABELLE2 :REP 100 BY 101
                  "VALUTA:" BY "GELD␣␣:":
```

7.2 COLUMBUS-COBOL-Strukturblöcke

Die Strukturierte Programmierung beschränkt in der Ablauflogik die Steuerungsmöglichkeiten auf sechs Elementar-Strukturblöcke, die den Grundsatz der Zweipoligkeit voll erfüllen.

Diese Elementar-Strukturblöcke sind

Folge	- Sequenzsteuerblock
	- Prozeduraufruf
Auswahl	- Zweifachverzweigung
	- Mehrfachverzweigung
Wiederholung	- Schleife mit Vorabprüfung
	- Schleife mit Abbruchbedingung

Alle diese Strukturblöcke werden in allen ihren Teilen mit COLUMBUS-Schlüsselwörtern eindeutig und unverwechselbar beschrieben. Diese Schlüsselworte sind aus der englischen Sprache so gewählt, daß sie kurz und prägnant ihre Funktion angeben.

Strukturblöcke bestehen also immer aus
- COLUMBUS-Schlüsselwörtern und
- COBOL-Verarbeitungsanweisungen

Wichtig: Alle COLUMBUS-Strukturblöcke können unbegrenzt aneinandergereiht und beliebig ineinandergeschachtelt werden !

1. Grundstruktur Folge

a) Sequenzsteuerblock

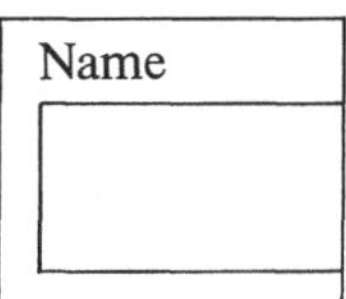

- Der Sequenzsteuerblock faßt Programmteile zusammen. Er kann an jeder Stelle nach Belieben des Programmierers verwendet werden.
- Er ist stets mit einem aussagekräftigen Namen zu versehen, der später eine sehr nützliche Hilfe bei der so schwierigen Suche nach logischen Fehlern darstellt.
- Die an sich optionale Wiederholung des Namens beim „schließenden" Schlüsselwort @BEND wird sehr empfohlen, da insbesondere bei starken Verschachtelungen die Transparenz der Konstruktion deutlich gesteigert wird.

Syntax

```
[Name]  @BEGIN
          .
          .
        @BEND  [Name]
```

Codierbeispiel

```
VORBEREIT @BEGIN                                  Strukturblock-Anfang
            MOVE ZEROES TO P-FELD                 ]
            ACCEPT E-FELD FROM TERMINAL           |-COBOL-Anweisungen
            MOVE 1 TO E-ZAEHLER                   ]
          @BEND  VORBEREIT                        Strukturblock-Ende
```

b) Prozeduraufruf

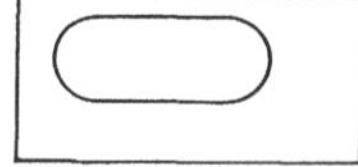

- Die wegen des streng hierarchischen Prozedurkonzepts sehr unterschiedlichen Möglichkeiten sind im eigenen Abschnitt 7.3 dargestellt (siehe dort).

2. Grundstruktur Auswahl

a) Zweifachverzweigung

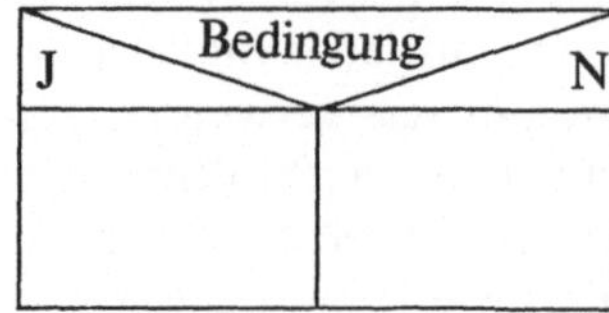

- Ist die Bedingung erfüllt, wird der JA-Unterblock (Schlüsselwort @THEN) ausgeführt. Ist die Bedingung nicht erfüllt, wird der NEIN-Unterblock (Schlüsselwort @ELSE) ausgeführt.
- Fehlt der NEIN-Unterblock und ist die Bedingung nicht erfüllt, wird überhaupt kein COBOL-Befehl ausgeführt, der Block also übersprungen.
- Die COBOL-Anweisung NEXT SENTENCE ist in beiden Unterblöcken verboten!

Syntax

```
[Name] @IF   COBOL-Bedingung
       @THEN
        .
        .
      [@ELSE]
      [  .  ]
      [  .  ]
       @BEND  [Name]
```

Codierbeispiel

```
ABFRAGE  @IF                              Strukturblock-Anfang
           SCHECKSUMME EQUAL 300          Verzweigungs-Abfrage
         @THEN                            ]
           MOVE "OK" TO PRUEF-FELD        ]- JA-Unterblock
         @ELSE                            ]
           MOVE "NO" TO PRUEF-FELD        ]- NEIN-Unterblock
         @BEND  ABFRAGE                   Strukturblock-Ende
```

b) Mehrfachverzweigung

1.Variante: Bedingungsvariable

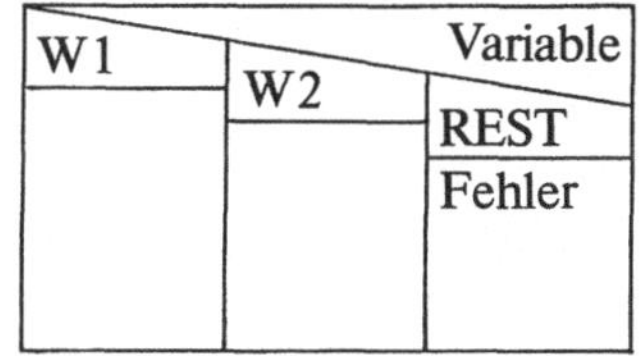

Ein Wert kann sein
- Datenname
- arithmetischer Ausdruck
- figurative Konstante
- Literal

Syntax

```
[Name]     @CASE    Variable
[Name1]    @OF      Wert1 [OR Wert11] . . .
              .
              .
[Name2]    @OF      Wert2 [OR Wert21] . . .
              .
              .
┌[Name-R]  @OFREST┐
│             .   │
└             .   ┘
           @BEND    [Name]
```

Codierbeispiel

```
        DATA DIVISION.
        WORKING-STORAGE SECTION.
        01  DATFELD.
         05 A1-FELD   PIC X(4).          Bedingungsvariable
         05 A2-FELD   PIC X(16).
          .
          .
ABFRAGE  @CASE  A1-FELD                  Strukturblock-Anfang
         @OF    "GELB"                   ┐ Normalfall-Unterblock
                Anweisungen              ┘ (Variableninhalt = GELB)
         @OF    "BLAU"  OR  "VIOL"       ┐ Normalfall-Unterblock
                Anweisungen              ┘ (Variableninhalt = BLAU/VIOL)
         @OFREST                         ┐ Fehlerfall-Unterblock
                Anweisungen              ┘ (ohne Bedingungsangabe!)
         @BEND  ABFRAGE                  Strukturblock-Ende
```

2.Variante: Bedingungen/Bedingungsnamen

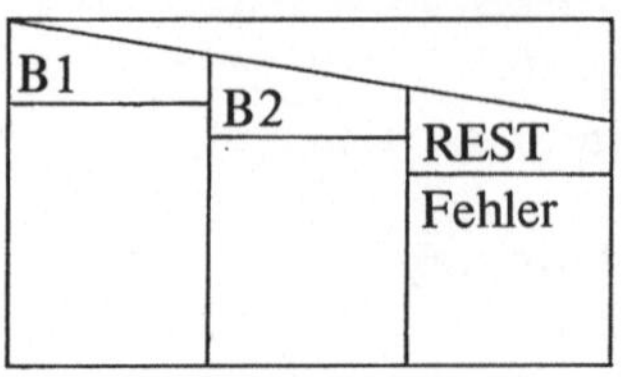

- Als Bedingung sind alle COBOL-Bedingungen zugelassen, sie müssen allerdings in der Zeile des Schlüsselwortes @OF Platz finden.
- Nach jeder Bedingung ist ein Zeilenwechsel vorgeschrieben.
- Bedingungsnamen können auch zu verschiedenen Variablen gehören.
- Unterblock-Namen müssen, sofern sie verwendet werden, nach den Vorschriften für COBOL-Prozedurnamen gebildet werden.

Syntax

```
[Name]    @CASE
[Name1]   @OF      Bedingung1
           .
           .
[Name2]   @OF      Bedingung2
           .
           .
┌[Name-R] @OFREST┐
│          .     │
└          .     ┘
          @BEND    [Name]
```

Codierbeispiel

```
       DATA DIVISION.
       WORKING-STORAGE SECTION.
       01  A-FELD.
        05 A1-Feld   PIC 9.                Bedingungsvariable
        88 GELB      VALUE 1.              1. Bedingungsname
        88 BLAU      VALUE 2.              2. Bedingungsname
         .
         .
ABFRAGE  @CASE                             Strukturblock-Anfang
         @OF  GELB                         ] Normalfall-Unterblock
              Anweisungen                  ] (Variablenwert = 1)
         @OF  BLAU                         ] Normalfall-Unterblock
              Anweisungen                  ] (Variablenwert = 2)
         @OFREST                           ] Fehlerfall-Unterblock
              Anweisungen                  ] (ohne Bedingung!)
         @BEND  ABFRAGE                    Strukturblock-Ende
```

3. Grundstruktur Wiederholung

a) Schleife mit Vorabprüfung

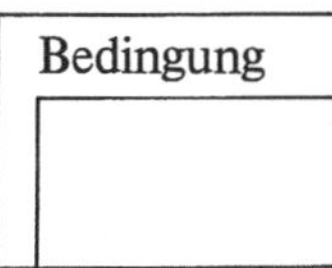

- Alle COBOL-Verarbeitungsbefehle zwischen @DO und @BEND gehören zum Schleifen-Unterblock.
- Es sind alle Formen der COBOL-Bedingung zugelassen.
- Ist die Bedingung erfüllt, werden alle Anweisungen des Schleifen-Unterblocks nacheinander ausgeführt und anschließend wieder auf die Verzweigungsabfrage rückgesprungen.
- Ist die Bedingung nicht erfüllt, wird die Schleife beendet, ohne daß noch eine einzige Anweisung im Schleifen-Unterblock ausgeführt wird. Dies gilt auch dann, wenn bereits bei der ersten Prüfung der Bedingung diese nicht erfüllt ist. In einem solchen Falle wird der Schleifen-Unterblock überhaupt nicht durchlaufen!

Syntax

```
[Name] @WHILE Bedingung
       @DO
        .
        .
       @BEND  [Name]
```

Codierbeispiel

```
SCHLEIFE  @WHILE                    Strukturblock-Anfang
            HALT EQUAL "NO"         Verzweigungs-Abfrage
          @DO                       ]
            .                       |  Schleifenblock
            .                       |  (COBOL-Anweisungen)
            .                       ]
          @BEND  SCHLEIFE           Strukturblock-Ende
```

b) Schleife mit Abbruchbedingung

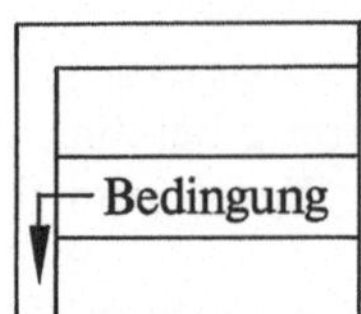

- Alle COBOL-Verarbeitungsanweisungen zwischen @CYCLE und @BEND gehören zum Schleifen-Unterblock.
- Die Verarbeitungsanweisungen im Schleifen-Unterblock werden nacheinander abgearbeitet. Ist eine Abbruchbedingung erfüllt, so wird der Schleifen-Unterblock an dieser Stelle beendet, nachfolgende Anweisungen nicht mehr ausgeführt.
- Es sind alle Formen der COBOL-Bedingung zugelassen.
- Innerhalb des Schleifen-Unterblocks können mehr als eine Abbruchbedingung formuliert werden.
- Die COLUMBUS-Schlüsselwörter @WHEN und @BREAK treten stets gekoppelt auf.

Syntax

```
[Name]  @CYCLE
          .
          .
          @WHEN Bedingung1
          @BREAK
          .
          .
        [ @WHEN Bedingung2 ]
        [ @BREAK           ]
        [   .              ]
        [   .              ]
          @BEND [Name]
```

Codierbeispiel

```
SCHLEIFE  @CYCLE                    Strukturblock-Anfang
            .                       ]
            .                       ]- 1.Teil Schleifenblock
            .                       ]
          @WHEN                     ]
            COBOL-Bedingung         ]- Abbruchbedingung
          @BREAK                    ]
            .                       ]
            .                       ]- 2.Teil Schleifenblock
            .                       ]
          @BEND  SCHLEIFE           Strukturblock-Ende
```

Sonderfälle
Folgende COBOL74-Anweisungen können mit einer Klausel ergänzt werden:

```
READ    Dateiname
        AT END          Anweisung.

READ    Dateiname
        INVALID KEY     Anweisung.

WRITE   Dateiname
        INVALID KEY     Anweisung.

SEARCH  Tabellenname
        [AT END         Anweisung]
        WHEN COBOL-Bedingung        Anweisung.
```

Die Ergänzungen setzen sich immer wie folgt zusammen:

1. einer festen Bedingung
2. einer unbedingten Anweisung

Letztere werden allerdings nicht auf die COLUMBUS-Ebene gehoben, sie müssen daher nach COBOL-Art mit einem COBOL-Punkt abgeschlossen werden.

Codierbeispiel

```
       DATA DIVISION.
       WORKING-STORAGE SECTION.
       01      EINLESE-FELD  PIC X(100).
        .
       77      EINLESE-EOF   PIC X.
        .
        .
LESESCHLEIFE  @BEGIN                                  Strukturblock-Anfang
                MOVE "N" TO EINLESE-EOF               Voreinstellung
              @CYCLE
                READ  EINGABE-DATEI                   Eingabe-Operation
                      INTO EINLESE-FELD
                      AT END
                      MOVE "J" TO EINLESE-EOF.
              @WHEN                                   ┐
                EINLESE-EOF  EQUAL  "J"               ├ Abbruchbedingung
              @BREAK                                  ┘
              .                                       ┐
              .                                       ├ Schleifenblock
              .                                       ┘
              @BEND
              @BEND  LESESCHLEIFE                     Strukturblock-Ende
```

7.3 COLUMBUS-COBOL-Prozeduren

Einleitung

Die Regeln der Strukturierten Programmierung werden selbstverständlich auch im Prozedur-Konzept von COLUMBUS-COBOL voll eingehalten. Folgende Grundlagen sind daher zu beachten:

- Ein COLUMBUS-COBOL-Quellprogramm besteht immer aus hierarchisch geordneten Prozeduren, die alle dem Grundsatz der Zweipoligkeit unterliegen.
- Für den Aufbau eines COLUMBUS-COBOL-Quellprogramms stehen folgende Prozedurtypen zur Verfügung:
  Hauptprozedur (M)
  Interne Prozedur (I)
  Externe Prozedur (E)
  Entscheidungstabellen-Prozedur (DT)
  Prozedurvereinbarungs-Prozedur (DC)
- Der Programmablauf wird über das Betriebssystem in der Hauptprozedur gestartet und beendet. Diese Prozedur darf daher nur 1x vorhanden sein und muß in der hierarchischen Ordnung den obersten Platz einnehmen.
- Alle Prozeduren, die im gleichen Quellprogramm (Modul) liegen, sind stets interne Prozeduren (entweder TYP=I oder TYP=DT). Die Vereinbarung von Übergabefeldern ist nicht notwendig.
- Alle Prozeduren, die in anderen Quellprogrammen (Modulen) liegen und dort als erste Prozedur aufgerufen werden, sind stets externe Prozeduren (TYP=E). Hierbei können Übergabefelder (z.B. gemeinsam benutzte Datensätze) vereinbart werden.
- Die Entscheidungstabellen-Prozedur (TYP=DT) ist die Sonderform einer internen Prozedur und macht das Einbinden von Entscheidungstabellen in ein COLUMBUS-COBOL-Quellprogramm problemlos möglich. Sie ist immer dann vorteilhaft einzusetzen, wenn in der Ablauflogik tiefgeschachtelte Zweifach- und/oder Mehrfachverzweigungen auftreten, bei denen bekanntlich die Lesbarkeit sehr schnell verloren geht.
- Die Prozedurvereinbarungs-Prozedur (TYP=DC) erzeugt im COLUMBUS-System die COBOL-Declaritives. Die DC-Prozedur kann, muß aber nicht, in einem COLUMBUS-COBOL-Quellprogramm als interner oder externer Typ vorhanden sein. Insofern ist sie auch nur für diejenigen Programmierer interessant, die diese COBOL-Möglichkeit verwenden.

Prozeduren-Ebenen für ein COLUMBUS-COBOL-Quellprogramm

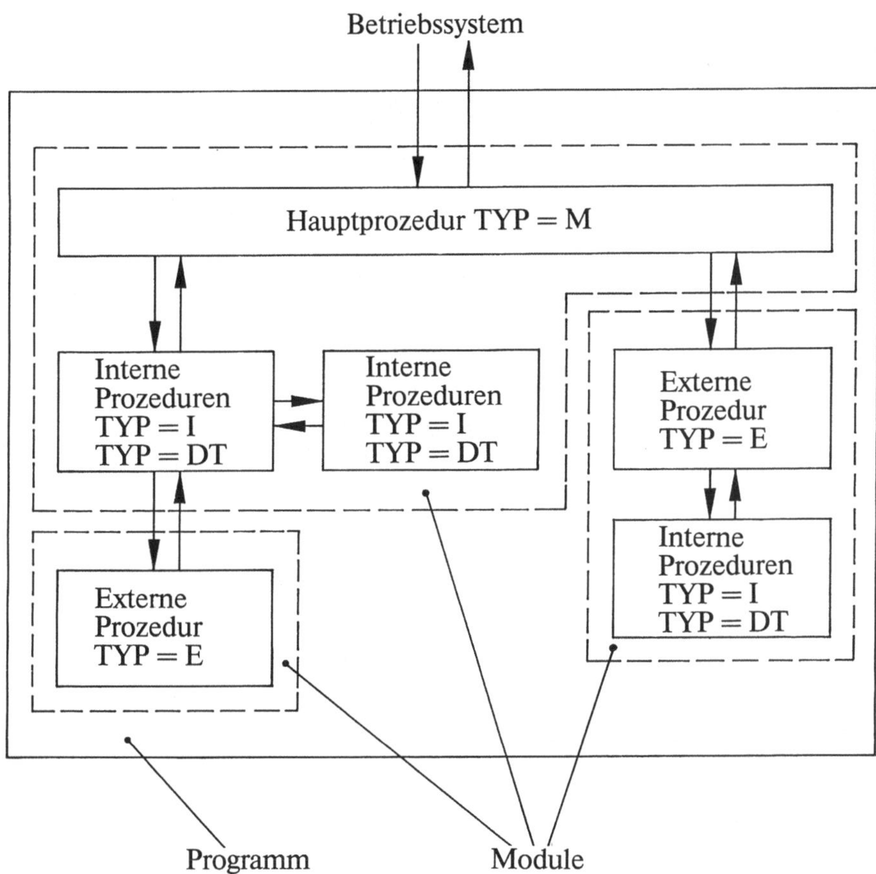

Syntax

- Jede Prozedur (Ausnahme TYP=M und TYP=DC) wird aufgerufen durch:

  @PASS Name :TYP=I/DT:
  oder
  @PASS Name• :TYP=E:
  oder
  @PASS Name :TYP=E: USING ...•

- Jede Prozedur wird mit einem Prozedurkopf eröffnet:

  Name @ENTRY :TYP=M/I/DT/DC [,Parameter]:
  oder
  Name @ENTRY :TYP=E [,Parameter]:•
  oder
  Name @ENTRY :TYP=E [,Parameter]: USING...•

- Parameter sind

TEST	=	NO/YES	wichtig für die Programmoptimierung! (siehe Dienstprogramm COLTEST)
OVLY	=	n	wichtig bei Anwendung der Segmentierung. ($0 \leq n \leq 99$)

- Übergabefelder sind nur bei externen Prozeduren notwendig und werden mittels der USING-Anweisung definiert.

- Jede Prozedur wird mit der Ende-Anweisung abgeschlossen:

  @END [Name]

- Prozedur-Rücksprung
  Innerhalb von Prozeduren kann es aus Gründen des schnelleren Ablaufs gelegentlich sehr nützlich sein, über den Rest der nachfolgenden Strukturblöcke hinweg direkt zum Prozedur-Ende springen zu können. Dies prozedur-interne Verhalten (=dynamisches Prozedur-Ende) wird erreicht mit der COLUMBUS-Anweisung

  @EXIT

  Normalerweise fallen jedoch in einer Prozedur statisches und dynamisches Prozedur-Ende zusammen, sind also durch @END gekennzeichnet. Die Angabe von @EXIT entfällt dann.

  Achtung: innerhalb einer Hauptprozedur (TYP=M) bewirkt die @EXIT-Anweisung ein sofortiges Programm-Ende!

Hauptprozedur

- Die Hauptprozedur wird vom Betriebssystem aufgerufen und enthält sowohl den dynamischen Programm-Anfang als auch das dynamische Programm-Ende.
- Die Hauptprozedur ist daher die erste Prozedur im Programm und muß deshalb unmittelbar an das Ende der DATA DIVISION anschließen. Lediglich bei der Verwendung von Prozeduren TYP = DC wird von dieser Vorschrift abgewichen!
- Die Überschrift PROCEDURE DIVISION wird automatisch von COLUMBUS generiert!
- Die COLUMBUS-Anweisung @EXIT innerhalb einer Hauptprozedur bewirkt ein sofortiges Programm-Ende!

Codierbeispiel

```
        IDENTIFICATION DIVISION.
        PROGRAM-ID.    HAUPTPRO.
        .
        ENVIRONMENT DIVISION.
        .
        DATA DIVISION.
          .
          .
HAUPTPRO @ENTRY   :TYP=M:                      Prozedur-Anfang
          .       ]  Prozeduraufrufe
          .       |- Strukturblöcke
          .       ]  (COBOL-Anweisungen)
         @END     HAUPTPRO                     Prozedur-Ende
```

Interne Prozedur

- Die interne Prozedur wird immer von einer übergeordneten Prozedur aufgerufen und liegt daher stets im gleichen Modul.
- Beim Aufruf einer internen Prozedur sind Übergabefelder nicht zu vereinbaren.
- Die Angabe TYP = I entspricht dem Standardwert, könnte also im Prinzip auch weggelassen werden. Aus Gründen der besseren Lesbarkeit (und um das Gedächtnis zu entlasten) sollte auf die Angabe nicht verzichtet werden.

Codierbeispiel

```
          .
         @PASS    INTEPROZ  :TYP=I:            Prozedur-Aufruf
          .
          .
INTEPROZ @ENTRY   :TYP=I:                      Prozedur-Anfang
          .       ]  Prozeduraufrufe
          .       |- Strukturblöcke
          .       ]  (COBOL-Anweisungen)
         @END     INTEPROZ                     Prozedur-Ende
```

Externe Prozedur

- Wenn ein Programmstück in mehreren, unterschiedlichen Programmen verwendet wird, definiert man zweckmäßigerweise dieses Stück als eine externe Prozedur und realisiert sie in einem eigenen Modul.
- Da Prozedur-Aufruf und Prozedur-Definition in verschiedenen Modulen liegen, ist fast immer mit gemeinsamen Daten zu rechnen, die über die USING-Anweisung miteinander verknüpft werden.
- Bei externen Prozeduren sind Besonderheiten in der COLUMBUS-Schreibweise (COBOL-Punkt!) strikte zu beachten, da sonst Compilier-Fehler auftreten.

Codierbeispiel (ohne Übergabefelder)

```
          .
          @PASS      EXTEPROZ.   :TYP=E:          Prozedur-Aufruf
          .
```

Definition der Prozedur in dem anderen Modul

```
        IDENTIFICATION DIVISION.
        PROGRAM-ID.    EXTEPROZ.
          .
        ENVIRONMENT DIVISION.
          .
        DATA DIVISION.
          .
EXTEPROZ  @ENTRY   :TYP=E:.                      Prozedur-Anfang
          .        ]  Prozeduraufrufe
          .        ├  Strukturblöcke
          .        ]  (COBOL-Anweisungen)
          @END     EXTEPROZ                      Prozedur-Ende
```

Codierbeispiel (mit Übergabefeldern)

```
        IDENTIFICATION DIVISION.
        PROGRAM-ID.    HAUPTPRO.
          .
        ENVIRONMENT DIVISION.
          .
        DATA DIVISION.
        WORKING-STORAGE SECTION.
        01 DATENFELD1    PIC X(20).
        01 DATENFELD2    PIC X(132).
          .
          .
HAUPTPRO  @ENTRY   :TYP=M:
          .
          @PASS   EXTEPROZ  :TYP=E:              ] Prozedur-Aufruf
            USING  DATENFELD1 DATENFELD2.        ] Übergabefelder
          .
          @END
```

Definition der Prozedur in dem anderen Modul

Hinweis: die in der aufrufenden Prozedur definierten Übergabefelder müssen in der aufgerufenen Prozedur in der LINKAGE SECTION bestätigt werden. Dabei ist die gleiche Reihenfolge wie in der USING-Anweisung exakt einzuhalten!

```
        IDENTIFICATION DIVISION.
        PROGRAM-ID.    EXTEPROZ.
          .
        ENVIRONMENT DIVISION.
          .
        DATA DIVISION.
        LINKAGE SECTION.
        01  DATENFELD1     PIC X(20).
        01  DATENFELD2     PIC X(132).
          .
          .
EXTEPROZ  @ENTRY  :TYP=E:                          Prozedur-Anfang
            USING  DATENFELD1 DATENFELD2.          Übergabefelder
          .
          .
          .
          @END    EXTEPROZ                         Prozedur-Ende
```

Entscheidungstabellen-Prozedur

- Entscheidungstabellen-Prozeduren sind stets interne Prozeduren, sie können also in einem anderen Modul nicht an erster Stelle aufgerufen werden.
- Die weiteren Besonderheiten der Entscheidungstabellen-Syntax sind im Abschnitt 7.5 behandelt.

Codierbeispiel

```
          .
          @PASS   DETEPROZ  :TYP=DT:               Prozedur-Aufruf
          .
          .
DETEPROZ  @ENTRY  :TYP=DT:                         Prozedur-Anfang
          .      |
          .      |  Bedingungsblöcke
          .      |  Aktionsblöcke
          .      |
          @END    DETEPROZ                         Prozedur-Ende
```

Prozedurvereinbarungs-Prozedur

- Mit Hilfe des Prozedurtyps DC erzeugt COLUMBUS die COBOL-Declaritives als Anfang der PROCEDURE DIVISION. Dieser Sonderstellung wegen sind abweichende Syntaxvorschriften zu beachten.
- Prozedurkopf

  Name @ENTRY :TYP=DC: [USING ...•]
  USE Anweisung

- Prozedurende

  @END [Name]

- Die DC-Prozedur muß die erste Prozedur im Programm sein, also auf die DATA DIVISION folgen. Es können mehrere DC-Prozeduren hintereinander angegeben werden, nach der letzten DC-Prozedur muß aber entweder eine Hauptprozedur (TYP=M) oder eine externe Prozedur (TYP=E) folgen.
- Nach jeder Anweisung @ENTRY:TYP=DC: muß, beginnend in einer neuen Zeile, eine USE-Anweisung folgen.
- Nur die erste DC-Prozedur darf eine USING-Anweisung besitzen. In diesem Falle muß die erste Prozedur nach den DC-Prozeduren unbedingt vom TYP=E sein.
- Ist die erste Prozedur, die auf die DC-Prozeduren folgt, vom TYP=E und besitzt diese gleichzeitig denselben Namen wie den der PROGRAM-ID, wird durch COLUMBUS für diese E-Prozedur keine COBOL-ENTRY-Anweisung generiert. Es darf in einem solchen Falle nach der Angabe :TYP=E: weder eine USING-Anweisung noch ein COBOL-Punkt folgen.

Codierbeispiel

```
          IDENTIFICATION DIVISION.
          PROGRAM-ID.    HAUPTPRO.
          .
          ENVIRONMENT DIVISION.
          .
          DATA DIVISION.
          .
```

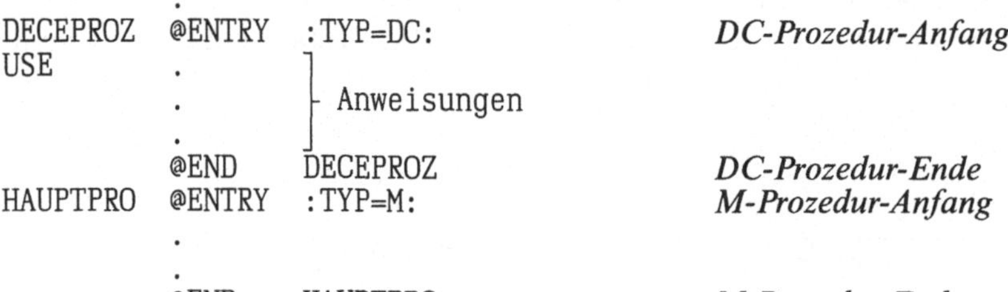

```
DECEPROZ  @ENTRY  :TYP=DC:                    DC-Prozedur-Anfang
USE       .       ]
          .       ]- Anweisungen
          .       ]
          @END    DECEPROZ                    DC-Prozedur-Ende
HAUPTPRO  @ENTRY  :TYP=M:                     M-Prozedur-Anfang
          .
          .
          @END    HAUPTPRO                    M-Prozedur-Ende
```

7.4 COLUMBUS-Dienstprogramme (COBOL)

Übersicht

- Für die einzelnen Arbeitstufen innerhalb der Software-Entwicklung stehen leistungsfähige COLUMBUS-Dienstprogramme zur Verfügung. Sie erfüllen folgende Aufgaben:
  Dokumentation COLLIST, COLNAS
  Implementierung COLCOB, COLVERDI
  Optimierung COLTEST

- Der Ablauf der Dienstprogramme wird über Parameter gesteuert. Im Normalfall gelten Standardwerte, diese können bei Bedarf sowohl im Dialog-Betrieb wie auch im Batch-Betrieb abgeändert werden.

- Die COLUMBUS-Dienstprogramme geben Erfolgs- und Fehlermeldungen aus:
  Syntax-Meldungen
  Bedienungsfehler-Meldungen
  System-Meldungen

  Hinweis: Genaue Angaben zu den Fehlermeldungen sind im jeweils gültigen Benutzerhandbuch des Herstellers zu finden.

Übersicht über den Datenfluß im System COLUMBUS-COBOL

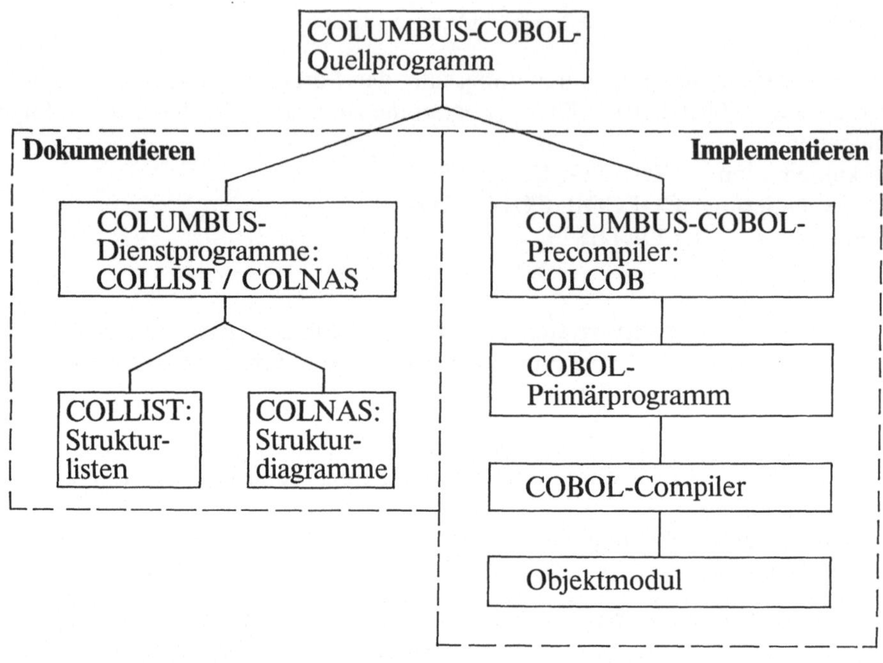

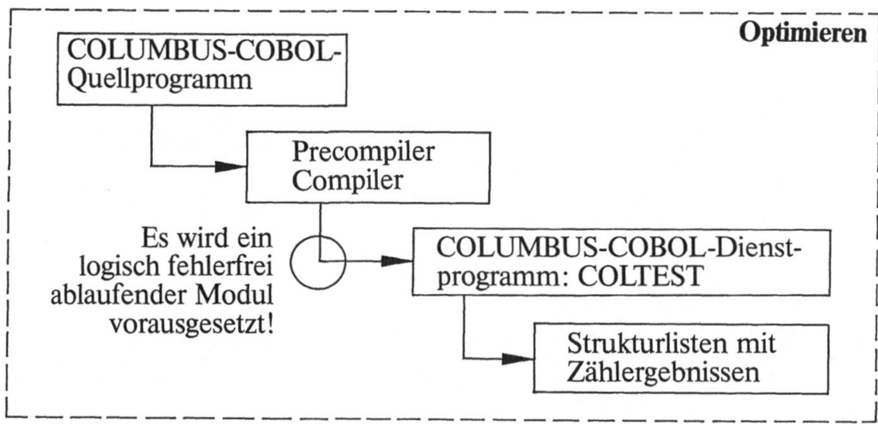

Beschreibungen

COLLIST

- Dieses Dienstprogramm erzeugt aus dem COLUMBUS-COBOL-Quellprogramm eine Strukturliste, in der die Strukturblöcke umrahmt und fortlaufend untereinander angeordnet sowie entsprechend der Verschachtelungstiefe eingerückt dargestellt sind. Dadurch weicht diese Darstellung der Strukturblöcke etwas von der originalen Nassi-Shneiderman-Grafik ab, bietet dafür aber stets ausreichend Platz für eine vollständige Darstellung aller Angaben. Erfahrungsgemäß dauert der Umstellungsprozeß auf diese COLLIST-Darstellung nur ganz kurze Zeit!

- Mit COLLIST kann weiterhin eine Prozedurliste erstellt werden, in der die Aufrufhierarchie der Prozeduren in Form von eingerückten Blöcken dargestellt ist. Damit entspricht diese Darstellung den Erfordernissen eines dynamischen Prozedurbaums.

- COLLIST nimmt eine Prüfung der COLUMBUS-Syntax vor und markiert die fehlerhaften Zeilen.

- Die COLUMBUS-Schlüsselwörter werden bei der grafischen Aufbereitung in jeweils gesonderte Zeilen gesetzt (Ausnahme Prozedur-Aufrufe). Diese Zeilen erhalten am rechten Rand eine vierstellige Nummer. Die erste Stelle gibt die Verschachtelungstiefe innerhalb einer Prozedur an, die restlichen Ziffern nach dem Bindestrich sind die laufende Nummer innerhalb einer Verschachtelungsebene.

- Zu jeder der am rechten Rand stehenden 4stelligen Nummer bildet der Precompiler COLCOB einen Paragraphen-Namen, der aus dem Prozedur-Namen und eben dieser Nummer besteht. Somit genügt die von COLLIST erzeugte Strukturliste, um ein Programm auf Strukturblockebene testen zu können. Dies ist eine außerordentlich wirksame Hilfe bei der Suche nach logischen Fehlern.

Beispiel einer COLLIST-Strukturliste (Ausschnitt)

```
  1   +WETTER+                                         |
  1   |-@ENTRY-----------------------------------1-001-|
  2   |   +INIT+                                       |
  2   |   |-@BEGIN-------------------------------2-001-|
  3   |   |   MOVE   0 TO TAGZAHL                      |
  4   |   |   MOVE   0 TO TEMPSUM                      |
  5   |   |   MOVE +99 TO TOTMIN                       |
  6   |   |   MOVE -99 TO TOTMAX                       |
  7   |   +-@BEND--------------------------------2-002-|
      |                                                |
  8   |   +TAGE+                                       |
  8   |   |-@CYCLE-------------------------------2-003-|
  9   |   |    * TAGMIN, TAGMAX EINGEBEN               |
 10   |   | @WHEN                                2     |
 10   |   |   PROGRAMMENDE                             |
 11   |   | @BREAK                               2     |
 12   |   |   COMPUTE TAGDSN = (TAGMIN + TAGMAX) / 2   |
 13   |   |   ADD 1 TO TAGZAHL                         |
 14   |   |   * TAGMIN, TAGMAX, TAGDSN AUSGEBEN        |
 15   |   |   +MINI+                                   |
 15   |   |   |-@IF------------------------------3-001-|
 15   |   |   |   TAGMIN < TOTMIN                      |
 16   |   |   |-@THEN----------------------------3-002-|
 17   |   |   |   MOVE TAGMIN TO TOTMIN                |
 18   |   |   |-@ELSE----------------------------3-003-|
 19   |   |   |    * TOTMIN UNVERAENDERT               |
 20   |   |   +-@BEND----------------------------3-004-|
      |   |                                            |
 21   |   |   +MAXI+                                   |
 21   |   |   |-@IF------------------------------3-005-|
 21   |   |   |   TAGMAX > TOTMAX                      |
 22   |   |   |-@THEN----------------------------3-006-|
 23   |   |   |   MOVE TAGMAX TO TOTMAX                |
 24   |   |   |-@ELSE----------------------------3-007-|
 25   |   |   |    * TOTMAX UNVERAENDERT               |
 26   |   |   +-@BEND----------------------------3-008-|
 27   |   |   ADD TAGDSN TO TEMPSUM                    |
 28   |   +-@BEND--------------------------------2-006-|
 29   |   COMPUTE TOTDSN = TEMPSUM / TAGZAHL           |
 30   |   * TOTMIN, TOTMAX, TOTDSN, TAGZAHL AUSGEBEN   |
 31   +-@END-------------------------------------1-002-|
```

COLNAS

- Dieses Dienstprogramm erzeugt aus dem COLUMBUS-COBOL-Quellprogramm eine Struktogramm-Liste, in der die Strukturblöcke in Nassi-Shneiderman-Grafik dargestellt werden. Entsprechend der Verschachtelung werden diese Blöcke nebeneinander (bei COLLIST untereinander!) angeordnet. Dadurch wird der Steuerfluß etwas klarer herausgestellt und ist somit leichter lesbar.
- Das Nebeneinanderstellen hat jedoch auch Nachteile, die durch die begrenzte Zeichenzahl pro Zeile bedingt sind. In sehr tief geschachtelten Blöcken können für einen Block/Unterblock nur noch so wenige Zeichenstellen zur Verfügung stehen, daß der zugehörige Inhalt aus dem COLUMBUS-COBOL-Quellprogramm nicht mehr vernünftig eingepaßt werden kann. Solche Flächen werden dann von COLUMBUS mit dem hier anonymen Zeichen '*' aufgefüllt.
- COLNAS nimmt eine Prüfung der COLUMBUS-Syntax vor. Werden innerhalb einer Prozedur Fehler festgestellt, so wird für diese Prozedur keine Struktogramm-Liste erstellt, sondern nur die Fehlermeldungen aufgelistet.

Beispiel einer COLNAS-Struktogramm-Liste (Ausschnitt)

```
+-----------------------------------------------------+
|(1) WETTER @ENTRY                                    |
|    +------------------------------------------------+
|    |(2) INIT @BEGIN                                 |
|    |    MOVE   0 TO TAGZAHL                          |
|    |    MOVE   0 TO TEMPSUM                          |
|    |    MOVE +99 TO TOTMIN                           |
|    |    MOVE -99 TO TOTMAX                           |
|    +------------------------------------------------+
|    +------------------------------------------------+
|    |(8) TAGE @CYCLE                                 |
|    |    +-------------------------------------------+
|    |    |* TAGMIN, TAGMAX EINGEBEN                  |
|    |    |@WHEN   PROGRAMMENDE                       |
|    |  <-|@BREAK                                     |
|    |    |COMPUTE TAGDSN = (TAGMIN + TAGMAX) / 2     |
|    |    |ADD 1 TO TAGZAHL                           |
|    |    |* TAGMIN, TAGMAX, TAGDSN AUSGEBEN          |
|    |    +-------------------------------------------+
|    |    |(15) MINI @IF                              |
|    |    |TAGMIN < TOTMIN                            |
|    |    +-THEN-----------------+-ELSE---------------+
|    |    |MOVE TAGMIN TO TOTMIN |* TOTMIN UNVERAENDERT |
|    |    +---------------------+---------------------+
|    |    |(21) MAXI @IF                              |
|    |    |TAGMAX > TOTMAX                            |
|    |    +-THEN-----------------+-ELSE---------------+
|    |    |MOVE TAGMAX TO TOTMAX |* TOTMAX UNVERAENDERT |
|    |    +---------------------+---------------------+
|    |    |ADD TAGDSN TO TEMPSUM                      |
|    +----+-------------------------------------------+
|     COMPUTE TOTDSN = TEMPSUM / TAGZAHL              |
|     * TOTMIN, TOTMAX, TOTDSN, TAGZAHL AUSGEBEN      |
+-----------------------------------------------------+
```

COLCOB

- Dieses Dienstprogramm wandelt als Precompiler ein COLUMBUS-COBOL-Quellprogramm um in ein COBOL-Quellprogramm, das anschließend vom COBOL-Compiler weiterverarbeitet wird.
- COLCOB setzt nicht nur alle COLUMBUS-Schlüsselwörter um in COBOL-Steuerbefehle, sondern bildet auch zu jedem COLUMBUS-Schlüsselwort einen Paragraphen-Namen. Dieser besteht aus dem Prozedur-Namen und einer Nummer, die mit einem Bindestrich verbunden sind. Die Nummer ist identisch mit der von COLLIST gebildeten.
- COLCOB verarbeitet auch Entscheidungstabellen-Prozeduren, sofern der entsprechende Programm-Parameter auf YES gesetzt wird.
- Soll irgendwann ein Optimierungsvorgang mit COLTEST durchgeführt werden, so fügt COLCOB nur dann die entsprechenden Zählbefehle samt Zählfeldern automatisch ein, wenn die zugehörigen Parameter beim COLCOB-Lauf und in den entsprechenden Prozedurköpfen auf YES gesetzt werden. Somit können bereits optimierte Prozeduren von dem Vorgang ausgenommen werden.
- COLCOB kann einen laufzeit-optimierten Code erzeugen, auch hierzu muß der entsprechende Programm-Parameter auf YES gesetzt werden. Die Anwendung ist aber nur dann sinnvoll, wenn alle erkennbaren Fehler aus dem Quellprogramm bereits ausgemerzt sind, denn die Optimierung geschieht unter Verzicht auf dann entbehrbare Paragraphen-Namen.
- Das von COLCOB erzeugte Programmlisting ist im System COLUMBUS für den Programmierer uninteressant, da es nur ein Zwischenprodukt auf dem Weg zur Compilierung darstellt. Jedwede Änderung wird immer nur im COLUMBUS-Quellprogramm durchgeführt!

COLVERDI

- Dieses Dienstprogramm kann erst nach der Compilierung und nur in Verbindung mit einer COLLIST-Strukturliste verwendet werden.
- COLVERDI fügt in die von COLLIST erzeugte Strukturliste weitere Informationen ein, die aus folgenden Quellen stammen:
  Quellprogramm-Liste (SOURCE)
  Adreß-Liste (LOCATOR MAP)
- COLVERDI macht das Testen auf COBOL-Ebene möglich.
  COLLIST dagegen nur auf Strukturblock-Ebene!

Beispiel einer COLVERDI-Strukturliste

```
REFERENCED BY STATEMENTS I REL  R LENGTHI COBOL-     COL.I COBOL85                                              PAGE    1  I
                         IADDR  G   DEC I ST.NR.      NR.I                                                                 I 73-80
-------------------------I--------------I----------------I-----------------------------------------------------------------I------
                         I              I    1         1 I IDENTIFICATION DIVISION.                                         I
                         I              I    2         2 I PROGRAM-ID. WETTER.                                              I
                         I              I    3         3 I ENVIRONMENT DIVISION.                                            I
                         I              I    4         4 I DATA DIVISION.                                                   I
                         I              I    5         5 I WORKING-STORAGE SECTION.                                         I
105  106  150            I 0198 3     3 I    6         6 I 01   TEMP.                                                       I
 95   98  117  137       I 0198 3     2 I    7         7 I      05  ZAHL                    PIC  S99.                       I
123  131                 I 019A 3     1 I    8         8 I      05  VORZEICHEN              PIC  X.                         I
 39   41   49   54   95  I 019B 3     2 I    9         9 I 77   TAGMIN                      PIC  S99.                       I
 39   42   60   65   98  I 019D 3     2 I   10        10 I 77   TAGMAX                      PIC  S99.                       I
 39   43   69            I 019F 3     3 I   11        11 I 77   TAGDSN                      PIC  S99V9.                     I
 29   69   72            I 01A2 3     7 I   12        12 I 77   TEMPSUM                     PIC  S9(6)V9                    I
 30   49   54   73       I 01A9 3     2 I   13        13 I 77   TOTMIN                      PIC  S99.                       I
 31   60   65   74       I 01AB 3     2 I   14        14 I 77   TOTMAX                      PIC  S99.                       I
 72   75                 I 01AD 3     3 I   15        15 I 77   TOTDSN                      PIC  S99V9.                     I
 43   46   75   78       I 01B0 3     5 I   16        16 I 77   DSN                         PIC  -Z9.9.                     I
 41   44   73   76       I 01B5 3     5 I   17        17 I 77   MIN                         PIC  -Z9.9.                     I
 42   45   74   77       I 01BA 3     5 I   18        18 I 77   MAX                         PIC  -Z9.9.                     I
 28   40   72   79       I 01BF 3     3 I   19        19 I 77   TAGZAHL                     PIC  999.                       I
 36   88  106  108  115  I 01C2 3     3 I   20        20 I 77   PROGRAMM-ZUSTAND            PIC  XXX.                       I
141  145  147            I              I                I                                                                  I
 36   88  108            I              I   21        21 I 88   PROGRAMMENDE VALUE              "END".                      I
147                      I              I   22        22 I 88   EINGABE-RICHTIG VALUE           SPACE.                      I
                         I              I   23       22*I                                                                   I
```

```
I REFERENCED BY    I ADDR.  COB.NRI                                                                          PAGE   2
I                  I              I                                                                          PROC   1
I                  I              I
I                  I 0038C     25 I    23    +WETTER+                                                                 I
I                  I           25 I    23    I-@ENTRY :TYP=M:-----------------------------------------------1-001-I
I                  I 0038C     27 I    24    I   +INIT+                                                               I
I                  I           27 I    24    I   I-@BEGIN-----------------------------------------------------2-001-I
I                  I           28 I    25    I   I   MOVE   0 TO TAGZAHL                                              I
I                  I           29 I    26    I   I   MOVE   0 TO TEMPSUM                                              I
I                  I           30 I    27    I   I   MOVE +99 TO TOTMIN                                               I
I                  I           31 I    28    I   I   MOVE -99 TO TOTMAX                                               I
I                  I 003A4     32 I    29    I   +-@BEND------------------------------------------------------2-002-I
I                  I              I          I                                                                        I
I                  I 003A4     33 I    30    I   +TAGE+                                                               I
I                  I           33 I    30    I   I-@CYCLE-----------------------------------------------------2-003-I
I                  I           35 I    31 **I    I     @PASS EINGABE                                                  I
I                  I           36 I    32    I   I @WHEN                                                 2          I
I                  I           36 I    32    I   I   PROGRAMMENDE                                                     I
I                  I           38 I    33    I   I @BREAK                                                2          I
I                  I           39 I    34    I   I   COMPUTE TAGDSN = (TAGMIN + TAGMAX) / 2                           I
I                  I           40 I    35    I   I   ADD 1 TO TAGZAHL                                                 I
I                  I              I    36    I   I   * TAGMIN, TAGMAX, TAGDSN AUSGEBEN                                I
I                  I           41 I    37    I   I   MOVE     TAGMIN TO MIN                                           I
I                  I           42 I    38    I   I   MOVE     TAGMAX TO MAX                                           I
I                  I           43 I    39    I   I   MOVE     TAGDSN TO DSN                                           I
I                  I           44 I    40    I   I   DISPLAY "TAGESMINIMUM = " MIN UPON TERMINAL                      I
I                  I           45 I    41    I   I   DISPLAY "TAGESMAXIMUM = " MAX UPON TERMINAL                      I
I                  I           46 I    42    I   I   DISPLAY "TAGESMITTEL  = " DSN UPON TERMINAL                      I
I                  I 00538     47 I    43    I   I   +MINI+                                                           I
I                  I           47 I    43    I   I   I-@IF----------------------------------------------------3-002-I
I                  I           47 I    43    I   I   I   TAGMIN < TOTMIN                                              I
I                  I 00562     53 I    44    I   I   I-@THEN--------------------------------------------------3-003-I
I                  I           54 I    45    I   I   I   MOVE TAGMIN TO TOTMIN                                        I
I                  I 0057C     56 I    46    I   I   I-@ELSE--------------------------------------------------3-004-I
I                  I              I    47    I   I   I    * TOTMIN UNVERAENDERT                                       I
I                  I 0057C     57 I    48    I   I   +-@BEND--------------------------------------------------3-005-I
I                  I              I          I   I                                                                    I
I                  I 0057C     58 I    49    I   I   +MAXI+                                                           I
I                  I           58 I    49    I   I   I-@IF----------------------------------------------------3-006-I
I                  I           58 I    49    I   I   I   TAGMAX > TOTMAX                                              I
I                  I 005AA     64 I    50    I   I   I-@THEN--------------------------------------------------3-007-I
I                  I           65 I    51    I   I   I   MOVE TAGMAX TO TOTMAX                                        I
I                  I 005C4     67 I    52    I   I   I-@ELSE--------------------------------------------------3-008-I
I                  I              I    53    I   I   I    * TOTMAX UNVERAENDERT                                       I
I                  I 005C4     68 I    54    I   I   +-@BEND--------------------------------------------------3-009-I
I                  I           69 I    55    I   I   ADD TAGDSN TO TEMPSUM                                            I
I                  I 005F6     71 I    56    I   +-@BEND------------------------------------------------------2-006-I
I                  I           72 I    57    I   COMPUTE TOTDSN = TEMPSUM / TAGZAHL                                   I
I                  I              I    58    I   * TOTMIN, TOTMAX, TOTDSN, TAGZAHL AUSGEBEN                           I
I                  I           73 I    59    I   MOVE     TOTMIN TO MIN                                               I
I                  I           74 I    60    I   MOVE     TOTMAX TO MAX                                               I
I                  I           75 I    61    I   MOVE     TOTDSN TO DSN                                               I
I                  I           76 I    62    I   DISPLAY "GESAMTMINIMUM = " MIN UPON TERMINAL                         I
I                  I           77 I    63    I   DISPLAY "GESAMTMAXIMUM = " MAX UPON TERMINAL                         I
I                  I           78 I    64    I   DISPLAY "GESAMTMITTEL  = " DSN UPON TERMINAL                         I
I                  I           79 I    65    I   DISPLAY "UEBER " TAGZAHL " TAGE"  UPON TERMINAL                      I
I                  I 00750     80 I    66    +-@END---------------------------------------------------------1-002-I
```

Beispiel einer COLVERDI-Strukturliste (Fortsetzung)

```
I REFERENCED BY  I ADDR.   COB.NRI                                                                   PAGE    3
I                I               I                                                                   PROC    2
I                I               I
I   35           I 00756      83 I    67   +EINGABE+                                                          I
I                I            83 I    67   I-@ENTRY-----------------------------------------------------1-001-I
I                I            85 I    68   I   DISPLAY "TAGESMINIMUM ODER ""END"" ?" UPON TERMINAL             I
I                I            86 I    69 **I   @PASS TEMPERATUR                                               I
I                I 0077C      87 I    70   I   +-@IF------------------------------------------------------2-002-I
I                I            87 I    70   I   I   PROGRAMMENDE                                           I
I                I 0078E      92 I    71   I   I-@THEN----------------------------------------------------2-003-I
I                I            93 I    72 **I   I   @EXIT                                                  I
I                I 00792      94 I    73   I   +-@BEND----------------------------------------------------2-004-I
I                I            95 I    74   I   MOVE ZAHL TO TAGMIN                                            I
I                I            96 I    75   I   DISPLAY "TAGESMAXIMUM ?"                 UPON TERMINAL          I
I                I            97 I    76 **I   @PASS TEMPERATUR                                               I
I                I            98 I    77   I   MOVE ZAHL TO TAGMAX                                            I
I                I 007E2      99 I    78   +-@END-------------------------------------------------------1-002-I
```

```
I REFERENCED BY  I ADDR.   COB.NRI                                                                   PAGE    4
I                I               I                                                                   PROC    3
I                I               I
I   86   97      I 007EC     102 I    79   +TEMPERATUR+                                                       I
I                I           102 I    79   I-@ENTRY-----------------------------------------------------1-001-I
I                I 007EC     104 I    80   I   +-@CYCLE-------------------------------------------------2-001-I
I                I           105 I    81   I   I   ACCEPT TEMP FROM TERMINAL                              I
I                I           106 I    82   I   I   MOVE TEMP TO PROGRAMM-ZUSTAND                          I
I                I 00808     107 I    83   I   I   +-@IF------------------------------------------------3-001-I
I                I           107 I    83   I   I   I   PROGRAMMENDE                                       I
I                I 0081E     112 I    84   I   I   I-@THEN----------------------------------------------3-002-I
I                I           113 I    85 **I   I   I   @EXIT                                              I
I                I 00822     114 I    86   I   I   +-@BEND----------------------------------------------3-003-I
I                I           115 I    87   I   I   MOVE SPACE TO PROGRAMM-ZUSTAND                         I
I                I 00828     116 I    88   I   I   +-@IF------------------------------------------------3-004-I
I                I           116 I    88   I   I   I   ZAHL NUMERIC                                       I
I                I 00858     121 I    89   I   I   I-@THEN----------------------------------------------3-005-I
I                I 00858     122 I    90   I   I   I   +-@CASE------------------------------------------4-002-I
I                I           122 I    90   I   I   I   I   VORZEICHEN                                     I
I                I 00868     128 I    91   I   I   I   I-@OF-"+"----------------------------------------4-003-I
I                I               I    92   I   I   I   I   * ZAHL UNVERAENDERT                            I
I                I 0086C     130 I    93   I   I   I   I-@OF-"-"----------------------------------------4-004-I
I                I           137 I    94   I   I   I   I   COMPUTE ZAHL = ZAHL * (-1)                     I
I                I 008B2     139 I    95   I   I   I   I-@OFREST----------------------------------------4-005-I
I                I           141 I    96   I   I   I   I   MOVE "---" TO PROGRAMM-ZUSTAND                 I
I                I 008BB     142 I    97   I   I   I   +-@BEND------------------------------------------4-006-I
I                I 008C0     144 I    98   I   I   I-@ELSE----------------------------------------------3-006-I
I                I           145 I    99   I   I   I   MOVE "---" TO PROGRAMM-ZUSTAND                     I
I                I 008C6     146 I   100   I   I   +-@BEND----------------------------------------------3-007-I
I                I           147 I   101   I   I @WHEN                                                2   I
I                I           148 I   102   I   I   EINGABE-RICHTIG                                        I
I                I           149 I   103   I   I @BREAK                                               2   I
I                I           150 I   104   I   I   DISPLAY "EINGABEFEHLER IN " TEMP UPON TERMINAL         I
I                I 008F8     152 I   105   I   +-@BEND--------------------------------------------------2-004-I
I                I 008F8     153 I   106   +-@END-------------------------------------------------------1-002-I
```

COLTEST

- Das Dienstprogramm COLTEST wird ausschließlich bei der Programm-Optimierung eingesetzt. Es ergänzt die von COLLIST erstellte Strukturliste mit den jeweils zugehörigen Durchlaufzählwerten auf Strukturblockebene. Insofern ist COLTEST selber nur ein Grafik-Aufbereitungsprogramm, denn die Durchlaufzählwerte entstehen vorher beim Ablauf des fehlerfreien Programms. Sie werden dabei in besonderen Zähl-Dateien gespeichert.
- COLTEST liest die Werte von diesen Dateien und schreibt sie in der Spalte EXEC. COUNT paßgenau in die COLLIST-Strukturliste hinter die von den Strukturblöcken belegten Zeilen.
  Mit den Durchlaufzählwerten erhält man Angaben, ob überhaupt und wie oft die einzelnen Strukturblöcke und Unterblöcke durchlaufen worden sind. Daraus kann man die Vollständigkeit von Tests, eventuell nicht benötigte Programmteile (Ballast!) und überproportional oft durchlaufene und deshalb im Ablauf verbesserungswürdige Programmteile ablesen.
- Auf Grund der vielfältigen Steuermöglichkeiten ist beim Einsatz von COLTEST auf jeden Fall das Benutzerhandbuch des Herstellers heranzuziehen.

Beispiel einer von COLTEST ergänzten Strukturliste (Ausschnitt)

```
                                                                PAGE    4  EXEC.
                                                                PROC    3  COUNT

   +TEMPERATUR+                                                        I
   I-@ENTRY----------------------------------------------1-001-I       19
   I    +-@CYCLE-----------------------------------------2-001-I       26
   I    I   ACCEPT TEMP FROM TERMINAL                                  I
   I    I   MOVE TEMP TO PROGRAMM-ZUSTAND                              I
   I    I   +-@IF----------------------------------------3-001-I       26
   I    I   I   PROGRAMMENDE                                           I
   I    I   I-@THEN--------------------------------------3-002-I        1
 **I    I   I   @EXIT                                                  I
   I    I   +-@BEND--------------------------------------3-003-I       25
   I    I   MOVE SPACE TO PROGRAMM-ZUSTAND                             I
   I    I   +-@IF----------------------------------------3-004-I       25
   I    I   I   ZAHL NUMERIC                                           I
   I    I   I-@THEN--------------------------------------3-005-I       20
   I    I   I   +-@CASE----------------------------------4-002-I       20
   I    I   I   I   VORZEICHEN                                         I
   I    I   I   I-@OF-"+"--------------------------------4-003-I       15
   I    I   I   I   * ZAHL UNVERAENDERT                                I
   I    I   I   I-@OF-"-"--------------------------------4-004-I        3
   I    I   I   I   COMPUTE ZAHL = ZAHL * (-1)                         I
   I    I   I   I-@OFREST--------------------------------4-005-I        2
   I    I   I   I   MOVE "---" TO PROGRAMM-ZUSTAND                     I
   I    I   I   +-@BEND----------------------------------4-006-I       20
   I    I   I-@ELSE--------------------------------------3-006-I        5
   I    I   I   MOVE "---" TO PROGRAMM-ZUSTAND                         I
   I    I   +-@BEND--------------------------------------3-007-I       25
   I    I @WHEN                                          2     I       25
   I    I   EINGABE-RICHTIG                                            I
   I    I @BREAK                                         2     I        7
   I    I   DISPLAY "EINGABEFEHLER IN " TEMP UPON TERMINAL             I
   I    +-@BEND------------------------------------------2-004-I       18
   +-@END------------------------------------------------1-002-I       19
```

7.5 COLUMBUS-COBOL-ET-PROZEDUR

Für logische Entscheidungen bietet die Strukturierte Programmierung mit der Zweifach- und Mehrfachverzweigung zwei Elementar-Strukturblöcke an, die beliebig aneinandergereiht und ineinandergeschachtelt werden können. Damit lassen sich ohne weiteres sehr komplexe Entscheidungsstrukturen mit einer Vielfalt von Bedingungsstufen aufbauen, die die Bedingungswege korrekt nachvollziehen. Aber irgendwo werden derart stark geschachtelte Konstruktionen unübersichtlich, damit schlecht lesbar und führen insbesondere bei nachträglichen Änderungen/Ergänzungen zu erheblichen Problemen.
Einen hervorragenden Ausweg aus dieser Schwierigkeit bietet die Entscheidungstabellen-Technik, die sich besonders gut eignet zum Beschreiben von Sachverhalten mit vielen Entscheidungsmöglichkeiten.
Ein weiterer, nicht zu unterschätzender Vorteil: eine Entscheidungstabelle kann auch mit Pseudocode formuliert werden. Damit läßt sich diese Tabelle schon in der Entwurfsphase einsetzen und kann bereits hier auf etwaige logische Fehler geprüft werden.

Einführung

Eine Entscheidungstabelle besteht im Grundaufbau immer aus vier Teilen:

Bedingungstext-Teil	Bedingungs-Anzeiger
Aktionstext-Teil	Aktions-Anzeiger

Im Bedingungstext-Teil werden alle Bedingungen beschrieben, die für den gesamten Entscheidungsfall relevant sind.
Im Aktionstext-Teil werden alle Aktionen (=Operationen) beschrieben, die für den betreffenden Entscheidungsfall in Frage kommen.
Beide oben genannten Teile werden zunächst voneinander unabhängig formuliert. Die Verknüpfung untereinander geschieht durch Regeln. Jede Regel beschreibt eine denkbare bzw. sinnvolle Bedingungskonstellation und kennzeichnet die dazu gehörige Aktion. Hierzu werden sogenannte Anzeiger benutzt.

		Regeln 1	2	3	...	N
Bedingungen	Bedingung 1					
	Bedingung 2					
	Bedingung 3					
Aktionen	Aktion 1					
	Aktion 2					
	Aktion 3					

Es werden folgende Bedingungs-Anzeiger verwendet:
"Y" trifft nur dann zu, wenn die zugehörige Bedingung erfüllt ist.
"N" trifft nur dann zu, wenn die zugehörige Bedingung nicht erfüllt ist.
"–" diese Bedingung ist für die betrachtete Regel nicht relevant.

Es werden folgende Aktions-Anzeiger verwendet:
"X" die zugehörige Aktion ist auszuführen.
"–" die zugehörige Aktion ist nicht auszuführen.

Es gibt prinzipiell die Möglichkeit, daß im aktuellen Ablauf keine der explizit beschriebenen Bedingungen zutrifft. Wie bei einer Mehrfachverzweigung läßt sich dieser Sonderfall mit einer sogenannten ELSE-Regel auffangen. Diese Regel wird nur einmal pro Entscheidungstabelle benötigt, man schreibt sie zweckmäßigerweise als erste Regel im Anzeigerteil und hat dann beliebig Platz für Erweiterungen.
Somit sieht eine vollständige Entscheidungstabelle folgendermaßen aus:

	ELSE-Regel	weitere Regeln				
Bedingung 1	–	Y	Y	N		Bedingungsteil
Bedingung 2	–	Y	N	N		
Bedingung 3	–	N	–	Y		
Aktion 1	–	X	–	X		Aktionsteil
Aktion 2	–	–	X	X		
Aktion 3	X	–	–	–		

Die oben dargestellte Entscheidungstabelle ist wie folgt zu interpretieren:

1. Regel: Wenn B1 und B2 erfüllt sind, B3 aber nicht erfüllt ist, wird Aktion 1 ausgeführt.

2. Regel: Wenn B1 erfüllt ist, B2 nicht erfüllt ist (B3 bleibt unberücksichtigt!), dann wird A2 ausgeführt.

3. Regel: Wenn B1 und B2 nicht erfüllt sind, dagegen B3 erfüllt ist, wird zuerst A1 und dann A2 ausgeführt.

ELSE-Regel: Es wird immer dann und nur dann A3 ausgeführt, wenn der vorliegende Bedingungszustand mit keiner der in den übrigen Regeln beschriebenen Konstellation übereinstimmt. Dies ist im vorliegenden Beispiel dann der Fall, wenn alle 3 Bedingungen gleichzeitig erfüllt sind.

In dem vorgegeben Beispiel sind aus Übersichtlichkeitsgründen bewußt nur wenige Bedingungen und Aktionen aufgeführt. Die Stärke der Entscheidungstabellen-Technik liegt aber wie angegeben gerade bei der Formulierung von sehr komplexen Bedingungsstrukturen. Bei diesen sehr umfangreichen Tabellen können sich allerdings logische Fehler einschleichen und zwar:

- Redundanz = zwei im Bedingungsteil identische Regeln geben gleiche Aktionen an.
- Formaler Widerspruch = zwei im Bedingungsteil identische Regeln geben unterschiedliche Aktionen an.

	R1	R2	R3	R4
B1	Y	Y	N	N
B2	N	N	Y	Y
A1	X	X	X	–
A2	–	–	–	X

Redundanz (R1–R2) formaler Widerspruch (R3–R4)

Zur Aufdeckung von Redundanzen und formalem Widerspruch müssen sämtliche Entscheidungsregeln miteinander im Anzeigerteil verglichen werden. Im obigen Beispiel also:

Regel 1 mit Regel 2, Regel 3 und Regel 4
Regel 2 mit Regel 3 und Regel 4
Regel 3 mit Regel 4

Grundlagen

- In COLUMBUS-COBOL ist jede Entscheidungstabelle eine eigene, einzelne Prozedur.
- Die DT-Prozedur ist immer eine interne Prozedur. Sie kann dadurch nur innerhalb eines Moduls von einer übergeordneten Prozedur aufgerufen werden.
- Die grafische Aufbereitung der DT-Prozedur führt das COLUMBUS-Dienstprogramm COLLIST durch. Innerhalb der DT-Prozedur wird die gesamte Entscheidungstabelle umrahmt und waagerecht in Bedingungs- und Aktionsteil, sowie senkrecht in Textteil und Anzeigerteil gegliedert. Bedingungen und Aktionen werden ebenso wie die Regeln numeriert. Als erste Regel steht stets die ELSE-Regel.
- Auch die logische Analyse der angegebenen Regeln wird von dem Dienstprogramm COLLIST durchgeführt. Das Ergebnis der Strukturanalyse befindet sich unterhalb der gerahmten Tabelle. Die Beziehungen der Regeln untereinander sind in einer Matrix in folgender Form dargestellt:

	B
A	Matrix

Regel A = Zeilen-Nummer
Regel B = Spalten-Nummer

In der Matrix selbst sind folgende Aussagen möglich:

–	Regel A und Regel B schließen sich aus (=korrekt)
X	Regel A und Regel B überschneiden sich
C	Regel A und Regel B widersprechen sich (=Fehler)
R	Regel A und Regel B sind redundant (=Fehler)
*	Regel A und Regel B lassen sich komprimieren
<	Regel A ist in Regel B enthalten
>	Regel A enthält Regel B

Die Regeln werden ebenfalls einer Vollständigkeitsprüfung unterzogen, das Ergebnis unterhalb der Matrix aufgelistet. Die vom Anwender nicht abgedeckten Möglichkeiten, die sich aus der formalen Kombinatorik ergeben, werden in komprimierter Form ausgegeben. Ob und wie weit diese Erkenntnisse zu einer Ergänzung der bereits formulierten Regeln verwendet werden, liegt allein in der Verantwortung des Programmierers.

Syntax

- Prozedurkopf Name @ENTRY :TYP=DT:
  Prozedurschluß @END Name
- Im Prozedurkopf können die Parameter TEST=YES oder OPTIM=YES angegeben werden.
- In DT-Prozeduren dürfen nur folgende COLUMBUS-COBOL-Schlüsselwörter verwendet werden:
  @ENTRY
  @PASS
  @EXIT
  @END
  Mit @PASS können andere Prozeduren (auch weitere DT-Prozeduren) sowohl im Bedingungsteil wie auch Aktionsteil aufgerufen werden. Dadurch können DT-Prozeduren dynamisch ineinandergeschachtelt werden.

- Die Entscheidungstabelle wird mit Hilfe der
  - - Optionzeile
  - - Actions-Zeile
  - - E-Zeile
  - - Text-Zeile

  formuliert, dabei sind folgende Formate zu beachten:

Option-Zeile:		
Spalten 8-16	OPTION NN	($10 \leq NN \leq 70$)
Actions-Zeile:		
Spalten 8-14	ACTIONS	
E-Zeile:		
Spalte 8	E	
Spalten NN - max. 70	Anzeiger	NN siehe Option
Text-Zeile:	COLUMBUS- und/oder COBOL-Anweisungen diese können auch in der E-Zeile zwischen Spalte 10 und dem 1.Anzeiger stehen, was aber zu einer schlecht lesbaren Darstellung führt und daher vermieden werden sollte.	

- Die Entscheidungstabelle darf nur folgende Anzeiger enthalten:
  Im Bedingungsanzeiger-Teil : "Y", "N", "–"
  Im Bedingungsanzeiger-Teil
  der ELSE-Regel : "–" oder BLANK
  Im Aktionsanzeiger-Teil : "X", "–"

- Es gelten folgende Limitierungen:
  Anzahl der Regeln (inclusive ELSE-Regel): maximal 29
  Anzahl der Bedingungsblöcke : unbegrenzt
  Anzahl der Aktionsblöcke : maximal 256
- Die Option-Zeile dient nur zur Angabe der Startspalte für die Anzeiger, sofern vom Standardwert 30 abgewichen wird. Sie muß dann unmittelbar auf den Prozedurkopf in der nächsten Zeile folgen.
- Jeder Bedingungsblock bzw. Aktionsblock kann sich auch über mehr als eine Zeile erstrecken und wird immer durch eine E-Zeile abgeschlossen, die die zugehörigen Anzeiger enthält. Die Anzeiger sind lückenlos ab der in der Option-Zeile vereinbarten Startspalte einzutragen.
  Vorsicht: der erste Bedingungsanzeiger eines jeden Bedingungsblocks gehört zur ELSE-Regel, kann daher auch gleich BLANK sein und wird aus diesem Grunde immer mal wieder übersehen!
- Wird die DT-Prozedur nicht nur in der Entwurfsphase benutzt, sondern zu einem ablauffähigen COBOL-Programm übersetzt, muß jeder Bedingungsblock mit
  IF COBOL-Bedingung/Bedingungsname
  abgeschlossen werden.
- Die einfachste Zeile in einer DT-Prozedur ist die Actions-Zeile! Ihre Aufgabe besteht lediglich in der Trennung der Bedingungsblöcke von den Aktionsblöcken. Daher steht sie zwischen dem letzten Bedingungs- und dem ersten Aktionsblock, sie enthält keine weiteren Angaben.

Codierbeispiel

In dem nachfolgenden Beispiel wurden nicht alle von der Syntax zugelassenen Möglichkeiten benutzt, sondern vielmehr Wert auf eine gute Lesbarkeit gelegt. Es kann nicht ausgeschlossen werden, daß früher in COLUMBUS-COBOL-Programmen nicht so diszipliniert vorgegangen wurde.

```
ENTSCHEI  @ENTRY  :TYP=DT:                      Prozedur-Anfang
       OPTION 20                                Anzeiger-Startspalte
          IF  STARTZEIT  =  10                  ]
       E             -YYNN                      ]- 1.Bedingungsblock
          IF  SCHLUSSZEIT  GREATER  100         ]
       E             -NYYN                      ]- 2.Bedingungsblock
          IF  RENNZEIT  LESS  60                ]
       E             -YNNY                      ]- 3.Bedingungsblock
       ACTIONS
          @EXIT                                 ]
       E             X----                      ]- 1.Aktionsblock
          MOVE "LANGSAM" TO RENNFELD            ]
       E             --X-X                      ]- 2.Aktionsblock
          @PASS DETEPROZ                        ]
       E             -X-X-                      ]- 3.Aktionsblock
         @END  ENTSCHEI                         Prozedur-Ende
```

7.6 COLUMBUS-COBOL-Optimierung

Voraussetzung für eine Optimierung ist immer, daß ein Programm bereits ohne erkennbare Fehler abläuft! Das Optimieren zielt dann im wesentlichen auf das Erkennen von 2 Fakten:

1. Wo sind unbenutzte Programmstücke?
2. Welche Programmstücke werden überproportional oft benutzt?

Die unter 1. gefundenen Programmstücke sind Ballast, sie blähen ein Programm unnötig auf (Speicherplatz). Solche Programmstücke können Unterblöcke, Strukturblöcke oder sogar ganze Prozeduren sein. Sie sind im COLUMBUS-COBOL-Quellprogramm zu entfernen, was dank der strikten Zweipoligkeit problemlos möglich ist.

Die unter 2. gefundenen Programmstücke gehören sozusagen zu den Kernteilen eines Programms, bei denen eine Optimierung besonders wirksam wird. Optimierung heißt in diesem Falle: von dem realisierten prinzipiellen Lösungsweg umstellen auf einen noch besseren (schnelleren, effektiveren) Lösungsweg. Da zu diesem Zeitpunkt die Erfahrungen aus der Suche nach den logischen Fehlern vorhanden sind, führt dieses Mehrwissen gegenüber der Entwurfsphase oftmals leichter zu neuen Lösungen/Konstruktionen.

Um einen gezielten Optimierungsprozeß im obigen Sinne durchführen zu können, ist die Kenntnis der beiden Fakten „Ballast" und „Kernteil" unabdingbar. Vom Prinzip her kommt man am einfachsten zu diesen Kenntnissen, wenn man das Gesamtprogramm ein- oder mehrmals ablaufen läßt und dabei zählt, wie oft dabei die einzelnen Strukturteile benutzt werden.

Technisch realisieren kann man das sehr einfach, wenn nämlich in jedem Strukturteil ein Zählbefehl samt zugehörigen Zählfeld eingefügt wird. Nach dem Testlauf des Gesamtprogramms braucht man nur die einzelnen Zählfelder abzufragen und erhält die gewünschten Auskünfte. Danach kann dann der Programmierer entscheiden, ob und welche Maßnahmen im COLUMBUS-COBOL-Quellprogramm ergriffen werden sollen.

Die Optimierung geschieht also in folgenden Arbeitsschritten:

1. Sicherstellen, daß das Gesamtprogramm ohne erkennbare Fehler abläuft.
2. Eine Strukturlisten-Datei erzeugen.
3. Ein mit Durchlaufzählern präpariertes Gesamtprogramm erzeugen.
4. Ablaufenlassen des Gesamtprogramms, möglicherweise unter Berücksichtigung von speziellen Testdaten.
5. Die Zählergebnisse übertragen in die Strukturliste und diese ausdrucken.
6. Begutachten der gefundenen Zustände und entscheiden, welche Maßnahmen getroffen werden sollen.
7. Die Maßnahmen im COLUMBUS-COBOL-Quellprogramm (nur hier!) durchführen und austesten, bis das Programm wiederum ohne erkennbare Fehler abläuft. Notfalls das Optimierungs-Verfahren wiederholen.

Zu Arbeitsschritt 1:
Dies kann je nach Umfang des Gesamtprogramms natürlich einen längeren Zeitraum in Anspruch nehmen. Nur ist es sinnlos, ein nicht ausgetestetes Programm optimieren zu wollen!

Zu Arbeitsschritt 2:
Von der endgültigen Programmfassung (!) wird mit dem Dienstprogramm COLLIST eine Strukturlisten-Datei erzeugt, die bei der grafischen Umsetzung mit LISTFILE bezeichnet wird.

Zu Arbeitsschritt 3:
Das Präparieren der Strukturteile mit Durchlaufzählern geschieht bei der Precompilation mit dem COLUMBUS-Dienstprogramm COLCOB automatisch, wenn die Parameter TEST = YES und OPTIM = NO angegeben werden.
Es kommt durchaus vor, daß in einem neuen Programm fertige und bereits optimierte Prozeduren verwendet werden. Es ist unnötig, solche Prozeduren nochmals mit Durchlaufzählern zu versehen und in den Optimierungsvorgang mit einzubeziehen. Daher bietet COLUMBUS die Möglichkeit, dies mit dem Parameter TEST = YES/NO im jeweiligen Prozedurkopf festzulegen. Es soll nicht verschwiegen werden, daß eine Vielzahl von Programmierern generell den Parameter TEST = YES in alle Prozedurköpfe setzt, weil ja erst mit dem weiteren COLCOB-Parameter TEST = YES der Präpariervorgang ausgelöst wird. Der Autor folgt allerdings dieser Arbeitsweise nicht. Ferner ist zu beachten, daß beim Binden des Gesamtprogramms der COLUMBUS-Modul COLCTR mit in die Rootphase eingebunden wird. Der Modul COLCTR überträgt die beim Ablauf anfallenden Zählergebnisse in Zähldateien, auf die später das Dienstprogramm COLTEST zugreift.

Zu Arbeitsschritt 4:
Beim Ablaufenlassen des Gesamtprogramms sollte man ganz gezielt vorgehen, so z.B. genau überlegen, ob man Zähldaten aus nur einem oder mehrereren Durchläufen aufsummiert haben will. Durch Verwendung von speziellen Testdaten oder durch bewußte Fehleingaben kann das Programm-Verhalten auch in Extremsituationen geprüft werden. Voraussetzung ist aber in jedem Falle eine oder mehrere Zähldateien, die bei der grafischen Umsetzung als TESTFILE bezeichnet werden und vor dem Programmstart zugewiesen sein müssen.
Ferner muß die Programm-Meldung TESTOUTPUT?(YES/NO) natürlich mit YES beantwortet werden, da andernfalls die Zähldaten bei Programm-Ende nicht in die Zähldateien übertragen werden.

Zu Arbeitsschritt 5:
Diese Aufgabe wird mit dem Columbus-Dienstprogramm COLTEST durchgeführt. Entsprechend den vielfältigen möglichen Kombinationen aus Anzahl von Programmläufen und Zähldateien werden die Eingabedateien nicht über FILE-Kommandos, sondern über Parameter zugewiesen. Hier ist eine sehr sorgfältige Buchführung über die verwendeten Dateinamen sowohl der TESTFILES als auch der LISTFILES unabdingbar, will man nicht zu fehlerhaften Aussagen gelangen. Die von COLTEST erzeugte Strukturliste mit zugehörigen Zählwerten steht in einer eigenen Datei, die mit dem üblichen Systemkommando /PRINT Dateiname,SPACE=E ausgedruckt werden kann.

Zu Arbeitsschritt 6:
Diese sind die ausgesprochen kreativen Tätigkeiten und fordern wie beim Programm-Entwurf die gleiche disziplinierte Denkweise der Strukturierten Programmierung. Verbesserungen, Änderungen oder Abmagerungen sind aber dank der Einhaltung des Grundsatzes der Zweipoligkeit stets problemlos möglich. Meist erfährt hier der Ersteinsteiger in COLUMBUS-COBOL die volle Bestätigung und damit Einsicht in die Vorteile der Strukturierten Programmierung!

Zu Arbeitschritt 7:
Gelegentlich „erwischt“ man Programmierer, die die im Arbeitsschritt 6 gewonnenen Erkenntnisse in der von COLCOB erzeugten Zwischendatei (weil diese ein reinrassiges COBOL-Quellprogramm darstellt) umsetzen. Dies ist ein törichtes Vorgehen, da in einem solchen Falle die getätigten Verbesserungen/Änderungen in den Strukturlisten nicht mitdokumentiert sind. Aus diesem Grunde sind alle Änderungen, die in einem COLUMBUS-COBOL-Programmm durchgeführt werden, stets und ausschließlich im COLUMBUS-COBOL-Quellprogramm durchzuführen.

8 Strukturiert programmieren im System COLUMBUS-Assembler

Auch in der Programmiersprache Assembler können Ablaufkonstruktionen erzeugt werden, die den Regeln der Strukturierten Programmierung entsprechen. Ebenso aber auch solche im sogenannten Freistil. Beide werden vom Compiler in gleicher Weise bearbeitet. Deshalb wurden die Gedanken, die zum Werkzeug COLUMBUS-COBOL führten, auch auf die Sprache Assembler übertragen.
Das Siemens BS2000-Werkzeug COLUMBUS-Assembler läßt sich für folgende Aufgaben einsetzen:

- Entwurfsinstrument
- Implementierungswerkzeug
- Dokumentationswerkzeug

Entwurfsinstrument

Das DV-Grobkonzept wird unter Beachtung der SP-Regeln schrittweise zum DV-Feinkonzept entwickelt.

Vorgehensweise:
Die Programmablaufpläne werden ausschließlich mit Struktogrammen dargestellt, wobei alle Bedingungen und Verarbeitungsaktionen als Pseudocode beschrieben werden. Unter Pseudocode sind umgangssprachliche Formulierungen zu verstehen, die vom Compiler nicht in Maschinensprache übersetzt werden können. Pseudocode wird ganz einfach als Kommentarzeile in das Quellprogramm eingefügt.
Der Vorteil des Pseudocode liegt in der Tatsache, daß er auch ohne Kenntnis einer Programmiersprache gelesen und verstanden werden kann, mithin ein wirkungsvolles Kommunikationsmittel zwischen Fachabteilung und EDV-Abteilung darstellt.
Wird z.B. der generelle Lösungsweg für eine Prozedur auf diese Weise verständlich und präzise beschrieben, so braucht er später nicht mehr mühsam aus der Befehlsfolge rekonstruiert zu werden. Somit werden nicht nur Fehlinterpretationen vermieden, sondern auch Einarbeitungszeiten neuer Projektmitarbeiter drastisch verringert.

Implementierungswerkzeug

Das DV-Feinkonzept wird umgesetzt in ein COLUMBUS-Assembler-Quellprogramm

Vorgehensweise:
Alle in Pseudocode vorliegenden Bedingungen und Verarbeitungsaktionen werden voll mit den Mitteln der Assembler-Programmiersprache formuliert. Alle in Pseudocode vorliegenden Ablaufbeschreibungen bleiben jedoch als Kommentarzeile erhalten.
Entsprechend den Vorschriften der Assemblersprache bleibt der grundlegende Aufbau des Quellprogramms erhalten.
Alle Struktogramme (also die Teile der Programmsteuerung) werden mit COLUMBUS-Schlüsselwörtern eindeutig beschrieben. Diese Schlüsselwörter werden bei der Übersetzung durch Makro-Expansion in entsprechende Maschinenbefehle aufgelöst. Daher ist die Verwendung von Assembler-Sprungbefehlen im COLUMBUS-Assembler-Quellprogramm strikte untersagt.

Dokumentationswerkzeug

Das in der Implementierungsphase entstandene COLUMBUS-Assembler-Quellprogramm läßt sich wegen der strikten Trennung von Programmsteuerung (COLUMBUS) und Verarbeitung (Assembler) leicht überprüfen und auch grafisch aufbereiten.

Durch Kontrolle der COLUMBUS-Syntax können Struktogramm-Entwurfsfehler leicht erkannt und markiert werden.
Mit Hilfe der COLUMBUS-Schlüsselwörter lassen sich entsprechend gegliederte Ablaufdiagramme herstellen, bei denen die Verschachtelungstiefen deutlich darstellbar sind. Die grafische Umsetzung läßt sich mit den Möglichkeiten des jeweilig verwendeten Drucker-Zeichensatzes auch maschinell bewerkstelligen. Dies eröffnet einen nicht zu unterschätzenden Vorteil für eine stets aktuelle Programm-Dokumentation. Die im Zuge einer Verbesserung geänderten Programmteile stehen in kürzester Zeit wieder in grafisch umgesetzter Form zur Verfügung. Die so oft störende Zeitlücke zwischen Programm-Änderung und nachfolgende Programm-Dokumentation läßt sich mit COLUMBUS auf ein Minimum bringen.

8.1 COLUMBUS-Assembler-Quellprogramm

Aufbau

Das System COLUMBUS-Assembler greift auf den im BS2000 vorhandenen Assembler-Compiler zurück, dessen Sprachvorschriften daher zu beachten sind.
Der Steuerfluß im Programm ergibt sich aus hierarchisch geordneten Prozeduren und den darin enthaltenen Strukturblöcken, die durch entsprechende COLUMBUS-Sprachelemente exakt beschrieben werden.

Wesentlich im System COLUMBUS-Assembler ist auch das zugehörige Datenkonzept. Es fordert eine präzise Festlegung von Variablen und Konstanten und macht die Trennung zwischen globalen und lokalen Datenbereichen möglich.

COLUMBUS-Sprachelemente sowohl für den Steuerfluß als auch für das Datenkonzept bestehen immer aus einem COLUMBUS-Schlüsselwort plus keinem, einem oder mehreren Parametern. Wegen der strikten Beachtung der Regeln der Strukturierten Programmierung ist die Anzahl dieser Schlüselwörter begrenzt. Ein Assembler-Programmierer braucht nicht mehr als 25 Schlüsselwörter neu zu lernen, wenn er in das System COLUMBUS übersteigt.

Ein vollständiges COLUMBUS-Assembler-Quellprogramm beginnt mit der Compiler-Anweisung START und endet mit der Compiler-Anweisung END. Zwischen diesen beiden Anweisungen liegen die hierarchisch aufgebauten Prozeduren samt zugehörigen Datenbereichen (global und/oder lokal).
Je nach Aufgabenstellung sind innerhalb dieses Rahmens Varianten möglich und zulässig.

Beispiel für ein einfaches COLUMBUS-Assembler-Quellprogramm:

```
BEISPI   START
BEISPI   @ENTR TYP=M
         @DATA CLASS=S,BASE=R8,INIT=KONSTA
         @DATA CLASS=A,BASE=R9,DSECT=VARFELD
          .                               ]
          .                               |  COLUMBUS-StrukturSprache
         @PASS NAME=INTEPROZ              |- mit Assembler-Verarbeitungs-
          .                               |  befehlen
          .                               ]
         @EXIT
         @END
VARFELD  DSECT
         DS                               ]
          .                               |- Assembler-DS-Anweisungen
          .                               ]
LVARFELD EQU   *-VARFELD
BEISPI   CSECT
INTEPROZ @ENTR TYP=I
         @DATA CLASS=B,BASE=R8,DSECT=KONSTA
         @DATA CLASS=B,BASE=R9,DSECT=VARFELD
          .                               ]
          .                               |  COLUMBUS-Struktursprache
          .                               |- mit Assembler-Verarbeitungs-
          .                               |  befehlen
          .                               ]
         @EXIT
         @END
KONSTA   DS    OD
         DC                               ]
          .                               |- Assembler-DC-Anweisungen
          .                               ]
         END
```

Sprachbeschreibung

- COLUMBUS-Assembler-Quellprogramme können (im Gegensatz zu COLUMBUS-COBOL) nicht formatfrei geschrieben werden, sondern müssen im bekannten Assemblerformat erstellt werden.

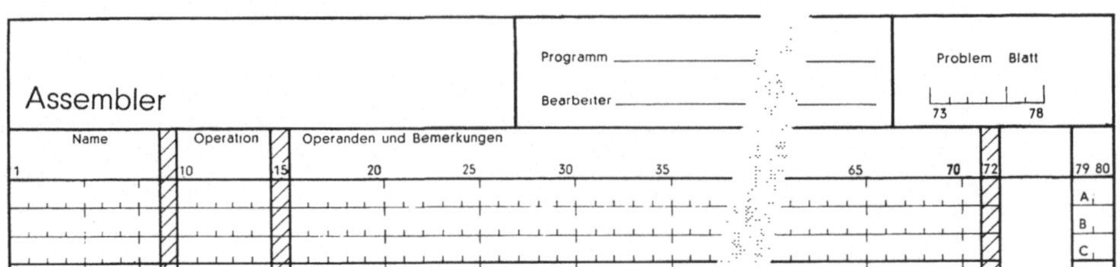

In das Feld ‚Name' können nur eingetragen werden:

- Namen von Prozeduren
- Namen von Strukturblöcken
- Namen von Pseudoabschnitten (DSECT)

In das Feld ‚Operation' können nur eingetragen werden:

- COLUMBUS-Schlüsselwörter (beginnen stets mit ‚@' und können, wenn gewollt, auf die ersten 5 Zeichen gekürzt werden)
- Assemblerverarbeitungsbefehle
- Assembler-Makroaufrufe
- Assembler-Compiler-Anweisungen

In das Feld ‚Operanden und Bemerkungen' können nur eingetragen werden:

- Parameter für COLUMBUS-Sprachelemente
- Operanden der Assembler-Verarbeitungsbefehle
- Bemerkungen/Erklärungen zu Assemblerbefehlen; sie müssen mit mindestens 1 BLANK vom vorausgehenden Operanden getrennt sein, üblicherweise werden sie ab Spalte 36 eingetragen.

- Wenn notwendig, kann eine Assembler-Anweisung in der nächsten Zeile, der sogenannten Fortsetzungszeile, fortgesetzt werden. Hierzu gelten folgende Vorschriften:
  - Anzeige auf Fortsetzung durch ein Zeichen in Spalte 72
  - Fortsetzung in Spalte 16 der nächsten Zeile

- Kommentare (freier Text, Pseudo-Code) können in sogenannten Bemerkungszeilen angegeben werden. Eine Bemerkungszeile beginnt mit dem Zeichen '*' in Spalte 1.

- Alle Assembler-Steuerbefehle, also alle BRANCH-Befehle sowie deren Formulierungen im „erweiterten mnemotechnischen Operationscode", sind für den Programmierer bedingungslos verboten, da durch deren Verwendung der korrekte Programmaufbau durch COLUMBUS gestört und folglich auch der so wichtige Grundsatz der Zweipoligkeit verletzt wird.

- Alle Namen, die mit ‚@' oder ‚R@'beginnen, sind ausschließlich für COLUMBUS-Assembler reserviert und dürfen anderweitig nicht verwendet werden.

- Sehr lange Strukturlisten sollten zur besseren Lesbarkeit sinnvoll auf mehrere Seiten verteilt werden. Ein gezielter Seitenvorschub wird durch die Compiler-Anweisung EJECT im Operationsfeld (Spalte 10) ausgelöst.

- Im Unterschied zu COLUMBUS-COBOL wird bei COLUMBUS-Assembler nicht mit dem Verfahren der Vorübersetzung gearbeitet, sondern alle COLUMBUS-Sprachelemente durch Makro-Expansion bei der Assemblierung aufgelöst. Deshalb sollte die Übersetzung stets mit der Compiler-Anweisung PRINT NOGEN durchgeführt werden, damit die Lesbarkeit des Übersetzungsprotokolls erhalten bleibt.

Register-Konventionen

- Die Mehrzweck-Register werden mit den symbolischen Namen R0, R1 . . . R15 angegeben.

- Die Gleitpunkt-Register werden mit den symbolischen Namen FA, FB, FC und FD angegeben.

- *Uneingeschränkt verwendbar* sind folgende Register:
  R5, R6, R7, R8, R9, R11 und R12
  Es ist möglich, daß diese Zahl nicht ausreicht, insbesondere wenn von der expliziten Adressierung viel Gebrauch gemacht wird. Es bleibt dem Programmierer dann als Lösung nur die gezielte Sicherstellung der jeweiligen Register-Werte in entsprechenden Datenfeldern übrig.

- *Bedingt verwendbar* sind die folgenden Register:
  R2, R3 und R4
  Diese Register verwendet COLUMBUS bei Prozedurverknüpfungen zur dynamischen Parameterübergabe, wenn die Übergabe in der Form PASS = OPTIMAL angegeben ist.

- *Nicht verwendbar* durch den Programmierer sind folgende Register:
  R1 - Adresse der Parameter-Adressenliste
  R10 - Basisregister für Prozeduren der Typen M, E, I
  R13 - Basisregister für LOCAL-Bereiche
  Register des Sicherstellungsbereiches (STACK)
  R14 - Adresse des Rücksprungziels (aufrufende Prozedur)
  R15 - Adresse des Sprungziels (aufgerufene Prozedur)
  Basisregister für Prozeduren der Typen B, L

8.2 COLUMBUS-Assembler-Strukturblöcke

Die Strukturierte Programmierung beschränkt in der Ablauflogik die Steuerungsmöglichkeiten auf sechs Elementar-Strukturblöcke, die den Grundsatz der Zweipoligkeit voll erfüllen.

Diese Elementar-Strukturblöcke sind

Folge	- Sequenzsteuerblock
	- Prozeduraufruf
Auswahl	- Zweifachverzweigung
	- Mehrfachverzweigung
Wiederholung	- Schleife mit Vorabprüfung
	- Schleife mit Abbruchbedingung

Alle diese Strukturblöcke werden in allen ihren Teilen mit COLUMBUS-Schlüsselwörtern eindeutig und unverwechselbar beschrieben. Diese Schlüsselwörter sind aus der englischen Sprache so gewählt, daß sie kurz und prägnant ihre Funktion angeben.

Strukturblöcke bestehen also immer aus
- COLUMBUS-Schlüsselwörtern und
- Assembler-Verarbeitungsbefehlen

Wichtig: Alle COLUMBUS-Strukturblöcke können unbegrenzt aneinandergereiht und beliebig ineinandergeschachtelt werden !

1. Grundstruktur Folge

a) Sequenzsteuerblock

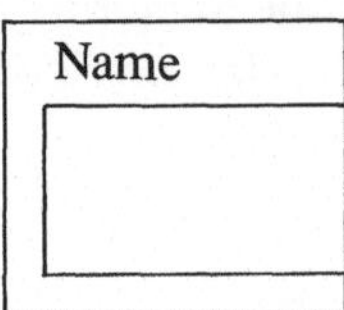

- Der Sequenzsteuerblock faßt Programmteile zusammen. Er kann an jeder Stelle nach Belieben des Programmierers verwendet werden.
- Er ist stets mit einem aussagekräftigen Namen zu versehen, der später eine sehr nützliche Hilfe bei der so schwierigen Suche nach logischen Fehlern darstellt.
- Die an sich optionale Wiederholung des Namens beim „schließenden" Schlüssselwort @BEND wird sehr empfohlen, da insbesondere bei starken Verschachtelungen die Transparenz der Ablaufkonstruktion immens erhöht wird.

Syntax

```
[Name]  @BEGIN
          .
          .
        @BEND [Name]
```

Codierbeispiel

```
VORBER   @BEGIN                    Strukturblock-Anfang
         LA    R5,E-FELD          ]
         ST    R5,E-ADR           ]- Assemblerbefehle
         MVC   E-FELD,A-FELD      ]
         @BEND VORBER              Strukturblock-Ende
```

b) Prozeduraufruf

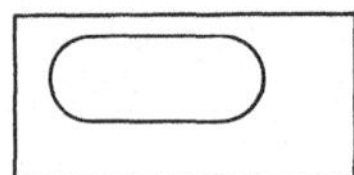

Die wegen des streng hierarchischen Prozedurkonzepts sehr unterschiedlichen Möglichkeiten sind im eigenen Abschnitt 8.4 dargestellt (siehe dort).

2. Grundstruktur Auswahl

a) Zweifachverzweigung

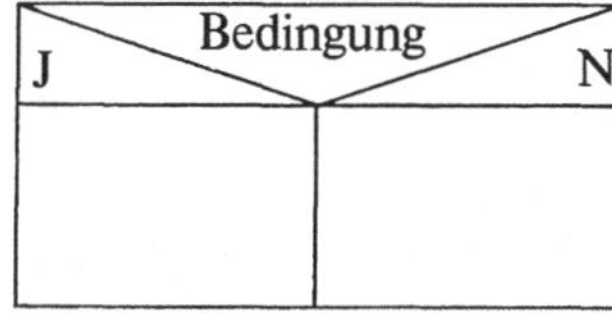

- Ist die Bedingung erfüllt, wird der JA-Unterblock (Schlüsselwort @THEN) ausgeführt. Ist die Bedingung nicht erfüllt, wird der NEIN-Unterblock (Schlüsselwort @ELSE) ausgeführt.
- Fehlt der NEIN-Unterblock und ist die Bedingung nicht erfüllt, wird überhaupt kein Assemblerbefehl ausgeführt, der Block also übersprungen!
- Wird der nach @IF folgende, anzeigesetzende Befehl vergessen, kann der Ablauf völlig irregulär werden, denn es wird die Anzeige ausgewertet, die von irgendeinem vorausgegangenen Befehl hinterlassen wurde.

Syntax

```
[Name]  @IF
        Bedingung          ←Einzelheiten siehe Abschnitt 8.3
        @THEN
          .
          .
       [@ELSE]
       [  .  ]
       [  .  ]
        @BEND [Name]
```

Codierbeispiel

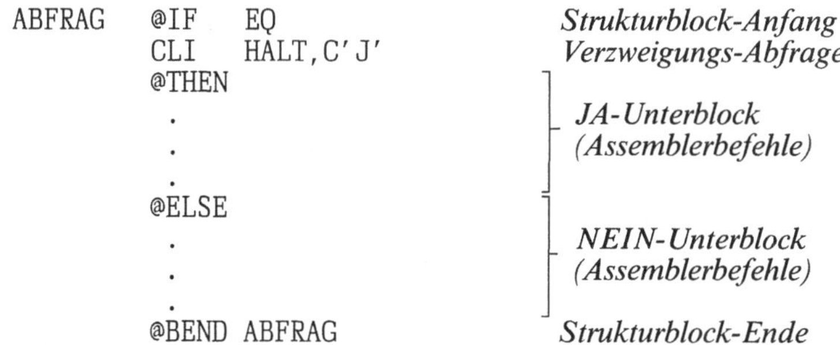

```
ABFRAG  @IF   EQ              Strukturblock-Anfang
        CLI   HALT,C'J'       Verzweigungs-Abfrage
        @THEN
          .                   JA-Unterblock
          .                   (Assemblerbefehle)
          .
        @ELSE
          .                   NEIN-Unterblock
          .                   (Assemblerbefehle)
          .
        @BEND ABFRAG          Strukturblock-Ende
```

b) Mehrfachverzweigung

1.Variante : Bedingungsregister

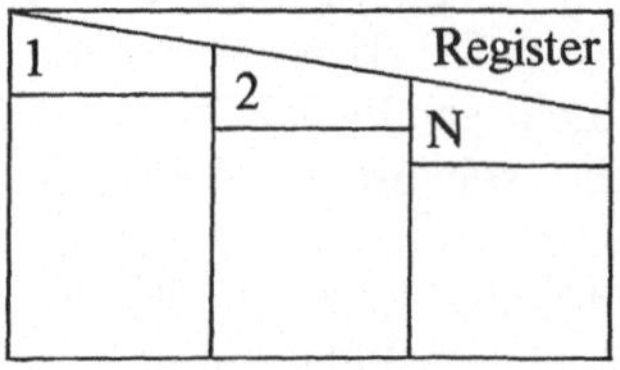

1	2	Register N

- Bei dieser Verzweigung steuert der Inhalt (Wert), der zur Laufzeit im Register gespeichert ist, welcher Unterblock ausgeführt wird.
- Die Unterblöcke brauchen nicht nach der zu erwartenden Häufigkeit geordnet zu sein.
- Jeder Unterblock muß von @BEGIN und @BEND eingeschlossen sein.
- Die Anzahl der Unterblöcke ist auf 90 begrenzt.
- Vor Ausführung des Strukturblocks muß per Programm das CASE-Register mit einem Wert zwischen 1 und N geladen werden. Ist fehlerhaft der Registerinhalt kleiner 1 oder größer als N, so geschieht folgendes:
- es wird zum N-Unterblock verzweigt, wenn im zugeordneten Prozedurkopf der Parameter CHECK=ON gesetzt ist.
- es treten Programmfehler auf, wenn CHECK=OFF (Standard) definiert ist.
- Das Register 0 darf nicht als Bedingungsregister verwendet werden.

Syntax

```
[Name]  @CASE  (Register)
[Name1] @BEGIN
          .
        @BEND
[Name2] @BEGIN
          .
        @BEND
          .
[NameN] @BEGIN
          .
        @BEND
        @BEND  [Name]
```

Codierbeispiel

```
PROZEDUR @ENTR TYP=I,CHECK=ON          Parameterangabe
                .
         LA    R5,2                    Einsetzen Registerwert
                .
ABFRAG   @CASE (R5)                    Strukturblock-Anfang
ABFRAG1  @BEGIN                        ┐
                .                      ├ Normalfall-Unterblock
         @BEND                         ┘ (Registerwert = 1)
ABFRAG2  @BEGIN                        ┐
                .                      ├ Normalfall-Unterblock
         @BEND                         ┘ (Registerwert = 2)
ABFRAG3  @BEGIN                        ┐
                .                      ├ Fehlerfall-Unterblock
         @BEND                         ┘
         @BEND ABFRAG                  Strukturblock-Ende
```

2.Variante : Bedingungsvariable

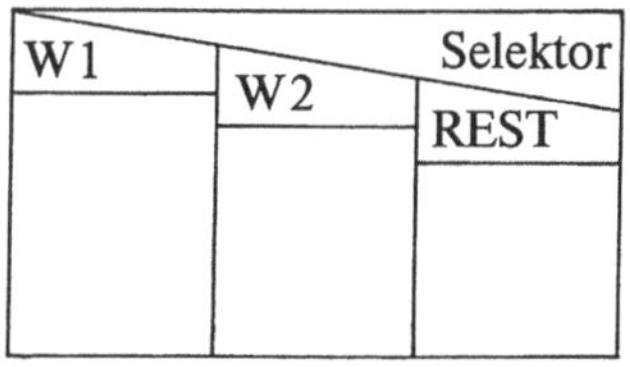

W1	W2	Selektor / REST

- Bei dieser Verzweigung steuert der Wert, der zur Laufzeit im Selektor gespeichert ist, welcher Unterblock ausgeführt wird.
- Der Ablauf geschieht übrigens so, daß von oben nach unten und von links nach rechts alle angegebenen Möglichkeiten geprüft werden, bis eine zutreffende gefunden ist. Daher wird empfohlen, die Unterblöcke und die Reihenfolge der Komparanden nach der zu erwartenden Häufigkeit zu ordnen.
- Die Anzahl der Unterblöcke ist nicht begrenzt.

Syntax

```
[Name]   @CAS2  Selektor
[Name1]  @OF    Komparand1[,Komparand11]...
          .
          .
[Name2]  @OF    Komparand2[,Komparand21]...
          .
          .
┌[NameR] @OFREST┐
│         .     │
└         .     ┘
         @BEND   [Name]
```

Selektor ⎡ Symbol. Adresse (Datenfeld)
⎨ (Register)
⎣ Literal

Komparand ⎡ Symbol. Adresse (Datenfeld)
⎣ Literal

Codierbeispiel

```
ABFRAG    @CAS2 VERWAND          Strukturblock-Anfang
ABFRAG1   @OF   =C'VATER'        ⎤ Normalfall-Unterblock
          .                      ⎦ (Literal-Komparand)
          .
ABFRAG2   @OF   =C'ONKEL'        ⎤ Normalfall-Unterblock
          .                      ⎦ (Literal-Komparand)
          .
ABFRAG3   @OF   ANDER            ⎤ Normalfall-Unterblock
          .                      ⎦ (Datenfeld-Komparand)
          .
ABFRAG-R  @OFREST                ⎤ Fehlerfall-Unterblock
          .                      ⎦ (ohne Komparand!)
          .
          @BEND ABFRAG           Strukturblock-Ende
          .
          .
** DATEN-BESCHREIBUNGEN **
          DS    0D               Einstellen Doppelwortgrenze
VERWAND   DS    CL5              Selektorfeld
          .
ANDER     DC    CL5'NEFFE'       Datenkonstante
```

3. Grundstruktur Wiederholung

a) Schleife mit Vorabprüfung

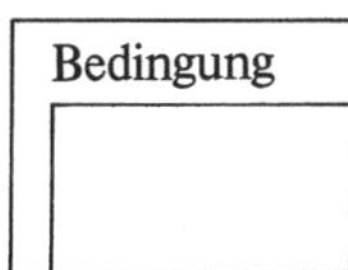

- Ist die Bedingung erfüllt, so werden alle Befehle des Schleifen-Unterblocks ausgeführt.
- Ist die Bedingung nicht erfüllt, wird sofort zum Strukturblock-Ende verzweigt, ohne daß noch eine einzige Anweisung des Schleifen-Unterblocks ausgeführt wird.
- Sollte gleich bei der ersten Prüfung die Bedingung nicht erfüllt sein, wird ebenfalls sofort zum Strukturblock-Ende verzweigt. In einem solchen Falle wird vom Schleifen-Unterblock kein einziger Befehl ausgeführt!

Syntax

```
[Name]  @WHILE
        Bedingung          ← Einzelheiten siehe Abschnitt 8.3
        @DO
          .
          .
          .
        @BEND  [Name]
```

Codierbeispiel

```
SCHLEI   @WHILE NE                  Strukturblock-Anfang
         CLI   HALT,C'J'            Verzweigungs-Abfrage
         @DO                        ]
           .                        ]  Schleifenblock
           .                        ]  (Assemblerbefehle)
           .                        ]
         @BEND SCHLEI               Strukturblock-Ende
```

b) Iterative Schleife (Laufanweisung)

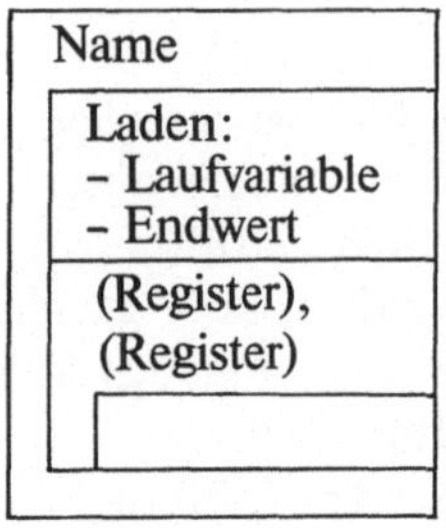

Name
Laden: - Laufvariable - Endwert
(Register), (Register)

- Vor Ausführung des Strukturblocks muß die Laufvariable mit dem Anfangswert geladen werden.
Dieser Wert wird nach jedem Durchlauf um die Schrittweite erhöht.
Zu beachten ist, daß diese Addition erst nach dem Durchlauf am Ende des Schleifenblocks erfolgt!

Syntax

```
[Name]  @THRU  Laufvariable,Endwert[,Schrittweite]
        @DO
         .
         .
         .
        @BEND  [Name]
```

Laufvariable = (Register)

Endwert, Schrittweite:
- (Register)
- Halbwortadresse
- Halbwortliteral

Codierbeispiel

```
ITERA   @BEGIN                        Strukturblock-Anfang
        LA     R5,1                   Anfangswert 1 nach Laufvariable
        LA     R6,100                 Endwert 100
        LA     R7,4                   Schrittweite (hier 4)
SCHLEI  @THRU (R5),(R6),(R7)
        @DO                           ┐
         .                            │ Schleifenblock
         .                            │ (Assemblerbefehle)
         .                            ┘
        @BEND SCHLEI                  Schleifenblock-Ende
        @BEND ITERA                   Strukturblock-Ende
```

c) Zählschleife

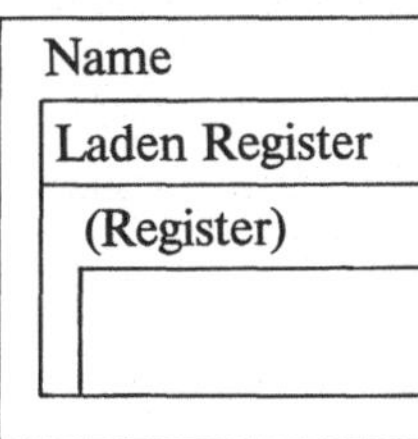

- Vor Ausführung des Strukturblocks muß das Register mit dem entsprechendem Wert geladen werden.
- Der Registerinhalt wird nach jeder Ausführung des Schleifen-Unterblocks um 1 vermindert und danach auf 0 abgefragt. Ist 0 erreicht, wird der Strukturblock verlassen.
- Der Programmierer hat sicherzustellen, daß die folgenden Vorschriften stets eingehalten werden:
  - Ein Wiederholungsfaktor kleiner 1 ist unzulässig, er führt zu einer Endlosschleife.
  - Es ist ebenfalls unzulässig, das als Wiederholungsfaktor benutzte Register durch Verarbeitungsbefehle im Schleifen-Unterblock zu verändern. Andernfalls unkontrollierbares Verhalten des Programms!

Syntax

```
[Name]  @CYCLE (Register)
          .
          .
        @BEND [Name]
```

Codierbeispiel

```
ZAEHL   @BEGIN                  Strukturblock-Anfang
        LA     R5,24            Laden Wiederholungsfaktor
SCHLEI  @CYCLE (R5)
          .
          .                     Schleifenblock
          .                     (Assemblerbefehle)
          .
        @BEND  SCHLEI           Schleifenblock-Ende
        @BEND  ZAEHL            Strukturblock-Ende
```

d) Schleife mit Abbruchbedingung

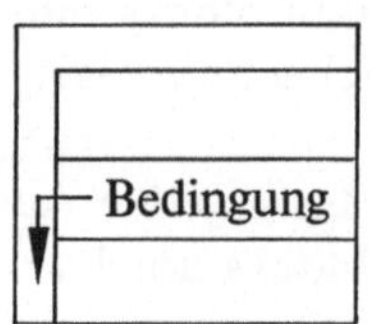

- Trifft eine Abbruchbedingung zu, wird der Schleifen-Unterblock an dieser Stelle beendet. Nachfolgende Befehle im Schleifen-Unterblock werden dann nicht mehr ausgeführt.
- Innerhalb des Schleifen-Unterblocks können mehrere Abbruchbedingungen gesetzt werden.
- Jede Abbruchbedingung wird von den Schlüsselwörtern @WHEN und @BREAK eingegrenzt, daher treten diese stets gekoppelt auf.

Syntax

```
[Name]  @CYCLE
          .
          .
        @WHEN                  <┐
        Bedingung1              │
        @BREAK                  │
          .                     ├ Einzelheiten siehe Abschnitt 8.3
          .                     │
       ┌@WHEN        ┐          │
       │Bedingung2   │         <┘
       │@BREAK       │
       │  .          │
       │  .          │
       └  .          ┘
        @BEND  [Name]
```

Codierbeispiel

```
SCHLEI   @CYCLE                Strukturblock-Anfang
           .                  ┐
           .                  ├ 1. Teil des Schleifenblocks
           .                  ┘
         @WHEN EQ             ┐
         CLI    HALT,C'J'     ├ Abbruchbedingung
         @BREAK               ┘
           .                  ┐
           .                  ├ 2. Teil des Schleifenblocks
           .                  ┘
         @BEND SCHLEI          Strukturblock-Ende
```

e) Zählschleife mit Abbruchbedingung

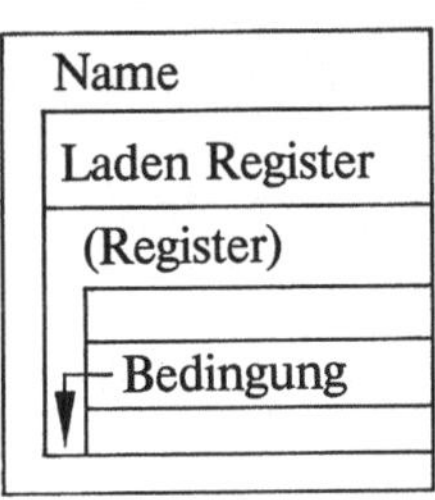

- Dieser Strukturblock kann immer dann vorteilhaft eingesetzt werden, wenn eine Schleife mit Abbruchbedingung in der Anzahl der Schleifendurchläufe limitiert werden muß.
- Vor Ausführung des Strukturblocks muß das Register mit dem Wiederholungsfaktor (Maximalwert!) geladen werden. Ein Wert kleiner 1 ist unzulässig!
- Trifft eine Abbruchbedingung zu, wird der Schleifen-Unterblock an dieser Stelle beendet und nachfolgende Befehle im Schleifen-Unterblock nicht mehr ausgeführt.
- Innerhalb des Schleifen-Unterblocks können mehrere Abbruchbedingungen gesetzt werden.
- Jede Abbruchbedingung wird von den Schlüsselwörtern @WHEN und @BREAK eingegrenzt, daher treten diese stets gekoppelt auf.

Syntax

```
[Name]  @CYCLE (Register)
         .
        @WHEN                 <┐
        Bedingung1             │
        @BREAK                 │
         .                     ├ Einzelheiten siehe Abschnitt 8.3
       [@WHEN      ]           │
       |Bedingung2 |          <┘
       |@BREAK     |
       [ .         ]
        @BEND  [Name]
```

Codierbeispiel

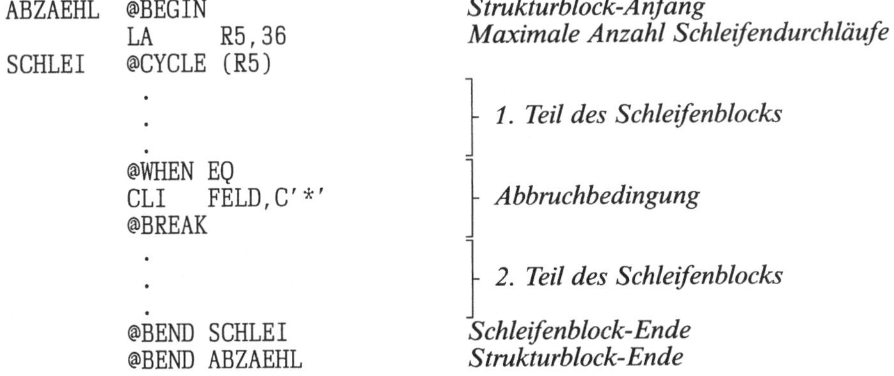

```
ABZAEHL  @BEGIN                Strukturblock-Anfang
         LA     R5,36          Maximale Anzahl Schleifendurchläufe
SCHLEI   @CYCLE (R5)
          .                  ┐
          .                  ├ 1. Teil des Schleifenblocks
          .                  ┘
         @WHEN EQ            ┐
         CLI    FELD,C'*'    ├ Abbruchbedingung
         @BREAK              ┘
          .                  ┐
          .                  ├ 2. Teil des Schleifenblocks
          .                  ┘
         @BEND SCHLEI          Schleifenblock-Ende
         @BEND ABZAEHL         Strukturblock-Ende
```

8.3 COLUMBUS-Assembler-Bedingungen

In den Strukturblöcken „Verzweigung“ und „Schleife“ sind die nach den Schlüsselwörtern @IF, @WHILE und @WHEN benötigten Bedingungen stets nach dem gleichen Grundmuster aufgebaut:

1. Bedingungssymbol verknüpft mit
2. Anzeigesetzendem Befehl

Diese Bedingungen können in 2 Formen formuliert werden:

1. Einfache Bedingung
2. Zusammengesetzte Bedingung

Die einfache Bedingung besteht immer aus
Bedingungssymbol und
Anzeigesetzender Befehl

Die zusammengesetzte Bedingung besteht aus untereinander verknüpften einfachen Bedingungen.

Die Verknüpfungen werden mit folgenden drei logischen Operatoren hergestellt:

@OR	Oder-Verknüpfung	niedrigste Bindung
@AND	Und-Verknüpfung	
@TOR	Sonder-Oder-Verknüpfung	höchste Bindung

Die Bindungsprioritäten spielen dann eine Rolle, wenn die logischen Operatoren gemischt auftreten.

Der logische Operator @TOR hat eine spezielle Aufgabe nur in zusammengesetzten Bedingungen. Es kann in solchen möglicherweise notwendig sein, eine Oder-Verknüpfung gegenüber einer Und-Verknüpfung in „Klammern zu setzen“, damit die Gesamt-Bedingung logisch korrekt formuliert ist. Genau diese „in Klammern gesetzte Oder-Verknüpfung“ wird mit dem Operator @TOR realisiert. Folglich wird @TOR nur dann benötigt, wenn in einer zusammengesetzten Bedingung auch der logische Operator @AND auftritt.

Hinweis:
Die COLUMBUS-Syntax läßt es zu, daß der anzeigesetzende Befehl auch weggelassen werden kann. Die Abfrage erfolgt dann mit der Anzeige, die von irgendeinem vorausgegangenen Befehl hinterlassen wurde! Weil dadurch aber das Programm völlig irregulär ablaufen kann, wird von der Verwendung der obigen Möglichkeit dringend abgeraten.

Bedingungssymbol

Das Bedingungssymbol gibt an, in welcher Form die vom Befehl gesetzte Anzeige abgefragt werden soll. Es lassen sich folgende, in COLUMBUS bereits installierte Symbole verwenden:

Bei Vergleichsbefehlen

Symbol		Abfrage	Maske
EQ	equal	gleich	8
LT	less than	kleiner als	4
GT	greater than	größer als	2
NE	not equal	nicht gleich	7
GE	greater or equal	größer oder gleich	11
LE	less or equal	kleiner oder gleich	13

Bei arithmetischen bzw. logischen Befehlen

Symbol		Abfrage	Maske
ZE	zero	gleich Null	8
LZ	less than zero	kleiner als Null	4
GZ	greater than zero	größer als Null	2
NZ	not zero	nicht gleich Null	7
ON	overflow	Überlauf	1

Beim Assembler-Befehl TM

Symbol		Abfrage	Maske
ON	ones	nur binäre 1	1
ZE	zeroes	nur binäre 0	8
MI	mixed	gemischt 0 und 1	4
ZO	zeroes or ones	nur 0 oder nur 1	11
ZM	zeroes or mixed	mindestens eine 0	14
OM	ones or mixed	mindestens eine 1	7

Neben diesen vorgefertigten COLUMBUS-Bedingungssymbolen kann der Programmierer mit der bekannten EQU-Anweisung auch eigene Bedingungssymbole definieren. Davon sollte im Sinne einer besseren Lesbarkeit aber nur dann Gebrauch gemacht werden, wenn eine Sprungmaske außerhalb der COLUMBUS-Reihe erforderlich ist.

Anzeigesetzender Befehl

Die hier relevanten Assemblerbefehle lassen sich in 3 Gruppen einteilen:

1. Vergleichsbefehle

Alle diese Befehle prüfen den Inhalt von Datenfeldern oder Registern und setzen als Ergebnis eine Anzeige, aber verursachen keine Datenänderung!
CL, CLC, CLCL, CLI, CLM, CLR
CP, CR, C, CH
TM

2. Arithmetische Befehle

Diese Befehle führen zu Veränderungen in Datenfeldern oder Registern und setzen Anzeigen als Bericht über die erzielten Ergebnisse.
AL, ALR
A, AH, AR, S, SP, SR
AP, SP, SPP, ZAP
SLA, SLDA, SRA, SRDA

3. Logische Befehle

Diese Befehle führen Datenmanipulationen aus und setzen Anzeigen als Bericht über die erzielten Ergebnisse.
ED, EDMK, MVCL, ICM, TRT
N, NC, NI, NR
O, OC, OI, OR
X, XC, XI, XR
LCR, LNR, LPR, LTR

Codierbeispiele für einfache Bedingungen

```
@IF   LT           Bedingungssymbol „kleiner als"
CP    KONTO,LIMIT  Anzeigesetzender Befehl
@THEN              Abfrage der Anzeige
  .
  .
@WHIL EQ           Bedingungssymbol „gleich"
CLI   HALT,C'N'    Anzeigesetzender Befehl
@DO                Abfrage der Anzeige
  .
  .
@WHEN LZ           Bedingungssymbol „kleiner als Null"
LTR   R5,R5        Anzeigesetzender Befehl
@BREA              Abfrage der Anzeige
```

Codierbeispiele für zusammengesetzte Bedingungen

```
@IF   LT           1.Bedingungssymbol „kleiner als"
CP    KONTO,LIMIT  1.Anzeigesetzender Befehl
@OR   EQ           log. Operator, 2.Bedingungssymbol und Abfrage Anzeige 1
CLI   HALT,C'N'    2.Befehl
@THEN              Abfrage der Anzeige 2
```

```
@IF   LT           1.Bedingungssymbol „kleiner als"
CP    KONTO,LIMIT  1.Anzeigesetzender Befehl
@TOR  ZE           log. Operator, 2.Bedingungssymbol und Abfrage Anzeige 1
LTR   R5,R5        2.Befehl
@AND  EQ           log. Operator, 3.Bedingungssymbol und Abfrage Anzeige 2
CLI   HALT,C'N'    3.Befehl
@THEN              Abfrage der Anzeige 3
```

8.4 COLUMBUS-Assembler-Prozeduren

Einleitung

Im Prozedurkonzept von COLUMBUS-Assembler werden die Regeln der Strukturierten Programmierung selbstverständlich voll eingehalten. Es sind dabei folgende Grundlagen zu beachten:

- Ein COLUMBUS-Assembler-Programm besteht stets aus hierarchisch geordneten Prozeduren. Alle Prozeduren unterliegen dem Grundsatz der Zweipoligkeit.
- Ein COLUMBUS-Assembler-Programm kann aus folgenden Prozedurtypen aufgebaut werden:
  Hauptprozedur (M)
  Interne Prozedur (I)
  Externe Prozedur (E)
  Basisprozedur (B)
  Low-level-Prozedur (L)
  Pseudoprozedur (D)

- Die Prozeduren vom TYP=M/I/E haben durch das Laufzeitsystem automatische Speicherverwaltung und Registersicherung.
  Die Prozeduren vom TYP=B/L/D sind nicht an das Laufzeitsystem angeschlossen. Ihre Benutzung setzt daher sehr gute Kenntnisse des Betriebssystems BS2000 voraus; aus diesem Grunde wird hier auf eine detaillierte Darstellung der eher komplexen Sachverhalte verzichtet. Im Bedarfsfalle möge man bitte das Benutzerhandbuch des Herstellers zu Rate ziehen.
- Der Programmablauf wird vom Betriebssystem in der Hauptprozedur gestartet und beendet.
  Diese Prozedur darf daher in einem Programm nur einmal vorhanden sein und hat in der hierarchischen Ordnung selbstverständlich den obersten Platz.
- Alle Prozeduren, die in der gleichen Übersetzungseinheit (Modul) wie die Hauptprozedur liegen, sind stets interne Prozeduren, also vom Typ = I/L.
- Alle Prozeduren, die in anderen Modulen liegen und dort als erste Prozedur aufgerufen werden, sind stets externe Prozeduren, also vom Typ = E/B.
  Externe Prozeduren rufen im gleichen Modul wiederum interne Prozeduren auf.
- Die Prozedur vom Typ = D kann sowohl intern wie extern verwendet werden.

- Für ein COLUMBUS-Assembler-Programm sind daher folgende Steuer- und Unterprogramm-Ebenen grundsätzlich möglich:

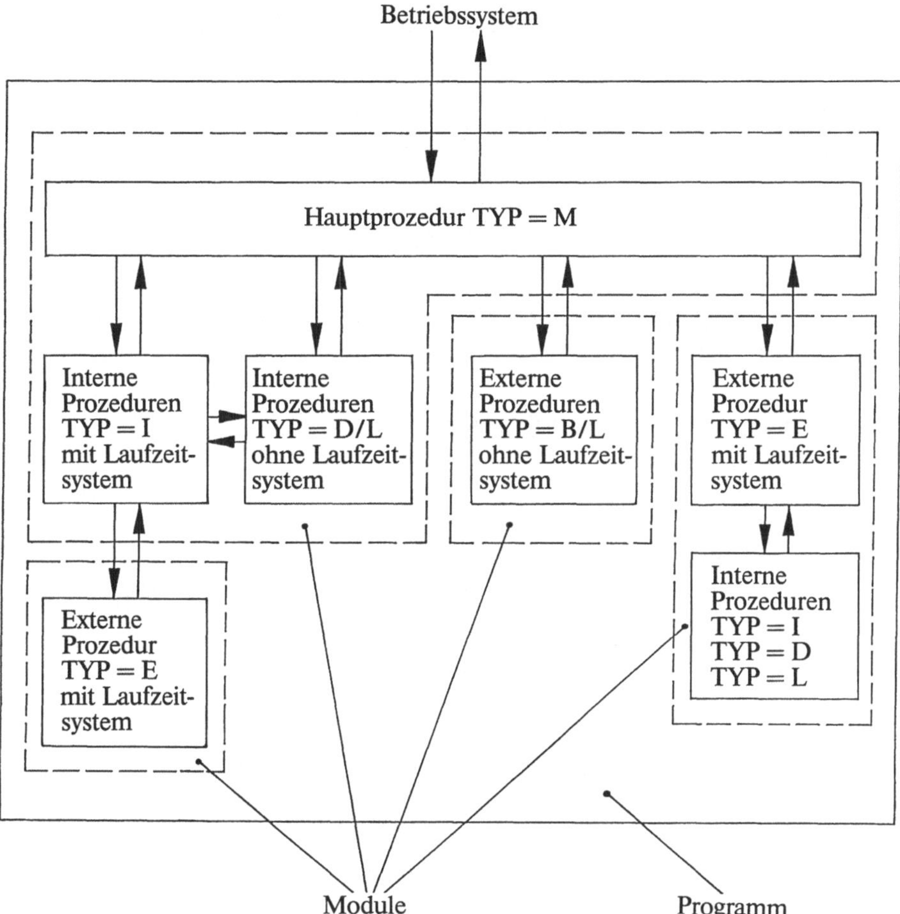

Syntax

- Jede interne Prozedur wird aufgerufen mit:
  @PASS NAME=Name[,Operanden]
- Jede externe Prozedur wird aufgerufen mit:
  @PASS EXTNAME=Name[,Operanden]
- Jede Prozedur wird mit einem Prozedurkopf eröffnet:
  Name @ENTR TYP=M/I/E[,Operanden]
- Jede Prozedur besitzt mindestens ein dynamisches Prozedurende, bei dem die Steuerung an die aufrufende Prozedur zurückgeht.
  Das Schlüsselwort für dieses dynamische Prozedurende lautet:
  @EXIT
- Jede Prozedur wird mit einem statischen Prozedurende abgeschlossen, das entsprechende Schlüsselwort lautet:
  @END
- Der Prozedurkörper besteht aus folgenden wahlweisen Teilen:
  - Speichervereinbarungen
  - Strukturblöcken
  - Prozeduraufrufen
  - Assembler-Verarbeitungsbefehlen

Hauptprozedur

- Diese Prozedur darf in einem ablauffähigen COLUMBUS-Assembler-Programm nur einmal vorhanden sein und muß in der hierarchischen Ordnung an oberster Stelle stehen.
- Die Hauptprozedur erhält stets den bei der START-Anweisung vergebenen Programm-Namen.
- Wird die Hauptprozedur durch das Betriebssystem aufgerufen, so beginnt der Ablauf mit dem dynamischen Programmanfang (@ENTR) und endet mit dem dynamischen Programmende (@EXIT).
- Es wird stets R10 als Basisregister verwendet.

Codierbeispiel

```
HAUPRO  START                                   Programm-Anfang
        PRINT NOGEN
          .
HAUPRO  @ENTR TYP=M                             Prozedur-Anfang
          .   ] Vereinbarungen Datenbereiche
          .   | Prozeduraufrufe
          .   | Strukturblöcke
          .   ] (Assemblerbefehle)
        @EXIT                                   dynamisches Prozedur-Ende
        @END                                    statisches Prozedur-Ende
          .
        END                                     Programm-Ende
```

Interne Prozedur

- Die interne Prozedur liegt stets im gleichen Modul wie die sie aufrufende Prozedur.
- Zwischen aufrufender Prozedur und aufgerufener Prozedur können Parameter ausgetauscht werden. Dabei ist zu beachten:
  Eine Übergabe ist nur möglich von Prozeduren der Typen M/I/E.
  Eine Übernahme ist nur möglich bei Prozeduren der Typen I/E.
- Dieser Prozedurtyp ist an die Speicherverwaltung und Registersicherung angeschlossen.
- Es wird stets R10 als Basisregister verwendet.

Codierbeispiel

```
         .
         @PASS NAME=INTEPRO                          Prozedur-Aufruf
         .
         .
INTEPRO  @ENTR TYP=I                                 Prozedur-Anfang
         .    ] Vereinbarungen Datenbereiche
         .    | Prozeduraufrufe
         .    | Strukturblöcke
         .    ] (Assemblerbefehle)
         @EXIT                                       dynamisches Prozedur-Ende
         @END                                        statisches Prozedur-Ende
```

Externe Prozedur

- Die externe Prozedur liegt nicht im gleichen Modul wie die sie aufrufende Prozedur.
- Die externe Prozedur erhält den Namen, der bei der zugehörigen START-Anweisung angegeben wurde.
- Zwischen aufrufender Prozedur und aufgerufener Prozedur können Parameter ausgetauscht werden. Dabei ist zu beachten:
  Eine Übergabe ist nur möglich von Prozeduren der Typen M/I/E.
  Eine Übernahme ist nur möglich bei Prozeduren der Typen I/E.
- Dieser Prozedurtyp ist an die Speicherverwaltung und Registersicherung angeschlossen.
- Es wird stets R10 als Basisregister verwendet.

Codierbeispiel

```
PROGRA1  START                                  Programm-Anfang
         PRINT NOGEN
         .
         @PASS EXTNAME=EXTEPRO                  Prozedur-Aufruf
         .
         END                                    Programm-Ende

EXTEPRO  START                                  Modul-Anfang
         PRINT NOGEN
         .
EXTEPRO  @ENTR TYP=E                            Prozedur-Anfang
          .   ] Vereinbarungen Datenbereiche
          .   | Prozeduraufrufe
          .   | Strukturblöcke
          .   ] (Assemblerbefehle)
         @EXIT                                  dynamisches Prozedur-Ende
         @END                                   statisches Prozedur-Ende
         .
         END                                    Modul-Ende
```

Low-Level-Prozedur

- Die Low-Level-Prozedur muß im gleichen Modul wie die sie aufrufende Prozedur liegen.
- Dieser Prozedurtyp ist nicht an die Speicherverwaltung und Registersicherung angeschlossen.
- Als Basisregister wird standardmäßig R15 verwendet.

Codierbeispiel

```
         .
         @PASS NAME=LOLEPRO                     Prozedur-Aufruf
          .
          .
LOLEPRO  @ENTR TYP=L                            Prozedur-Anfang
          .   ] Vereinbarungen Datenbereiche
          .   | Prozeduraufrufe
          .   | Strukturblöcke
          .   ] (Assemblerbefehle)
         @EXIT                                  dynamisches Prozedur-Ende
         @END                                   statisches Prozedur-Ende
```

Basisprozedur

- Die Basisprozedur liegt nicht im gleichen Modul wie die sie aufrufende Prozedur.
- Dieser Prozedurtyp ist nicht an die Speicherverwaltung und Registersicherung angeschlossen.
- Als Basisregister wird standardmäßig R15 verwendet.

Codierbeispiel

```
PROGRA1  START                                      Programm-Anfang
         PRINT NOGEN
           .
         @PASS EXTNAME=BASIPRO                      Prozedur-Aufruf
           .
         END                                        Programm-Ende

PROGRA2  START                                      Modul-Anfang
         PRINT NOGEN
           .
BASIPRO  @ENTR TYP=B                                Prozedur-Anfang
           .   ] Vereinbarungen Datenbereiche
           .   | Prozeduraufrufe
           .   | Strukturblöcke
           .   ] (Assemblerbefehle)
         @EXIT                                      dynamisches Prozedur-Ende
         @END                                       statisches Prozedur-Ende
           .
         END                                        Modul-Ende
```

Pseudoprozedur

- Die Pseudoprozedur kann sowohl im gleichen wie auch in einem anderen Modul als die sie aufrufende Prozedur liegen.
- Wird ein Modul mit einer Pseudoprozedur begonnen, so darf bei @ENTR kein Prozedurname angegeben werden. Eine solche Pseudoprozedur trägt immer den Namen aus der zugehörigen START- oder CSECT-Anweisung.
- Da in der Pseudoprozedur ein weiterer Prozeduraufruf nicht möglich ist, liegt dieser Prozedurtyp stets in der untersten Hierarchie-Ebene!
- Dieser Prozedurtyp ist nicht an die Speicherverwaltung und Registersicherung angeschlossen.
- Das Basisregister muß vom Programmierer explizit zugewiesen werden.

Codierbeispiel 1

```
         .
         @PASS NAME=PSEUPRO                        Prozedur-Aufruf
         .
PSEUPRO  @ENTR TYP=D                               Prozedur-Anfang
          .  ] eingeschränkte Daten-Vereinbarungen
          .  | keine Prozeduraufrufe
          .  | Strukturblöcke
          .  ] (Assemblerbefehle)
         @EXIT                                     dynamisches Prozedur-Ende
         @END                                      statisches Prozedur-Ende
```

Codierbeispiel 2

```
MODUL1   START                                     Programm-Anfang
         PRINT NOGEN
         .
         @PASS EXTNAME=PSEUPRO                     Prozedur-Aufruf
         .
         END                                       Programm-Ende

PSEUPRO  START                                     Modul-Anfang
         PRINT NOGEN
         @ENTR TYP=D                               Prozedur-Anfang
          .  ] eingeschränkte Daten-Vereinbarungen
          .  | keine Prozeduraufrufe
          .  | Strukturblöcke
          .  ] (Assemblerbefehle)
         @EXIT                                     dynamisches Prozedur-Ende
         @END                                      statisches Prozedur-Ende
         .
         END                                       Modul-Ende
```

8.5 COLUMBUS-Assembler-Datenkonzept

Grundlagen

- Im System COLUMBUS-Assembler ist das von der Strukturierten Programmierung geforderte Datenkonzept voll verwirklicht.

- Der Anwender wird zu wohlstrukturierten Programmen geführt, die aus reentrantfähigen Prozeduren aufgebaut sind.

- Die reentrantfähige Prozedur macht es möglich, daß sich gleichzeitig mehrere Anwenderprogramme auf dem Lauf durch den nur 1x vorhandenen Prozedurcode befinden. Allerdings belegt immer nur ein Programm den Prozessor, die übrigen Programme befinden sich, mit sichergestellten Registerinhalten, im Wartezustand.

- Daraus folgt, daß die verwendeten Datenbereiche streng in Konstante und Variable zu trennen sind.
  Konstante sind ein Teil des Prozedurcodes und müssen als statischer Datenbereich beim Laden des Programms bereitgestellt werden. Sie müssen ferner während der gesamten Programmlaufzeit unverändert erhalten bleiben.
  Variable sind Datenbereiche, die während des Programmlaufes angefordert, verwaltet und auch wieder freigegeben werden.

- Folgerichtig unterscheidet das System COLUMBUS-Assembler zwischen
  statischen Speicherbereichen und
  dynamischen Speicherbereichen

- Die dynamischen Speicherbereiche werden darüber hinaus noch unterteilt in solche mit
  automatischer Freigabe am Prozedurende und
  benutzergesteuerter Freigabe in einer beliebigen Prozedur

- Ob statischer oder dynamischer Datenbereich: stets muß berücksichtigt werden, ob in einer Prozedur auf einen bereits vorhandenen Speicherbereich zugegriffen wird oder ob dieser erst eingerichtet werden muß.

Speicheranforderung, Speicherzugriff

- Die konsequente Durchführung des COLUMBUS-Assembler-Datenkonzeptes erfordert, daß in jeder Prozedur exakt und vollständig darüber Auskunft erteilt wird, wie der Zugriff auf alle von ihr benutzten Datenbereiche realisiert wird.
- In der dynamisch ersten Prozedur, in der Daten eines bestimmten Bereiches aufgerufen werden, müssen diese Bereiche eingerichtet werden.
  Dies geschieht in Spalte 10 mit dem Schlüsselwort
  @DATA
- Jeder neu einzurichtende Datenbereich muß ferner entsprechend seiner Verwendung klassifiziert werden. Hierfür stehen folgende Parameter zur Verfügung:

CLASS = STATIC	statischer Datenbereich
CLASS = AUTOMATIC	dynamischer Datenbereich mit automatischer Freigabe
CLASS = CONTROLLED	dynamischer Datenbereich mit gesteuerter Freigabe

- Soll eine Prozedur auf Datenbereiche zugreifen, die bereits in einer dynamisch früheren Prozedur eingerichtet wurden, wird der Zugriff immer realisiert mit
  CLASS = BASED
  Dabei ist es unerheblich, wie diese Bereiche in der früheren Prozedur klassifiziert wurden.

Datenklasse STATIC

- Datenbereiche der Klasse STATIC sind für Konstanten vorgesehen. Für sie wird schon beim Laden des Programms ein fester Speicherbereich eingerichtet, der während der gesamten Programmlaufzeit beibehalten wird.
- Zur Einrichtung der STATIC-Datenbereiche stehen zwei verschiedene Möglichkeiten zur Verfügung.
  1. Der Bereich liegt im gleichen Programm-Modul. Dann erfolgt die Einrichtung nach folgender Syntax:
     ```
     @DATA   CLASS=S,
             BASE=Basisregister,
             INIT=Name
     ```
  2. Der Bereich liegt in einem eigenen Daten-Modul. Dann erfolgt die Einrichtung nach folgender Syntax:
     ```
     @DATA   CLASS=S,
             BASE=Basisregister,
             EXTINIT=Name1,
             DSECT=Name2
     ```
- Als Basisregister für die Adressierung können entsprechend den Registerkonventionen folgende Register verwendet werden:
  R5, R6, R7, R8, R9, R11 und R12.
  Bedingt: R2, R3 und R4.

Codierbeispiel für einen intern-strukturierten STATIC-Datenbereich

Hinweis:
Im Programmtext ist der interne STATIC-Bereich zu schreiben:

- zwischen 2 Prozeduren (also nach @END und vor @ENTR)
- am Ende eines Moduls (also nach @END und vor END)

Beispiel 1

```
PROZ1    @ENTR TYP=x                              1.Prozedur-Anfang
         @DATA CLASS=S,BASE=R9,INIT=KONSTA
           .
           .
         @EXIT                                    dynamisches 1.Prozedur-Ende
         @END                                     statisches 1.Prozedur-Ende
KONSTA   DS    0D                                 Einstellen Doppelwortgrenze
         DC   ]
           .  |- Assembler DC-Anweisungen
           .  ]
PROZ2    @ENTR TYP=x                              2.Prozedur-Anfang
```

Beispiel 2

```
PROZ     CSECT                                    Programm-Anfang
         PRINT NOGEN
           .
PROZ1    @ENTR TYP=x                              1.Prozedur-Anfang
         @DATA CLASS=S,BASE=R9,INIT=KONSTA
           .
         @EXIT                                    dynamisches 1.Prozedur-Ende
         @END                                     statisches 1.Prozedur-Ende
PROZ2    @ENTR TYP=x                              2.Prozedur-Anfang
           .
         @EXIT                                    dynamisches 2.Prozedur-Ende
         @END                                     statisches 2.Prozedur-Ende
KONSTA   DS    0D                                 Einstellen Doppelwortgrenze
         DC   ]
           .  |- Assembler DC-Anweisungen
           .  ]
         END                                      Programm-Ende
```

Codierbeispiel für einen extern-strukturierten STATIC-Datenbereich

Hinweise:
- In der zugreifenden Prozedur muß die Struktur des Datenbereichs mit einer DSECT-Anweisung beschrieben werden.
- Zur Verknüpfung mit dem externen Bereich, der ja in einem eigenen Daten-Modul liegt, ist dort eine ENTRY-Assembler-Anweisung notwendig.

```
PROGRA   START                                        Programm-Anfang
         PRINT NOGEN
         .
PROZ1    @ENTR TYP=x                                  Prozedur-Anfang
         @DATA CLASS=S,BASE=R9,
               EXTINIT=KONSTA,DSECT=DUMBE
         .
         .
         @EXIT                                        dynamisches Prozedur-Ende
         @END                                         statisches Prozedur-Ende
         .
DUMBE    DSECT
         DS    ]
         .     |- Assembler DS-Anweisungen
         .     ]
LDUMBE   EQU   *-DUMBE
PROGRA   CSECT                                        Programm-Fortsetzung
         .
         .
         END                                          Programm-Ende

DATMODU  START                                        Datenmodul-Anfang
         PRINT NOGEN
         ENTRY KONSTA
KONSTA   DS    0D                                     Einstellen Doppelwortgrenze
         DC    ]
         .     |- Assembler DC-Anweisungen
         .     ]
         END                                          Datenmodul-Ende
```

Datenklasse AUTOMATIC

- Datenbereiche der Klasse AUTOMATIC sind für Variable vorgesehen. Der für sie benötigte Speicherplatz wird von der Prozedur jeweils zur Laufzeit automatisch angefordert und auch automatisch wieder freigegeben, wenn beim Ablauf diese Prozedur ihr dynamisches Ende erreicht.
- Für das Anfordern der AUTOMATIC-Datenbereiche gibt es mehrere Möglichkeiten:
  1. Der Bereich ist intern-strukturiert und liegt somit im gleichen Programm-Modul. Dann ist folgende Syntax zu verwenden:
```
@DATA   CLASS=A,
        BASE=Basisregister,
        DSECT=Name1,
        INIT=Name2
```
  2. Der Bereich ist extern-strukturiert und liegt in einem eigenen Daten-Modul. Dann ist folgende Syntax zu verwenden:
```
@DATA   CLASS=A,
        BASE=Basisregister,
        DSECT=Name1,
        EXTINIT=Name2
```
  3. Der Bereich liegt im gleichen Modul, ist aber unstrukturiert! Dann ist folgende Syntax gültig:
```
@DATA   CLASS=A,
        BASE=Basisregister,
        LENGTH=Wert/(Register)
```
  4. Der Bereich wird im Prozedurkopf als sogenannter LOCAL-Bereich definiert. Dann ist folgende Syntax zu verwenden:
```
Name1        @ENTR   TYP=...,LOCAL=Name2
             .
             @EXIT
             @END
Name2        @PAR    D=YES
             DS
             .
Name2        @PAR    LEND=YES
```

- Als Basisregister für die Adressierung können entsprechend den Registerkonventionen folgende Register verwendet werden:
  R5, R6, R7, R8, R9, R11 und R12.
  Bedingt: R2, R3 und R4.

- CLASS=A ist in Prozeduren vom Typ=B/L/D unzulässig!

Codierbeispiel für einen intern-strukturierten AUTOMATIC-Datenbereich

Hinweis:
Der bei INIT angegebene Datenbereich wird in den dynamisch angeforderten STACK-Bereich kopiert.

```
PGROGRA  START                                      Programm-Anfang
         PRINT NOGEN
           .
PROZE    @ENTR TYP=x                                Prozedur-Anfang
         @DATA CLASS=A,BASE=R9,
               DSECT=DUMBE,INIT=DUMDAT
           .
           .
         @EXIT                                      dynamisches Prozedur-Ende
DUMDAT   DS    OD                                   Einstellen Doppelwortgrenze
         DC   ]
           .  |- Assembler DC-Anweisungen
           .  ]
         @END                                       statisches Prozedur-Ende
           .
DUMBE    DSECT
         DS   ]
           .  |- Assembler DS-Anweisungen
           .  ]
LDUMBE   EQU   *-DUMBE
PROGRA   CSECT                                      Programm-Fortsetzung
           .
         END                                        Programm-Ende
```

Codierbeispiel für einen extern-strukturierten AUTOMATIC-Datenbereich

Hinweise:
- Der bei EXTINIT angegebene Datenbereich wird in den dynamisch angeforderten STACK-Bereich kopiert.
- In dem betroffenen Daten-Modul ist eine ENTRY-Assembler-Anweisung notwendig.

```
PROGRA1  START                                    1.Programm-Anfang
         PRINT NOGEN
           .
PROZ1    @ENTR TYP=x                              Prozedur-Anfang
         @DATA CLASS=A,BASE=R9,
               DSECT=DUMBE,EXTINIT=DUMDA
           .
           .
         @EXIT                                    dynamisches Prozedur-Ende
         @END                                     statisches Prozedur-Ende
           .
DUMBE    DSECT
         DS   ┐
           .  ├ Assembler DS-Anweisungen
           .  ┘
LDUMBE   EQU   *-DUMBE
PROGRA1  CSECT                                    1.Programm-Fortsetzung
           .
         END                                      1.Programm-Ende

PROGRA2  START                                    2.Programm-Anfang
         PRINT NOGEN
         ENTRY DUMDA
           .
DUMDA    DC   ┐
           .  ├ Assembler DS-Anweisungen
           .  ┘
         END                                      2.Programm-Ende
```

Codierbeispiel für einen unstrukturierten AUTOMATIC-Datenbereich

Hinweise:
Die Längenangabe kann auf zwei unterschiedlichen Wegen erfolgen:
- als sogenannter selbstdefinierender Wert bereits bei der Programm-Niederschrift
- oder beim Programmablauf berechnet und in einem Register übergeben werden.

```
         .
PROZE    @ENTR TYP=x                            Prozedur-Anfang
         @DATA CLASS=A,BASE=R9,
               LENGTH=1500  oder LENGTH=(R8)
         .
         @EXIT                                  dynamisches Prozedur-Ende
         @END                                   statisches Prozedur-Ende
```

Codierbeispiel für einen AUTOMATIC-Datenbereich per LOCAL-Operand

Hinweise:
- Beim Eröffnen wird jeder Prozedur automatisch ein Sicherstellungsbereich (SAVEAREA) für die Registerwerte zur Verfügung gestellt. Direkt anschließend an diese SAVEAREA wird der LOCAL-Bereich eingerichtet.
- Beide Bereiche liegen im sogenannten STACK, werden also über das Register R13 adressiert.
- Erst nach Durchlaufen des Prozedurkopfes ist der Zugriff auf den LOCAL-Bereich möglich.
- Damit im LOCAL-Bereich die symbolische Adressierung möglich ist, wird dieser Bereich mit einer DSECT-Anweisung überlagert.

```
PROGRA   START                                  Programm-Anfang
         PRINT NOGEN
         .
PROZE    @ENTR TYP=x,LOCAL=DUMBE                Prozedur-Anfang
         .
         .
         @EXIT                                  dynamisches Prozedur-Ende
         @END                                   statisches Prozedur-Ende
         .
DUMBE    @PAR  D=YES
         DS    ]
         .     |- Assembler DS-Anweisungen
         .     ]
DUMBE    @PAR  LEND=YES
PROGRA   CSECT                                  Programm-Fortsetzung
         .
         END                                    Programm-Ende
```

Datenklasse CONTROLLED

- Datenbereiche der Klasse CONTROLLED sind für Variable vorgesehen. Der Speicherplatz wird von der Prozedur zur Laufzeit angefordert. Die Freigabe erfolgt jedoch benutzergesteuert (im Gegensatz zu AUTOMATIC-Bereichen!). Die Freigabe kann sowohl vor dem dynamischen Ende der anfordernden Prozedur als auch in einer dynamisch später ablaufenden Prozedur erfolgen. Eine endgültige Freigabe erfolgt zwangsweise immer beim Programmende.
- Für das Anfordern der CONTROLLED-Datenbereiche gibt es mehrere Möglichkeiten:
  1. Der Bereich ist intern-strukturiert und liegt somit im gleichen Programm-Modul. Dann ist folgende Syntax zu verwenden:
     ```
     @DATA  CLASS=C,
            BASE=Basisregister,
            DSECT=Name1,
            INIT=Name2
     ```
  2. Der Bereich ist extern-strukturiert und liegt in einem eigenen Daten-Modul. Dann ist folgende Syntax zu verwenden:
     ```
     @DATA  CLASS=C,
            BASE=Basisregister,
            DSECT=Name1,
            EXTINIT=Name2
     ```
  3. Der Bereich liegt im gleichen Modul, ist aber unstrukturiert! Dann ist folgende Syntax gültig:
     ```
     @DATA  CLASS=C,
            BASE=Basisregister,
            LENGTH=Wert/(Register)
     ```
- Die Freigabe erfolgt immer mit der Anweisung
  ```
  @FREE BASE=Basisregister
  ```

- Class=C ist in Prozeduren vom TYP = B/L/D unzulässig!

- Auf die Darstellung von Codierbeispielen wird hier verzichtet, denn die Funktionen der Operanden sind identisch mit denen der AUTOMATIC-Datenbereiche.

Datenklasse BASED

- Mit dieser Datenklasse wird auf Datenbereiche zugegriffen, deren Speicherplatz-Anforderung in einer anderen, dynamisch übergeordneten oder zeitlich vorausgegangenen Prozedur erfolgt ist.
  Es spielt dabei keine Rolle, in welcher Datenklasse (S/A/C) diese Bereiche angelegt wurden.
- Der Zugriff erfolgt immer mit
  ```
  @DATA  CLASS=B,
         BASE=Basisregister,
         DSECT=Name
  ```
- Für die Adressierung muß ein Basisregister benannt werden. Dies ist identisch mit dem Register, das bei der vorausgegangenen Prozedur angegeben und dort bereits mit dem entsprechenden Wert geladen wurde.
- Mit dem DSECT-Operanden wird auf den Strukturbereich verwiesen, der zur Überlagerung des Datenbereichs zu verwenden ist.

Codierbeispiel

```
HAUPRO   START                                         Programm-Anfang
         PRINT NOGEN
         .
         @ENTR TYP=M                                   1.Prozedur-Anfang
         @DATA CLASS=S,BASE=R9,INIT=KONSTA
         .
         @PASS NAME=INTEPRO                            2.Prozedur-Aufruf
         .
         @EXIT                                         dynamisches 1.Prozedur-Ende
         @END                                          statisches 1.Prozedur-Ende
INTEPRO  @ENTR TYP=I                                   2.Prozedur-Anfang
         @DATA CLASS=B,BASE=R9,DSECT=KONSTA
         .
         .
         @EXIT                                         dynamisches 2.Prozedur-Ende
         @END                                          statisches 2.Prozedur-Ende
         .
KONSTA   DS    OD                                      Einstellen Doppelwortgrenze
         DC   ]
         .    |- Assembler DC-Anweisungen
         .    ]
         END                                           Programm-Ende
```

8.6 COLUMBUS-Dienstprogramme (Assembler)

Übersicht

Für die einzelnen Arbeitstufen innerhalb der Software-Entwicklung stehen leistungsfähige COLUMBUS-Dienstprogramme zur Verfügung. Sie erfüllen für die Sprache Assembler folgende Aufgaben:
Dokumentation COLLIST, COLNAS
Implementierung COLINDA, COLNUMA

Der Ablauf der Dienstprogramme wird über Parameter gesteuert. Im Normalfall gelten Standardwerte, diese können bei Bedarf sowohl im Dialog-Betrieb wie auch im Batch-Betrieb abgeändert werden.

Die COLUMBUS-Dienstprogramme geben Erfolgs- und Fehlermeldungen aus:

- Syntax-Meldungen
- Bedienungsfehler-Meldungen
- System-Meldungen

Hinweis: Genaue Angaben zu den Fehlermeldungen sind im jeweils gültigen Benutzerhandbuch des Herstellers zu finden.

Übersicht über den Datenfluß im System COLUMBUS-Assembler

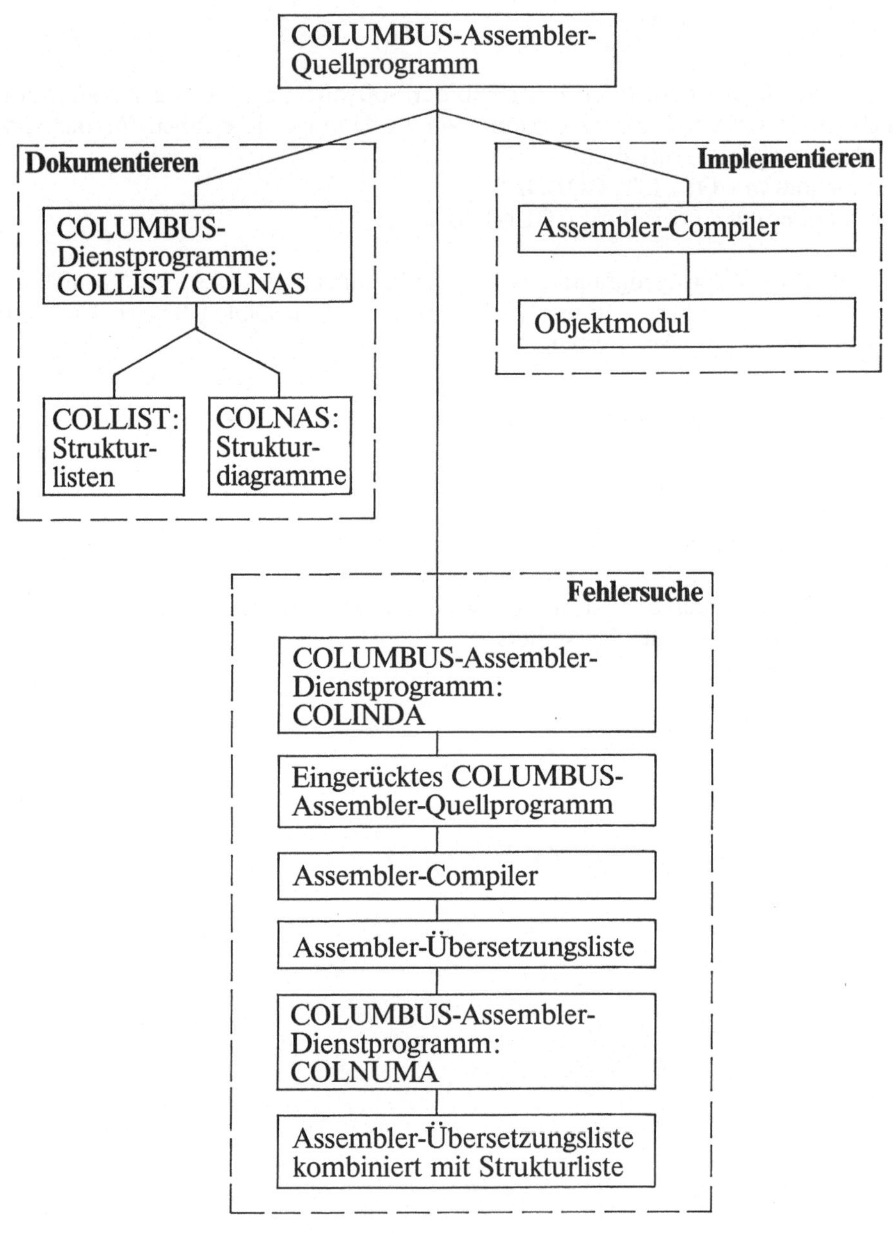

Beschreibungen

COLLIST

- Dieses Dienstprogramm erzeugt aus dem COLUMBUS-Assembler-Quellprogramm eine Strukturliste, in der die Strukturblöcke umrahmt und fortlaufend untereinander angeordnet sowie entsprechend der Verschachtelungstiefe eingerückt dargestellt sind. Dadurch weicht diese Darstellung der Strukturblöcke etwas von der originalen Nassi-Shneiderman-Grafik ab, bietet dafür aber stets ausreichend Platz für eine vollständige Darstellung aller Angaben. Erfahrungsgemäß dauert der Umstellungsprozeß auf diese COLLIST-Darstellung nur ganz kurze Zeit!

- Mit COLLIST kann weiterhin eine Prozedurliste erstellt werden, in der die Aufrufhierarchie der Prozeduren in Form von eingerückten Blöcken dargestellt ist. Damit entspricht diese Darstellung den Erfordernissen eines dynamischen Prozedurbaums.

- COLLIST nimmt eine Prüfung der COLUMBUS-Syntax vor und markiert die fehlerhaften Zeilen.

- Die COLUMBUS-Schlüsselwörter werden bei der grafischen Aufbereitung in jeweils gesonderte Zeilen gesetzt (Ausnahme Prozedur-Aufrufe). Diese Zeilen erhalten am rechten Rand eine vierstellige Nummer. Die erste Stelle gibt die Verschachtelungstiefe innerhalb einer Prozedur an, die restlichen Ziffern nach dem Bindestrich sind die laufende Nummer innerhalb einer Verschachtelungsebene.

Beispiel einer COLLIST-Strukturliste (Ausschnitt)

```
 1     +WETTER+                                            I
 1     I-@ENTR-------------------------------------1-001-I
 1     I   TYP=M                                           I
 2     I   +INIT+                                          I
 2     I   I-@BEGIN--------------------------------2-001-I
 3     I   I   ZAP   TAGZAHL,=P'0'                         I
 4     I   I   ZAP   TEMPSUM,=P'0'                         I
 5     I   I   ZAP   TOTMIN,=P'+999'                       I
 6     I   I   ZAP   TOTMAX,=P'-999'                       I
 7     I   +-@BEND---------------------------------2-002-I
       I                                                   I
 8     I   +TAGE+                                          I
 8     I   I-@CYCLE--------------------------------2-003-I
 9     I   I   * TAGMIN, TAGMAX EINGEBEN                   I
10     I   I @WHEN                                 2       I
10     I   I   EQ                                          I
11     I   I   CLC    PROGRAMM,ENDE                        I
12     I   I @BREAK                                2       I
13     I   I   * TAGDSN = (TAGMIN + TAGMAX) / 2            I
14     I   I   AP   TAGZAHL,=P'1'                          I
15     I   I   * TAGMIN, TAGMAX, TAGDSN AUSGEBEN           I
16     I   I   +MINI+                                      I
16     I   I   I-@IF-------------------------------3-001-I
16     I   I   I   LT                                      I
17     I   I   I   CP    TAGMIN,TOTMIN                     I
18     I   I   I-@THEN-----------------------------3-002-I
19     I   I   I   MVC   TOTMIN,TAGMIN                     I
20     I   I   I-@ELSE-----------------------------3-003-I
21     I   I   I   * TOTMIN UNVERAENDERT                   I
22     I   I   +-@BEND-----------------------------3-004-I
       I   I                                               I
23     I   I   +MAXI+                                      I
23     I   I   I-@IF-------------------------------3-005-I
23     I   I   I   GT                                      I
24     I   I   I   CP    TAGMAX,TOTMAX                     I
25     I   I   I-@THEN-----------------------------3-006-I
26     I   I   I   MVC   TOTMAX,TAGMAX                     I
27     I   I   I-@ELSE-----------------------------3-007-I
28     I   I   I   * TOTMAX UNVERAENDERT                   I
29     I   I   +-@BEND-----------------------------3-008-I
30     I   I   AP    TEMPSUM,TAGDSN                        I
31     I   +-@BEND---------------------------------2-006-I
32     I   * TOTDSN = TEMPSUM / TAGZAHL                    I
33     I   * TOTMIN, TOTMAX, TOTDSN, TAGZAHL AUSGEBEN      I
34   **I   @EXIT                                           I
35     +-@END--------------------------------------1-002-I
```

COLNAS

- Dieses Dienstprogramm erzeugt aus dem COLUMBUS-Assembler-Quellprogramm eine Struktogramm-Liste, in der die Strukturblöcke in Nassi-Shneiderman-Grafik dargestellt werden. Entsprechend der Verschachtelung werden diese Blöcke nebeneinander (bei COLLIST untereinander!) angeordnet. Dadurch wird der Steuerfluß etwas klarer herausgestellt und ist somit leichter lesbar.
- Das Nebeneinanderstellen hat jedoch auch Nachteile, die durch die begrenzte Zeichenzahl pro Zeile bedingt sind. In sehr tief geschachtelten Blöcken können für einen Block/Unterblock nur noch so wenige Zeichenstellen zur Verfügung stehen, daß der zugehörige Inhalt aus dem COLUMBUS-Assembler-Quellprogramm nicht mehr vernünftig eingepaßt werden kann. Solche Flächen werden dann von COLUMBUS mit dem hier anonymen Zeichen '*' aufgefüllt.
- COLNAS nimmt eine Prüfung der COLUMBUS-Syntax vor. Werden innerhalb einer Prozedur Fehler festgestellt, so wird für diese Prozedur keine Struktogramm-Liste erstellt, sondern nur die Fehlermeldungen aufgelistet.

Beispiel einer COLNAS-Struktogramm-Liste (Ausschnitt)

```
+------------------------------------------------------------+
|(1) WETTER   @ENTR                                          |
|     TYP=M                                                  |
|    +-------------------------------------------------------+
|    |(2) INIT      @BEGIN                                   |
|    |     ZAP   TAGZAHL,=P'0'                               |
|    |     ZAP   TEMPSUM,=P'0'                               |
|    |     ZAP   TOTMIN,=P'+999'                             |
|    |     ZAP   TOTMAX,=P'-999'                             |
|    +-------------------------------------------------------+
|    +-------------------------------------------------------+
|    |(8) TAGE      @CYCLE                                   |
|    |    +--------------------------------------------------+
|    |    |* TAGMIN, TAGMAX EINGEBEN                         |
|    |    |@WHEN  EQ                                         |
|    |    |CLC     PROGRAMM,ENDE                             |
|    | <-|@BREAK                                            |
|    |    |* TAGDSN = (TAGMIN + TAGMAX) / 2                  |
|    |    |AP    TAGZAHL,=P'1'                               |
|    |    |* TAGMIN, TAGMAX, TAGDSN AUSGEBEN                 |
|    |    +--------------------------------------------------+
|    |    |(16) MINI        @IF                              |
|    |    |LT                                                |
|    |    |CP      TAGMIN,TOTMIN                             |
|    |    +-THEN-----------------+-ELSE----------------------+
|    |    |MVC     TOTMIN,TAGMIN   |* TOTMIN UNVERAENDERT    |
|    |    +-----------------------+--------------------------+
|    |    |(23) MAXI        @IF                              |
|    |    |GT                                                |
|    |    |CP      TAGMAX,TOTMAX                             |
|    |    +-THEN-----------------+-ELSE----------------------+
|    |    |MVC     TOTMAX,TAGMAX   |* TOTMAX UNVERAENDERT    |
|    |    +-----------------------+--------------------------+
|    |    |AP      TEMPSUM,TAGDSN                            |
|    +----+--------------------------------------------------+
|     * TOTDSN = TEMPSUM / TAGZAHL                           |
|     * TOTMIN, TOTMAX, TOTDSN, TAGZAHL AUSGEBEN             |
|     @EXIT                                                  |->
+------------------------------------------------------------+
```

COLINDA

- Dieses Dienstprogramm erzeugt aus dem COLUMBUS-Assembler-Quellprogramm ein neues Quellprogramm, bei dem die Zeilen entsprechend der Verschachtelungstiefe eingerückt sind.
- Es wird nicht empfohlen, dieses eingerückte COLUMBUS-Assembler-Quellprogramm ausdrucken zu lassen, da es als Eingabedatei für den Compiler vorgesehen ist.
- Wird das von COLINDA erzeugte, eingerückte Quellprogramm dem Compiler als Eingabedatei zugewiesen, so entsteht ein Übersetzungsprotokoll, bei dem die Verschachtelungsebenen in eingerückter Form dargestellt sind. Dies kann ein Vorteil zur besseren Lesbarkeit sein. Besser noch: man läßt ein solches Übersetzungsprotokoll durch das Dienstprogramm COLNUMA nachbearbeiten (siehe dort).
- COLINDA nimmt eine Prüfung der COLUMBUS-Syntax vor und meldet erkannte Verstöße an den auftretenden Stellen.

COLNUMA

- Dieses Dienstprogramm kann erst nach der Compilierung verwendet werden.
- Die Steuerung des Ablaufes über Parameter ist bei COLNUMA nicht vorgesehen. Allerdings ist für einen reibungslosen Ablauf die folgende Vorgehensweise notwendig:
  1) das COLUMBUS-Assembler-Quellprogramm wird mit dem Dienstprogramm COLINDA aufbereitet.
  2) Das so aufbereitete Programm wird mit dem Assembler-Compiler übersetzt und eine Übersetzungsliste erzeugt.
  3) Diese Übersetzungsliste wird mit dem Dienstprogramm COLNUMA nachbearbeitet.
- Wird diese Vorgehensweise eingehalten, dann liefert COLNUMA eine Liste mit allen Struktur- und Compiler-Informationen, wie z. B. hervorgehobene Strukturblöcke, Fehlermeldungen, Makroauflösungen (optional), Querverweise.
- Damit macht COLNUMA das Testen sowohl auf der COLUMBUS- als auch auf der Assembler-Ebene möglich.

Beispiel einer COLNUMA-Strukturliste (Ausschnitt)

```
FLAG LOCTN OBJECT CODE    ADDR1  ADDR2  STMNT M  SOURCE STATEMENT

     000000                                  1    WETTER   START                                                   00000010
                                             2    *                     GENERATED BY COLINDA
                                             3    WETTER   @ENTR TYP=M,MAXPRM=2                                    00000020
                                            85  3                *,VERSION 004                                     00001300
                                           106    *------------------------------------------------------------------
                                           107             @DATA CLASS=S,BASE=R8,INIT=DATEN                         00000030
     000034                                112    INIT     DS    0H
                                           113             @BEGIN   *-------------------------------------------2- 00000040
     000034 F8 20 801E8044 0001AA 0001D0   118             |  ZAP   TAGZAHL,=P'0'                                   00000050
     00003A F8 20 80098044 000195 0001D0   119             |  ZAP   TEMPSUM,=P'0'                                   00000060
     000040 F8 21 800C8045 000198 0001D1   120             |  ZAP   TOTMIN,=P'+999'                                 00000070
     000046 F8 21 800F8047 00019B 0001D3   121             |  ZAP   TOTMAX,=P'-999'                                 00000080
                                           122             @BEND    *-------------------------------------------2- 00000090
     00004C                                126    TAGE     DS    0H
                                           127             @CYCLE , *-------------------------------------------2- 00000100
                                           133             |  @PASS NAME=EINGABE                                    00000110
                                           139             @WHEN EQ *-------------------------------------------2- 00000120
     000052 D5 02 80218024 0001AD 0001B0   143             |  CLC   PROGRAMM,ENDE                                   00000130
                                           144             @BREAK   *-------------------------------------------2- 00000140
                                           152    *        |  TAGDSN = (TAGMIN + TAGMAX) / 2                        00000150
     00005C F8 22 80068000 000192 00018C   153             |  ZAP   TAGDSN,TAGMIN                                   00000160
     000062 FA 22 80068003 000192 00018F   154             |  AP    TAGDSN,TAGMAX                                   00000170
     000068 FD 20 80068049 000192 0001D5   155             |  DP    TAGDSN,=P'2'                                    00000180
     00006E FA 20 801E804A 0001AA 0001D6   156             |  AP    TAGZAHL,=P'1'                                   00000190
                                           157    *        |  TAGMIN, TAGMAX, TAGDSN AUSGEBEN                       00000200
                                           158             |  @PASS NAME=AUSGABE,PLIST=(1,TAGMIN)                   00000210
                                           171             |  @PASS NAME=AUSGABE,PLIST=(2,TAGMAX)                   00000220
                                           184             |  @PASS NAME=AUSGABE,PLIST=(3,TAGDSN)                   00000230
     0000CE                                197    MINI     |  DS    0H
                                           198             |  @IF   LT *------------------------------------------3- 00000240
     0000CE F9 22 8000800C 00018C 000198   202             |  |  CP     TAGMIN,TOTMIN                               00000250
                                           203             |  @THEN    *----------------------------------------3- 00000260
     0000D8 D2 02 800C8000 000198 00018C   209             |  |  MVC    TOTMIN,TAGMIN                               00000270
                                           210             |  @ELSE    *----------------------------------------3- 00000280
                                           215    *        |  |  TOTMIN UNVERAENDERT                                00000290
                                           216             |  @BEND    *----------------------------------------3- 00000300
     0000E2                                221    MAXI     |  DS    0H
                                           222             |  @IF   GT *------------------------------------------3- 00000310
     0000E2 F9 22 8003800F 00018F 00019B   226             |  |  CP     TAGMAX,TOTMAX                               00000320
                                           227             |  @THEN    *----------------------------------------3- 00000330
     0000EC D2 02 800F8003 00019B 00018F   233             |  |  MVC    TOTMAX,TAGMAX                               00000340
                                           234             |  @ELSE    *----------------------------------------3- 00000350
                                           239    *        |  |  TOTMAX UNVERAENDERT                                00000360
                                           240             |  @BEND    *----------------------------------------3- 00000370
     0000F6 FA 22 80098006 000195 000192   245             |  AP    TEMPSUM,TAGDSN                                  00000380
                                           246             @BEND    *-------------------------------------------2- 00000390
                                           252    * TOTDSN = TEMPSUM / TAGZAHL                                      00000400
     000100 FD 22 8009801E 000195 0001AA   253             DP    TEMPSUM,TAGZAHL                                    00000410
     000106 D2 02 80128009 00019E 000195   254             MVC   TOTDSN,TEMPSUM                                     00000420
                                           255    * TOTMIN, TOTMAX, TOTDSN, TAGZAHL AUSGEBEN                        00000430
                                           256             @PASS NAME=AUSGABE,PLIST=(4,TOTMIN)                      00000440
                                           269             @PASS NAME=AUSGABE,PLIST=(5,TOTMAX)                      00000450
                                           282             @PASS NAME=AUSGABE,PLIST=(6,TOTDSN)                      00000460
```

9 Strukturierte Programmierung und Software-Entwicklung

Die bisherigen Ausführungen befaßten sich mit der Methode und den Darstellungsmitteln der SP sowie der manuellen Implementierung. Beispiele und Übungen halfen, Grundfertigkeiten zu erwerben.
Dieses Kapitel faßt noch einmal wesentliche Punkte des Erlernten zusammen und stellt das grundsätzliche Vorgehen nach der Methode der SP bei der Entwicklung von Software dar. Wegen des begrenzten Buchumfangs werden die einzelnen Themen allerdings nur kurz angerissen.[1]

Bei der Erstellung von Software kann man mehrere Funktionen unterscheiden:[2]

- Entwerfen,
- Implementieren,
- Testen,
- Dokumentieren,
- Verwalten,
- Messen und Bewerten,
- Konvertieren.

Entwerfen: Es wird eine Softwarelösung für ein bereits definiertes Problem gefunden. Sie besteht im Aufteilen der Funktionen des gesamten Softwareprodukts in kleinere Einheiten und der Organisation ihres Zusammenwirkens.

Implementieren: Der Entwurf wird in ablauffähige - nicht unbedingt bereits fehlerfreie - Programme übergeführt.

Testen: Das entstehende Produkt wird geprüft, ob es ablauffähig ist und den gestellten Anforderungen entspricht.

Dokumentieren: Die das Softwareprodukt kennzeichnenden Unterlagen (relevante Daten und Informationen) werden schriftlich niedergelegt.

Verwalten: Darunter werden alle allgemeinen Maßnahmen zusammengefaßt, die mit der Erstellung, Weiterentwicklung und Wartung eines Produkts zusammenhängen.

---

[1] Siehe End, W,; Gotthardt, H.; Winkelmann, R.: Software-Entwicklung. Leitfaden für Planung, Realisierung und Einführung von DV-Verfahren. 6. Aufl. Berlin, München: Siemens 1987.
[2] Siehe Fußnote auf Seite 4.

Messen und Bewerten: Das Verhalten des Programms beim Ablauf wird quantitativ untersucht (Messen), und daraus werden Rückschlüsse auf die Leistungsfähigkeit gezogen (Bewerten).

Konvertieren: Das Programm wird von der Soft- und Hardwareumgebung, für die es ursprünglich geplant war, in eine andere umgesetzt.

Alle diese Funktionen treten während der einzelnen Phasen der Softwareentwicklung in unterschiedlicher Gewichtung auf. Generell kann folgende Phaseneinteilung gelten:

Phase	Inhalt
Projektvorschlag	Entwicklungsantrag
Planungsphase I	Fachliches Grobkonzept
Planungsphase II	Fachliches Feinkonzept DV-Grobkonzept
Realisierungsphase I	DV-Feinkonzept Implementierung Test
Realisierungsphase II	Probebetrieb
Einsatzphase	Produktiveinsatz

Auch beim Einsatz der SP behalten die genannten Funktionen und Entwicklungsphasen ihre Gültigkeit. Allerdings ergibt sich gegenüber der freien Programmierung eine Akzentverschiebung: Die Funktion des Entwerfens nimmt an Bedeutung zu; dabei wird das methodische Vorgehen durch die Strukturierte Programmierung geprägt. Daher kann man allgemein sagen, daß der zweite Teil der Planungsphase II (DV-Grobkonzept) und besonders der erste Teil der Realisierungsphase I (DV-Feinkonzept) an Gewicht zunehmen, wogegen der Rest der Realisierungsphase II (Implementierung und Test) sich vereinfacht und im Aufwand reduziert.

9.1 DV-Grobkonzept

Projekte aus der Datenverarbeitung können sehr unterschiedlichen Umfang haben. Er reicht von einer Änderung des Listenbildes bis zur integrierten Lösung bereichsübergreifender Aufgaben eines Betriebs. Je umfangreicher die Projekte sind, desto mehr Aufwand ist beim Entwurf seitens der Organisation (fachliches Konzept) und der Datenverarbeitung (DV-Konzept) erforderlich.
Das DV-Konzept befindet sich an der Übergangsstelle zwischen fachlichem und DV-technischem Entwurf. Organisatoren und Software-Entwickler arbeiten in dieser Phase eng zusammen. Dies zeigt sich auch darin, daß die Leistungsbeschreibung, die die Planungsphase II abschließt, Fach- und DV-Anforderungen eines Programms enthält:

Leistungsbeschreibung
I. Fachliches Feinkonzept
1. Gesamtproblematik
2. Beschreibung der Prozesse, Prozeßablauf, Prozeßstruktur
3. Beschreibung der Daten, fachliches Speicherkonzept
   Beschreibung der Datenströme
   Datenlexikon
   Kriterien zur Auswahl der Speichermedien
   Datenstruktur
4. Schlüsselsysteme
5. Anforderungen an die Belege
6. Anforderungen an die Datenerfassung
7. Beschreibung der Auswertungen
   Auswertungsinhalt, Auswertungsform
   Auswertungsträger, Auswertungshäufigkeit
8. Organisatorische und technische Anforderungen
9. Datensicherheits- und Datenschutzanforderungen
10. Offene Punkte

II.DV-Grobkonzept
1. Datenflußplan
2. Verfahrensstruktur
3. Speicherkonzept
   Dateibeschreibung
   Speichermedien
   Speicherungsform
   Satzstruktur
4. Beschreibung der Komponenten
5. Festlegung der DV-technischen Bedingungen
   Betriebsart
   Betriebssystem
   Hardwarekonfiguration
   Softwaretechniken
6. Anlagen (z.B. Beispiele)

In der Planungsphase I (fachliches Grobkonzept) wurde festgelegt, welche Teilaufgaben zur Lösung der Gesamtaufgaben erforderlich sind. Zusammengefaßt können diese Komponenten in einem Aufgabenbaum dargestellt werden.

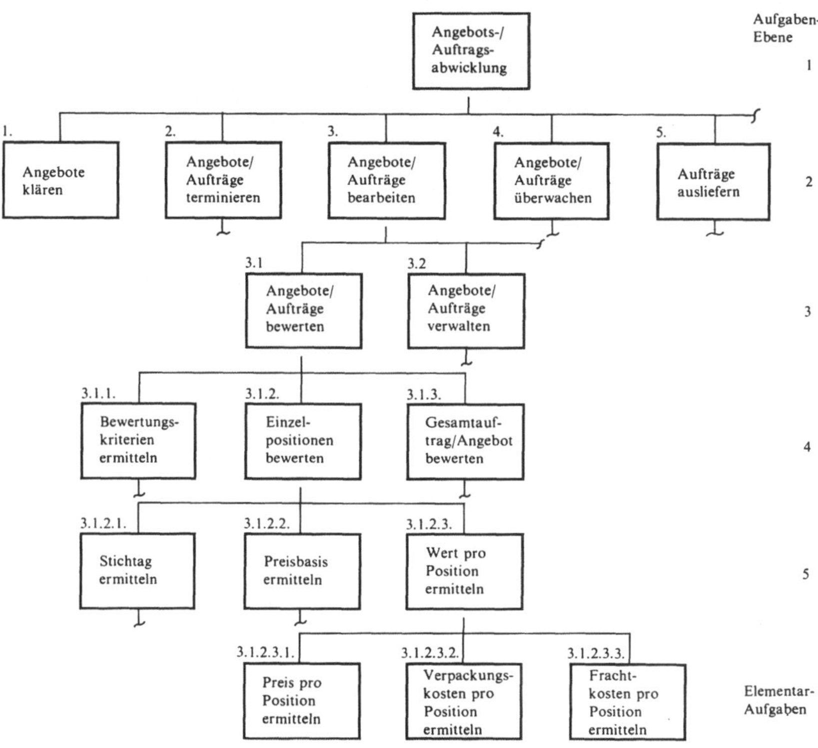

Zu jeder Komponente gibt es eine detaillierte Beschreibung. Sie kann z.B. entsprechend dem nachfolgenden Beschreibungsblatt aufgebaut sein:

(ELEMENTAR-) PROZESS: ①	
(ELEMENTAR-) AUFGABE: ②	
DST: ③	
EINGABE (DATEN, BELEGE, DATEIEN) ④	VORANGEGANGENE (ELEMENTAR-) PROZESSE ⑤
EINFLUSSGRÖSSEN ⑥	METHODEN / (ELEMENTAR-) PROZESSE ⑦
AUSGABE (DATEN, BELEGE, DATEIEN) ⑧	NACHFOLGENDE (ELEMENTAR-) PROZESSE ⑨
TERMINE, HÄUFIGKEIT: ⑩	
ZUORDNUNG: ⑪	

Erläuterungen zum Beschreibungsblatt für Prozesse[1]

① Prozeßname aus Prozeßbaum (z.B. Bewertung Angebot/Aufträge).

② Wenn die Aufgabe durch einen Prozeß gelöst wird, gleicher Name wie bei 1.

③ Dienststelle, für die dieser Prozeß bestimmt ist.

④ Angabe der Daten, bzw. Hinweis, welche Daten der Datenbeschreibung zu verwenden sind. Unter diese Gruppe fallen auch Steuerungsdaten.

⑤ Angabe der Prozesse, die den zu beschreibenden Prozeß mit den erforderlichen Daten versorgen.

⑥/⑦ Angabe der Bedingungen ⑥ und der daraus resultierenden Aktionen ⑦. Bei komplexeren Bedingungen empfiehlt sich die Darstellung in einer Entscheidungstabelle. Bei umfangreicheren Aktionen auch Angabe der geplanten Unterprozeduren.

⑧ Siehe ④.

⑨ Angabe des Nachfolgeprozesses, der mit Ausgangsdaten versorgt wird.

⑩ Termine und Häufigkeit, zu denen der Prozeß benötigt wird.

⑪ Steuerprozedur, der der beschriebene Prozeß zugeordnet ist.

[1] Prozeß kann mit dem Begriff Aufgabe/Komponente auf der fachlichen Seite sowie Modul/Block auf der DV-technischen gleichgesetzt werden.

Die zur Verarbeitung kommenden Daten wurden bereits gesammelt. Auch hierzu soll ein Muster eines Beschreibungsblattes gezeigt werden.

DATENBESCHREIBUNG			
NAME :	①		
KURZBEZEICHNUNG:	②		
VERANTWORTUNG :	③	EINSATZ-BEREICH :	④
BENUTZUNGS-BERECHTIGTE(R) :	⑤	STELLEN :	⑥
AUFBAU:	⑦		
DIMENSION	⑧		
DATENINHALT:	⑨		
QUERVERWEIS:	⑩		
ZUORDNUNG OBERBEGRIFF:	⑪		
ZUORDNUNG UNTERBEGRIFF:	⑫		
BEMERKUNGEN:	⑬		

fachliche Beschreibung

Erläuterungen zum Beschreibungsblatt für Daten

①	Datenname Langtext.
②	DV-technische Abkürzung.
③	Verantwortliche Stelle für Pflege.
④	Hinweis, welche Abteilungen Daten brauchen.
⑤	Berechtigter Benutzerkreis für Lesen oder Lesen und Ändern.
⑥	Anzahl der Zeichen.
⑦	Numerisch, alphabetisch, Stellenwert usw.
⑧	Maßeinheit.
⑨	Eventuelle Zuordnung von Datenschlüssel zu verbalen Inhalt (z.B. Ø1 = ZUGANG).
⑩	Angabe miteinander verwandter Daten (aus anderen Programmkreisen).
⑪/⑫	Soweit das Datum in einer Datenhierarchie ist, Angabe der zugehörigen Daten.
⑬	Zusätzliche Erläuterungen, auch für Hinweise auf Plausibilität.

Entwürfe für die Belege und Auswertungen stehen in der bisher üblichen Form zur Verfügung:

Siemens-Datenverarbeitung
Bildschirmschema

Programm: KURSBUCHUNG
Bearbeiter: Sauer ☎ 405 Datum 1.11.77
Blatt

```
                KURSBUCHUNG  ANMELDUNG

    ZM             : XX
    TEILN.-ART     : X
    KUND.-NR.      : XXXXX
    STORNO-DATUM   : XX.XX.XX

    ANREDE         : X           AKAD. GRAD: XXXXXXXXXXX
    NAME           : XXXXXXXXXXXXXXXXXXX
    VORNAME        : XXXXXXXXXXXXXX
    FIRMA          : XXXXXXXXXXXXXXXXXXX

    KURSBEZ.: XXXXXXXX .XXX   TERMIN: XX.XX.XX

    ZIMMERRESERVIERUNG VOM: XX.XX.-XX.XX.
    HOTEL:X PENSION:X PRIVAT:X BAD:X DUSCHE:X
    VORZUGSWEISE:XXXXX
```

Bestell-Nr 7-2600-593 87520 (0003)

Beispiel für ein Bildschirm-Formular

```
                           TAGESUMSAETZE NACH KUNDEN   VOM XX.XX.XX

KUNDEN-NR.   ERZEUGNIS-GR. 1       ERZEUGNIS-GR. 2       ERZEUGNIS-GR. 3        S U M M E

NR.1           X'XXX.XXX,XX          X'XXX.XXX,XX          X'XXX.XXX,XX        XX'XXX.XXX,XX
NR.2
NR.3

SE TOTAL      XX'XXX.XXX,XX         XX'XXX.XXX,XX         XX'XXX.XXX,XX       XXX'XXX.XXX,XX
```

Beispiel für eine Druckausgabe in Listenform

Im Anschluß an diese fachliche Konzeption der Planungsphasen I und II wird das Verfahren festgelegt, wie das Problem durch die Datenverarbeitungsanlage gelöst werden soll. Hierzu werden für die Aufgabenstruktur die geplanten Programme und ihr Zusammenwirken entworfen.

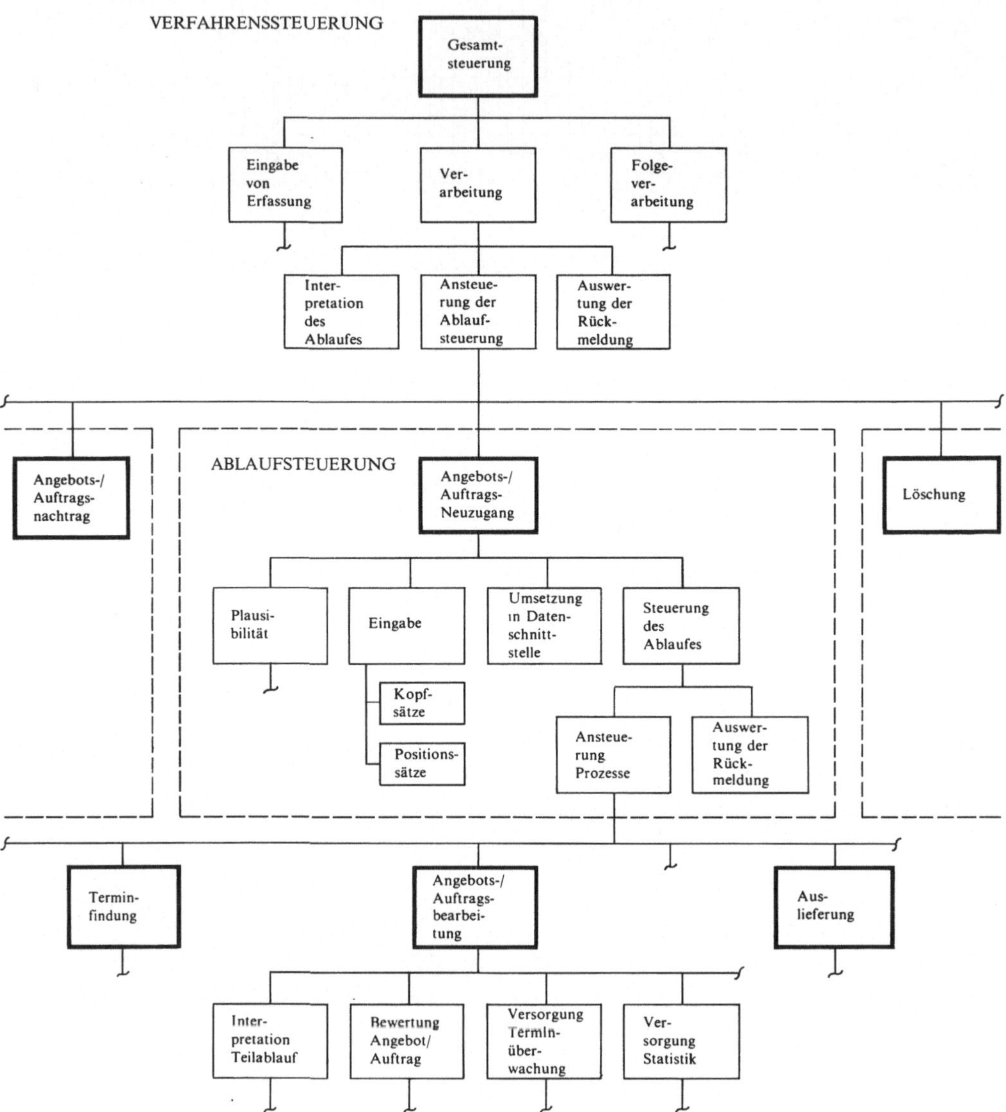

Ergänzt wird diese Darstellung häufig um die Darstellung des Datenflusses.

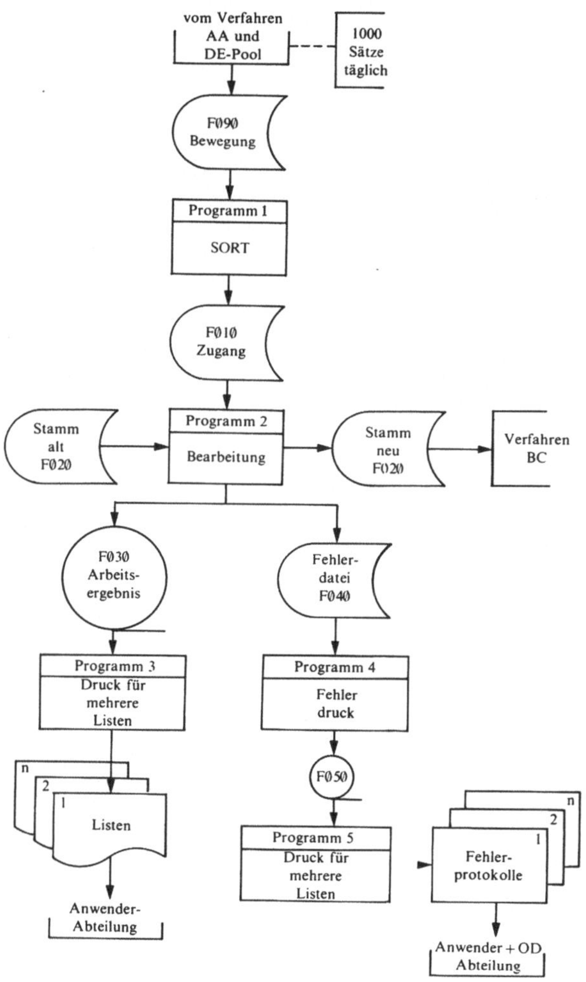

Zusätzlich zur Steuerstruktur muß das Speicher- und Zugriffskonzept der Daten festgelegt werden. Ihre logische und physikalische Speicherungsform wird beschrieben und dargestellt:

Dateiname: Auftragsdatei-Kopfsatz

Satzformat (F. V. U)	Format für Feld:	Format für Bearbeitung:
Länge: 512	a alphabetisch an alphanumerisch b binär n numerisch entpackt p numerisch gepackt g1 Gleitpunkt einfach g2 Gleitpunkt doppelt	B Bedingung E Entscheidungstabelle S Satzadresse Fn Fehler-Nr. Definition gilt für mehrere Komponenten

Feld-Nr.	Stelle von	Stelle bis	Länge (Bytes)	Format	Bearbeitungshinweis	Feldname	Erläuterungen
1	1	10	10	an	s	Auftragsnummer	Ordnungsbegriff
2	11	11	1	an	s	Satzart	
3	12	18	7	n	s	Positionierung	
4	19	20	2	an	s	Kettung	
5	21	23	3	n	s	Kundennr.	
6	24	25	2	n		Wunsch-Monat	Wunschliefertermin
7	26	27	2	n		Wunsch-Jahr	

Den Entwurf einer Programmstruktur beeinflußt der Rahmen, unter dem das geplante System ablaufen soll, sowie die Randbedingungen der Entwicklung. Dazu zählt z.B.:

- Welche Anlage soll mit welcher Konfiguration verwendet werden?
- Welches Betriebssystem und welche Betriebsarten stehen bereit?
- Sollen Datenbanken und andere Systemsoftwareprodukte mit verwendet werden?
- Werden bereits vorhandene Anwendersoftwareprodukte mit eingesetzt?
- Welche Vorgaben bezüglich Terminen, Kosten und Programmkonventionen sind vom Management gesetzt?

Beim Entwurf der Struktur kann nach der Methode der Strukturierten Programmierung vorgegangen werden. Ein strenges Vorgehen entsprechend der schrittweisen Verfeinerung wird jedoch in neuerer Zeit vor allem auf die Realisierungsphase I, d.h. auf die Entwicklung der einzelnen Programme, bezogen.

9.2 DV-Feinkonzept

Während der Entstehung des DV-Feinkonzepts (Teil der Realisierungsphase I), werden die Programme, die sich aus dem DV-Grobkonzept ergeben haben, weiterentwikkelt. Das Ergebnis spiegelt sich in den Spezifikationen für die einzelnen Programme wider:

Spezifikationen
1. Zielsetzung
2. Detaillierung der DV-Lösung
    2.1 Programmorganisationsplan
    2.2 Externe Datenschnittstellen
        Satzaufbau
        Satzstruktur
        Datenformate (einschl. Länge und Name)
    2.3 Beschreibung der Strukturblöcke
        Beschreibung Strukturblock 1
            Eingabe
            Verarbeitung
            Ausgabe
        Beschreibung Strukturblock 2
            Eingabe
            Verarbeitung
            Ausgabe
        .
        .
        .
        Beschreibung Strukturblock n
            Eingabe
            Verarbeitung
            Ausgabe
3. DV-technische Voraussetzungen
    Betriebssystem, Betriebsart
    Hardwarekonfiguration
    Softwaretechniken
    Verwendung vorhandener Software
    Normen und Vorschriften
    Datensicherheit
4. Anwendungsbeispiele

Während der Realisierungsphase I, die DV-Feinentwurf, Implementierung und Test umfaßt, wird nach den Regeln der schrittweisen Verfeinerung vorgegangen. Auf jeder Entwicklungsstufe wiederholen sich Entwurf, Implementierung, Test und Dokumentation. Es entsteht ein hierarchischer Aufbau, bei dem in den oberen Ebenen Steuerfunktionen überwiegen, während in der unteren Schicht die Verarbeitungsaufgaben den Schwerpunkt bilden.

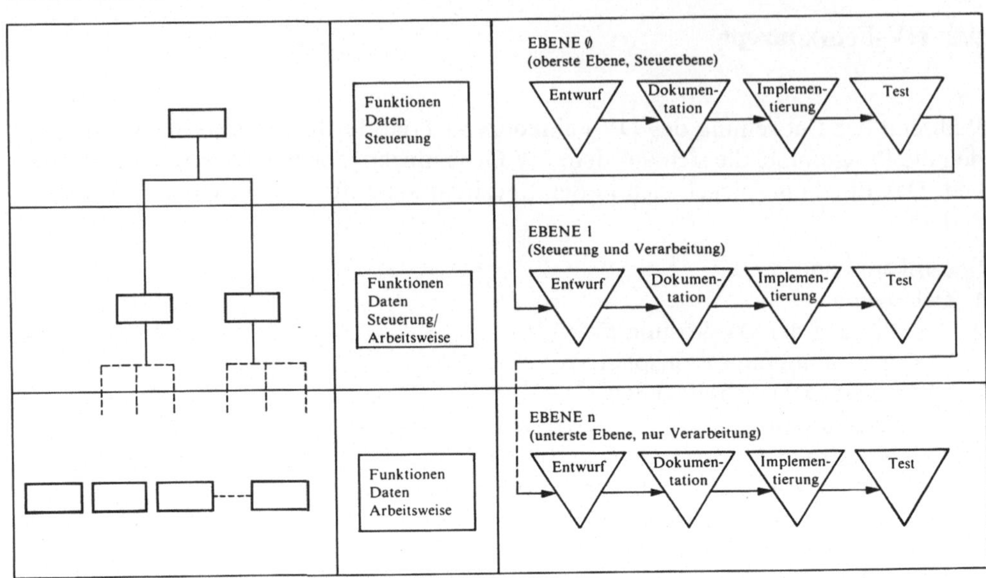

Eine Entwicklung nach dieser Methode, auch „Top-Down-Entwicklung" genannt, bedeutet zunächst einmal erheblich mehr Aufwand beim Entwurf. Sie bietet allerdings auch die Gewähr, lesbarere und zuverlässigere Produkte als bisher zu erhalten. Dennoch gibt es Situationen , in denen andere Methoden aus Zeit-, Kosten-, Personal- oder anderen Gründen zweckmäßiger sein können. So ist es z.B. möglich, erst Prozeduren unterer Ebenen zu entwickeln und sie dann anschließend zusammenzufügen zu immer größeren Einheiten („bottom-up"). Ähnlich geht man vor, wenn zunächst einmal besonders schwierige oder kritische Teile vorab entworfen und codiert werden („hardest-first").

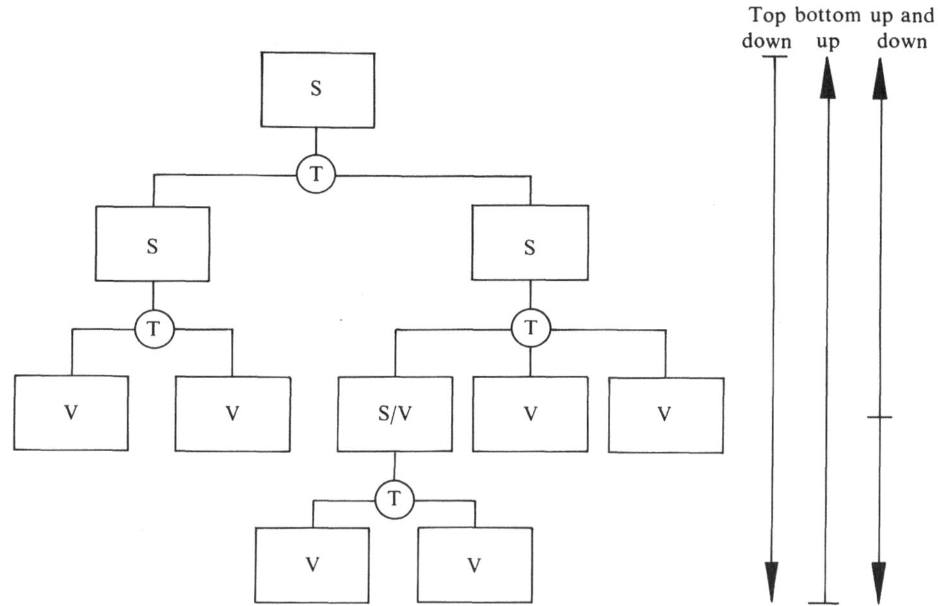

S: Block/ Prozedur mit Steuerfunktionen
V: Block/ Prozedur mit Verarbeitungsfunktionen
T: Test der Ablaufsteuerung (top down) bzw. Integrationstest (bottom up)

Eine Verbindung zwischen den Methoden „top-down“ und „bottom-up“ bildet das Verfahren „up and down“. Es bedeutet, daß man beide Verfahren für einzelne Teile des Systems einsetzt.

Die Vorteile beim Vorgehen „top-down“ liegen vor allem in der Entwicklung einer übersichtlichen, streng hierarchischen Steuerstruktur. Damit ist auch der Aufwand für die Implementierung und den Test geringer als bei den anderen Verfahren. Außerdem lassen sich Änderungen leichter einbauen.

Welche Vorgehensweise aber letztendlich zweckmäßig ist, hängt von der individuellen Aufgabenstellung und den Bedingungen ab, unter denen das Projekt realisiert werden soll. Unabhängig davon hat es sich als sinnvoll erwiesen, folgende Punkte zu beachten:

- Funktionen und Prozeduren sollen so genau und vollständig wie möglich beschrieben werden. Damit reduzieren sich Rückfragen, Zusatzarbeiten und Planungsfehler aufgrund angenommener oder vermuteter Fakten.
- Prozeduren sind überschaubar zu gestalten. Jede Aufgabe wird schrittweise in Komponenten zerlegt. Um übersichtlich zu bleiben, gilt die Empfehlung, eine Prozedur nicht größer als eine Druckseite oder 50 bis 100 Anweisungen werden zu lassen.
- Die einzelnen Entwicklungszweige sollen so gestaltet werden, daß sie voneinander unabhängig sind. damit wird erreicht, daß bei Änderungen einer Prozedur die Folgen auf den zugeordneten Zweig beschränkt bleiben. Es gelingt beim ersten Entwurf nicht immer, Funktionen und Prozeduren so zu gestalten, daß sie intern voneinander unabhängig sind. Diese Überschneidungen werden erst auf den nächsten Ebenen entdeckt. Es findet dann in dem betroffenen Zweig eine Rückkehr und Neuentwicklung ab der Ebene statt, in der der Planungsfehler enthalten ist.
- Die Steuerung der Prozeduren ist zu zentralisieren. Nach der Vorgehensweise der schrittweisen Verfeinerung und des Blockkonzepts wird eine Prozedur stets von der direkt übergeordneten aufgerufen. Die gerufene Prozedur wird abgearbeitet, zur aufrufenden zurückgekehrt und mit der nächsten Anweisung fortgefahren. Je tiefer eine Prozedur in der Struktur steht, desto geringer sind ihre Steuerfunktionen und um so größer die Verarbeitungsaufgaben. Die unterste Ebene enthält dann nur mehr reine Verarbeitungsstrukturen.

In diesen Zusammenhang gehört auch die Empfehlung, eine Prozedur übersichtlich zu gliedern. Eine Beschränkung auf sechs bis sieben Ebenen, wobei je Ebene bis zu acht Prozeduren gebildet werden können, unterstützt dieses Ziel.

9.3 Implementierung und Test

Die Implementierung besteht in der Umwandlung der Prozedurentwürfe in einen Programmcode. Im Test wird die tatsächliche Funktionsfähigkeit und Übereinstimmung von Anforderungen aus der Spezifikation und dem Maschinenprogramm nachgewiesen.
Bei der Implementierung unterscheidet man mehrere Arten von Prozeduren:

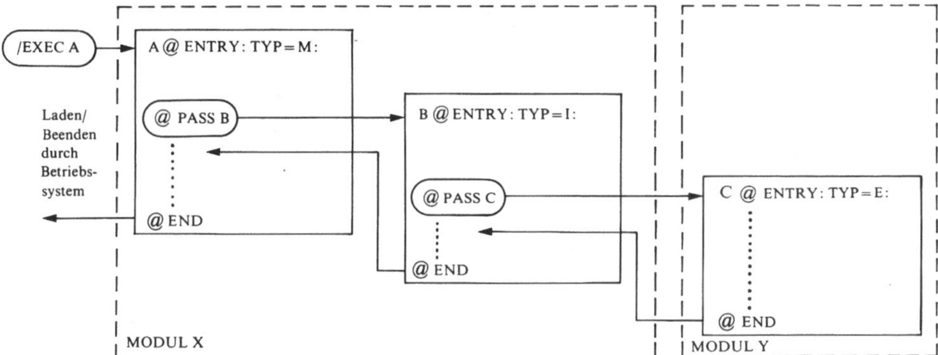

- Hauptprozeduren (A) sind Steuerprogramme, die über das Betriebssystem aufgerufen und zum Ablauf gebracht werden.
- Interne Prozeduren (B) sind Programmabschnitte, die in den einzelnen Programmiersprachen unterschiedlich gebildet werden. Zum Beispiel handelt es sich bei COBOL um Kapitel oder Paragraphen.
- Externe Prozeduren (C) sind Programme, die in eine Hauptprozedur mit eingebunden (Programmverknüpfung beim Binden) oder während des Ablaufs nachgeladen werden können (Overlay).

Um in jedem Fall - unabhängig von der verwendeten Programmiersprache - lesbare und zuverlässige Programme zu erhalten, soll noch einmal auf folgende Punkte hingewiesen werden:

Blockkonzept: Jeder Strukturblock hat nur einen Ein- und Ausgang. Zusätzlich ist die Datenschnittstelle eindeutig zu klären: Wo werden Daten sichergestellt? Welche Daten stehen in welcher Form zu Verfügung? Sind sie vollständig, und ihr Inhalt richtig? Sind für die interne Ablaufsteuerung alle Parameter vorhanden, und werden sie beim Ablauf richtig gesetzt?

Beschränkte Ablaufsteuerung: Es sind nur die drei Grundstrukturen Sequenz, Auswahl und Wiederholung erlaubt. Daher sollten auch bei den Programmiersprachen, die andere Konstruktionen zulassen, nur solche Sprachelemente verwendet werden, die diesen Forderungen genügen. So kann z.B. der unbedingte Sprungbefehl (GO TO) weiter verwendet werden, jedoch nur in Übereinstimmung mit den beschriebenen Einschränkungen.

Weiterhin sollen auch die Daten in Funktion und Art klar getrennt sein. Soweit es die Programmiersprache erlaubt, ist ihr Gültigkeitsbereich auf die Prozeduren zu beschränken, die sie benötigen.

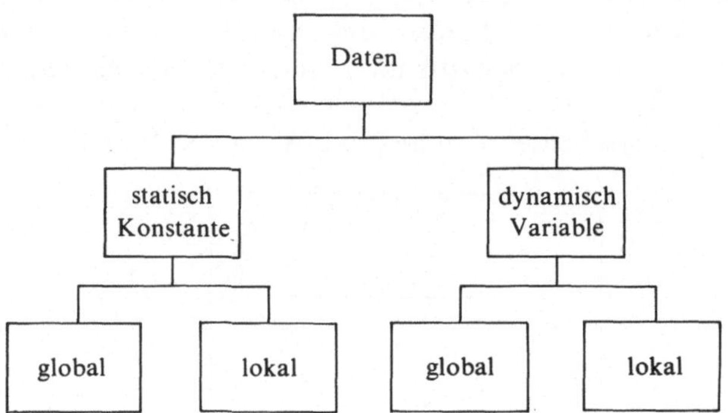

Global: Für alle Prozeduren verfügbar
Lokal: Nur für eine Prozedur/Prozedurzweig verfügbar

Um in der Dokumentation schritthaltend zu bleiben, sollte jede Prozedur im Kopf eine kurze Funktionsbeschreibung enthalten.
Das Testen eines Systems geschieht bei dem Vorgehen nach den Regeln der SP mehrfach, nämlich nach jedem Entwicklungsschritt. Hierbei beginnt die Prüfung nicht erst beim erstellten Primärprogrammcode. In Form von „structured walk throughs", d.h. als systematisches kritisches Gespräch zwischen dem Ersteller und den Prüfern, beginnt es bereits beim Grobentwurf. Damit können frühzeitig Planungsfehler erkannt und falsche Folgeplanungen vermieden werden.
Sobald eine Prozedur fertiggestellt ist, kann sie sofort einem Funktionstest unterzogen werden. Er vollzieht sich wie bisher

- als Schreibtischtest anhand des Entwurfs/Codes und
- als Maschinentest mit ausgewählten Testdaten oder echten Verarbeitungsdaten.

Sobald alle Prozeduren einer Ebene fertig sind, werden sie einem Funktionstest unterworfen. Ist die unterste Ebene erreicht, so gilt das Programm als ausgestestet.
Bei dem Test einzelner Prozeduren ist es erforderlich, die angeschlossenen, aber noch nicht fertiggestellten Prozeduren zu simulieren. Dies kann auf mehrfache Weise geschehen:

- Die Unterprozedur wird nur „scheinbar" aufgerufen. Statt des Aufrufs wird lediglich eine Meldung als Hinweis darauf gegeben, daß die Stelle durchlaufen wurde, an der der Aufruf erfolgte.
- Die Unterprozedur wird echt aufgerufen, aber ihre Verarbeitung nur simuliert. Es werden Daten (Konstante oder Zufallswerte) bereitgestellt und dann sofort wieder zurückgesprungen. Durch das gezielte Wiederholen einer Leerschleife kann hierbei auch ein Zeitverhalten vorgegeben werden.

Eine gezielte Verbesserung des Programmverhaltens hinsichtlich Laufzeit und Speicherbedarf wird durch eine übersichtliche, hierarchisch gegliederte Prozedurstruktur sehr unterstützt. Damit können Meßwerte (Zeitbedarf, Anzahl Durchläufe usw.) für einzelne Prozeduren oder ganze Zweige einfach ermittelt werden. Ebenso ist der Austausch von ganzen Programmteilen durch verbesserte Komponenten leichter als bisher möglich.

Dynamische Testhilfen unterstützen die Testphase und die Meßwerterfassung.
Von einer Dialogstation aus kann einfach und jederzeit in das laufende Programm beliebig eingegriffen werden:

- Protokollieren der erreichten Befehle und Adressen,
- Ausgabe von Feldinhalten, Registerzuständen usw.,
- Ändern von Feldinhalten,
- Modifizierung des Ablaufs durch Veränderung der Sprungadressen in Abhängigkeit von logischen Bedingungen,
- frei wählbarer Programmhalt und Weiterlauf an beliebigen Adressen.

Nach Abschluß dieser Arbeiten wird dann der Probebetrieb aufgenommen. Ist er erfolgreich, so kann das Programm für den Produktiveinsatz freigegeben werden.

9.4 Reverse Engineering

Unter diesem Begriff verbirgt sich eine neue Disziplin, die sich intensiv und zielstrebig der Aufbereitung von Programmsystemen annimmt. Reverse Engineering ist entstanden aus der Tatsache, daß heutige Programme nicht in der einmal entworfenen Struktur erhalten bleiben, sondern als dynamische Produkte Änderungs- und Alterungsprozessen unterliegen. Diese können sowohl von außen (z.B. durch Gesetzes-Änderungen) als auch von innen (z.B. durch weitere Programm-Anforderungen, Wechsel der Hardware-Konfiguration usw.) erzwungen werden. Durch diese Anpassungen geht in der Regel eine zunächst klare, übersichtliche Struktur verloren. Bei den oftmals sehr kurzfristig durchzuführenden Arbeiten bleibt meist die Dokumentation der durchgeführten Änderungen mangelhaft oder zu dürftig. Die Folge ist zwangsläufig, daß der nächste Bearbeiter noch länger als sein Vorgänger braucht, um einen solchen, „verwilderten“ Programmabschnitt zu verstehen, oftmals bleibt dann nur noch das Quellprogramm selber als verläßliche, weil aktuelle Quelle. Es ist klar, daß unter diesen Bedingungen der Wartungs- und Pflegeaufwand bestehender Programme in astronomische Höhen treibt und für Neuentwicklungen kaum noch Platz läßt.

Aus dieser mißlichen Lage führt nur eine konsequente Überarbeitung bestehender Programmsysteme mit dem Ziel, Mangelstellen im obigen Sinne zu erkennen und zu beseitigen, ohne dabei aber wertvolle Ressourcen zu vernichten. Und genau dies ist das Zielgebiet der neuen Disziplin „Reverse Engineering“.

Es geht also zunächst einmal darum, die vorliegende Struktur eines Programmsystems zu analysieren und darzustellen, wobei die Abbildung stets nach den Grundsätzen der Strukturierten Programmierung erfolgt. Paßt eine Programmstelle z.B. nicht in das hierarchische Prozedurkonzept, so ist eine Fehlstelle entdeckt, die es zu verbessern gilt. Weitere Fehlstellen können Verstöße gegen den Grundsatz der Zweipoligkeit (etwa durch undisziplinierte Sprungbefehle) sein.

Die Analyse der Programmstruktur und die Überführung in ein wohlstrukturiertes Programm kann mit maschineller Hilfe erfolgen. Auf Grund der hohen Anzahl von COBOL-Anwendern wurde zunächst für diese Zielgruppe das BS2000-Verfahren COLTRA[1] entwickelt. COLTRA (COLUMBUS-Transformation) transformiert COBOL74-Programme um in COLUMBUS-COBOL-Programme.

Mit der Anwendung von COLTRA wird erreicht:

1. eine einheitliche und damit sehr rationelle Vorgehensweise.
2. die Unterschiede der individuellen Programmstile werden im Interesse eines einheitlichen Modulaufbaus beseitigt.
3. die Qualität der transformierten Module liegt erheblich höher.

[1] Ein softwaretechnologisches Produkt der Sietec GmbH, Berlin.

Natürlich lassen sich nicht alle alten Programmteile einfach maschinell umsetzen, insbesondere da, wo (aus heutiger Sicht) ganz massive Verstöße gegen die Grundsätze der SP vorhanden sind. Solche Fehlstellen lassen sich nur mit sehr qualifiziertem Personal manuell beseitigen.
Endziel dieser 1. Transformationsstufe ist ein mit COLUMBUS-COBOL aufbereitetes und dokumentiertes, wohlstrukturiertes Programmsystem.

In der folgenden 2. Transformationsstufe wird der BS2000-Toolmanager (TOM)[1], insbesondere dessen Werkzeuge TOM-CA, TOM-TA und TOM-REF, eingesetzt. Als Data-Dictionary-Verbundprogramme erlauben diese die zentrale Ablage aller strukturierten Daten, die für die Wartung, Pflege und Weiterentwicklung des Anwender-Programmsystems außerordentlich wertvolle Hilfe leistet. Auch die übrigen TOM-Werkzeuge lassen sich für die fortlaufende Betreuung des Anwender-Programmsystems einsetzen und somit weitere Rationalisierungseffekte und Produktivitätssteigerungen erzielen.

Eine dritte Transformationsstufe, die auf den Ergebnissen der beiden vorangegangen aufbaut, führt zu einer neuen Software-Produktions-Umgebung, bei der die Bearbeitung des Anwender-Programmsystems an dezentralen Bildschirmarbeitsplätzen mit interaktiver Rastergrafik erfolgt. Die an diesen SINIX-Arbeitsplätzen eingesetzte Software GRAPES-CD[1] wird mit dem BS2000-Werkzeug TOM über Filetransfer gekoppelt, sodaß der Zugriff auf die COLUMBUS-COBOL-Quellprogramme jederzeit möglich ist.

Mit den Mitteln des „Reverse Engineering" lassen sich, bei konsequenter Anwendung, also beachtliche Erfolge in der Wartung bereits bestehender Anwender-Programmsysteme erzielen, die den Weg ebnen für neue Programmier-Aufgaben.

[1] Ein softwaretechnologisches Produkt der Siemens AG.

10 Lösungen zu den Aufgaben

Die in den einzelnen Abschnitten gestellten Aufgaben dienen zur Vertiefung des angebotenen Lernstoffes.
Die nachfolgend vorgestellten Lösungen sollen dem Leser entsprechende Vergleichsmöglichkeiten zu seinen eigenen Antworten bieten. Es versteht sich, daß diese nicht wortgetreu übereinstimmen können. Wo jedoch die Abweichungen zu kraß geraten sind, möge der Leser bitte noch einmal den zugehörigen Informationsteil durcharbeiten, da möglicherweise wichtige Einzelheiten nicht erkannt bzw. übersehen wurden.

2.1 Ziele der Strukturierten Programmierung

1) Bei der Erstellung von Software, sei es unter Zuhilfenahme einer Methode oder bei freiem Vorgehen, sind folgende Kriterien zu beachten:
   - Das Coding des Primärprogramms soll dem dynamischen Ablauf des Programms entsprechen, d.h. in der Reihenfolge, in der die Anweisungen eines Programms niedergeschrieben sind, soll das Programm ablaufen. Sprünge sind daher nur bedingt erlaubt.

- Auch ein anderer als der Programmersteller soll ohne übermäßigen Aufwand ein Programm nachvollziehen können, d.h. es muß eine ausreichende und aktuelle Dokumentation bestehen, die einen verständlichen Aufbau eines Programms ergänzt.
- Ein Programm soll aus überschaubaren Programmteilen zusammengesetzt sein. Als überschaubare Programmteile können je nach Programmiersprache 50 bis 100 Anweisungen gelten. Eine überschaubare Zusammensetzung kann durch ein hierarchisches Konzept herbeigeführt werden.
- Zu erwartende Änderungen, Anpassungen und Erweiterungen sollen in einem Programm bereits soweit eingeplant werden, daß sie später sicher und schnell eingefügt werden können.
- Programme sind so aufzubauen, daß sie ihre Funktionstüchtigkeit in hohem Maße aus dem Primärprogrammcode beweisen und nicht erst aus deren Testergebnissen.

2) Folgende Schlagworte kennzeichnen die Überlegungen, die der Methode der SP zugrundeliegen:
- schrittweise Verfeinerung,
- Beschränkung der Strukturblockarten,
- Blockkonzept.

Die Lesbarkeit ergibt sich als Folge der vorstehend angewandten Überlegungen.
- Datenverfügbarkeit (bedingt realisierbar in Abhängigkeit von der verwendeten Programmiersprache)

3) Die Eigenschaften von Programmen, die nach den Regeln der SP erstellt wurden, können wie folgt beschrieben werden:
- klare Abgrenzung der Programmteile zueinander, dadurch leichte Austauschbarkeit von Programmteilen;
- der Ablauf des Programms ist übersichtlich und daher leicht verfolgbar;
- die Kosten für Änderungs- und Wartungsarbeiten sind geringer als bei freier Programmerstellung;
- Datenmanipulationen werden, soweit die Programmiersprache dies zuläßt, kontrollierbar;
- Software-Hilfsmittel ermöglichen jederzeit die kurzfristige Erstellung der aktuellen, dem letzten Stand entsprechenden Dokumentation.

4) Oberstes Ziel der Methode der SP ist die Erstellung lesbarer und damit zuverlässiger Programme. Selbst Speicherökonomie und Laufzeitverhalten werden diesem Ziel untergeordnet, was nicht bedeutet, daß sich nicht eine Programmoptimierung anschließen kann.

2.2 Schrittweise Verfeinerung

1) Ein Entwicklungsschritt besteht in der Umsetzung einer beschriebenen Funktion in einen Lösungsweg. Die oberen Ebenen weisen hauptsächlich Steuerstrukturen auf, während auf den unteren Ebenen die Verarbeitung überwiegt.

2) Ein Funktionsblock ist eine logische Einheit. Er enthält die Beschreibung einer Funktion.

3) Eine Prozedur ist ein Block, der als geschlossene Folge von Anweisungen aufgerufen werden kann. Programmtechnisch kann eine Prozedur verschieden realisiert sein: als externer oder interner Modul, Programmabschnitt, eigenständiger Lademodul usw.

4) Prozedur-Entwurfsfehler werden durch die schrittweise Verfeinerung viel früher als bisher erkannt. In der Regel treten sie bereits bei dem Entwurf von Prozeduren der nächstfolgenden Ebene auf, die den Planungsfehler enthält. Durch einen Neuentwurf dieser Ebene ist der Fehler zu beheben.

5) Teilfunktionen können durchaus zeitparallel von verschiedenen Teams entwickelt werden, da durch die hierarchische Vorgehensweise eine gute Funktionsabgrenzung besteht. Es muß jedoch ein Koordinator die Entwicklung in allen Teams kontrollieren, um rechtzeitig Redundanzen zu erkennen.

6) Programme, die nach der Vorgehensweise der schrittweisen Verfeinerung entwikkelt wurden, bieten folgende Vorteile:
   - klarer hierarchischer Prozeduraufbau.
   - einfache Verfolgung der Prozeduraufrufe bereits aus dem Entwurf.
   - leichter Austausch von Prozeduren oder ganzen Prozedurbäumen ohne unerwünschte „Nebeneffekte“, d.h. Fehlersuche und -beseitigung, Änderungen, Erweiterungen, Optimierungen sind viel leichter als bisher möglich.

   Nachteilig ist, daß die Entwurfsphase mehr Aufwand als bisher erfordert. Als weiteres negatives Argument könnte die „umständliche“ Aufrufstruktur vorgebracht werden, die beim Ablauf zeitaufwendig ist. Bei der Betrachtung der Softwareprodukte wird man jedoch jene Programme, die zeit- und speicherplatzkritisch sind, in mehreren Versionen optimieren. Die besten Vorausetzungen bietet hierbei ein lesbares und überschaubares Produkt.

2.3 Beschränkung der Strukturblockarten

1) Die drei zugelassenen Grundstrukturen, mit denen eine Programmablaufstruktur gebildet werden darf, sind:
   - Sequenz: eine Folge von Verarbeitungsschritten, die nacheinander ausgeführt werden. Die Reihenfolge der Bearbeitung ist bestimmt durch die Folge ihrer Niederschrift.
   - Auswahl: mindestens eine Verarbeitungsalternative, die durch ein Entscheidungskriterium gesteuert wird. Dem Auswahlkriterium entsprechend werden die zugehörigen Verarbeitungsschritte ausgeführt
   - Wiederholung: eine Folge von Verarbeitungsschritten, die fortlaufend wiederholt wird, bis ein Entscheidungskriterium erfüllt ist, das den Schleifenabbruch steuert.

2) Ein zusammengesetzter Strukturblock entsteht, wenn mehrere elementare Strukturblöcke aneinandergereiht werden (neben der Reihung gibt es noch die Schachtelung, die später behandelt wird). Seine Ablaufstruktur ist eine Sequenz.

3) Auswahlstrukturen können dargestellt werden als:
   - Zweifachverzweigung (mit Zusammenführung beider Zweige),
   - Mehrfachverzweigung (mit Zusammenfassung aller Zweige).

   Die Zusammenführung der Zweige ist in beiden Strukturblöcken notwendig, damit ein einziger Ausgang aus diesen Auswahlstrukturblöcken hinausführt.

4) Die „Schleife mit Vorabprüfung der Laufbedingung“ ist ein Strukturblock der Wiederholungsstruktur. In den Schleifenblock dieses Schleifentyps wird nur verzweigt, wenn eine Eingangsbedingung (Laufbedingung) abgefragt wird und das Abfrageergebnis die Antwort „JA“ ergibt. Würde die Antwort „NEIN“ ergeben, ist dies gleichbedeutend mit der Ausführung des nächsten Strukturblocks, der der Schleife folgt.

   Dieser Schleifentyp ist nicht aus dem Schleifenblock heraus abzubrechen, sondern nur über die Eingangsbedingung (die Laufbedingung).

5) Der Strukturblock „Schleife mit mindestens einer Abbruchbedingung“ ist ein zweiter Schleifentyp. Der Schleifenblock wird bedingungslos begonnen. Im Schleifenblock wird mindestens eine Abbruchbedingung abgefragt. Ergibt das Abfrageergebnis die Antwort „JA“, so wird diese Schleife sofort verlassen und der Strukturblock bearbeitet, der sich an diesen Schleifentyp anschließt.

   In diesem Schleifenblock dürfen mehrere verschiedene Abbruchbedingungen vorkommen. Es ist dabei aber zu beachten, daß beim Eintreten einer Abbruchbedingung zwingend in den nächsten (der Schleifenkonstruktion folgenden) Strukturblock verzweigt wird, der jeweilige Rest des Schleifenblocks dann nicht mehr ausgeführt wird.

2.4 Blockkonzept

1) Durch die Zweipoligkeit von Strukturblöcken soll ein übersichtlicher Steuerfluß erreicht werden. Grundsätzlich darf jeder Strukturblock nur genau eine Ein- und Aussprungsadresse bekommen. Damit kann z.B. bei einem Test einfach geprüft werden, ob, wie oft und unter welchen Bedingungen der Strukturblock angesprungen wurde.

2) Nein, auf keinen Fall!

3) Die Schachtelung von Strukturblöcken ist nur in den Unterblöcken der Auswahl- und Wiederholungsstruktur möglich. In diesen Strukturen entstehen aufgrund von Bedingungen mehrere Zweige bzw. Schleifenblöcke, die alternativ zu durchlaufen sind. Jeder dieser Zweige bzw. Schleifenblöcke darf wiederum Auswahl- und Wiederholungsstrukturen enthalten.

4) Die Anzahl der in eine Folge zwischengeschobenen Strukturblöcke ist selbstverständlich unbegrenzt. Zu beachten ist natürlich die perfekte Einhaltung des Prinzips der Zweipoligkeit.

2.5 Lesbarkeit

1) Die Lesbarkeit von Programmen erfordert eine deutlich sichtbare Übereinstimmung von Programmplan, Programmtext und dynamischen Ablaufverhalten. Ziel dieser Forderung ist es, eine größtmögliche Übersichtlichkeit herzustellen. Damit wird die Korrektheit praktisch aus dem Code nachgewiesen und die Testphase reduziert sich auf ein Minimum.
2) Die Lesbarkeit wird vor allem durch folgende Konventionen erreicht:
   - schrittweise Verfeinerung (hierarchisches Konzept),
   - Beschränkung der Strukturblockarten,
   - Blockkonzept (Zweipoligkeit/Prinzip der Schachtelung).

3) Durch SP-konforme Darstellungsmittel erhöht sich die Lesbarkeit. Solche sind z.B.:
   - Baumdiagramme
   - Struktogramme

2.6 Datenunterscheidung

1) Daten können gegliedert werden in Steuerungsdaten und Verarbeitungsdaten. Beide sind - abhängig von der Programmiersprache - als global oder lokal definierbar.

2) Ein Datenname sollte den Inhalt des Datums klar zum Ausdruck bringen. Beispiel: Die Bezeichnung KONST23 in einem Lohnprogramm ist für die Benennung der Beitragsbemessungsgrenze weit schlechter als der Name BEITRAGSBEMESSUNG oder kurz BEITRBEM.

3) Wird ein Datum zugleich zur Programmsteuerung und für die Verarbeitung verwendet, so kann:
   - als beste Lösung das Datum zweifach abgespeichert und unabhängig zur Verarbeitung und Steuerung verwendet werden. Änderungen in der Steuerung wirken sich dann nicht unmittelbar auf die Verarbeitung und umgekehrt aus.
   - weniger empfohlen werden, das Datum durch Redefinition zweifach zu benennen, einmal unter einem Steuerungsnamen, das zweitemal durch einen Verarbeitungsnamen.

4) Die Bildung von lokalen und globalen Daten erhöht die Sicherheit. Der Zugriff und Gültigkeitsbereich der Daten wird auf die Programmteile beschränkt, die wirklich mit ihnen arbeiten. Ein irrtümliches Verändern ist damit leichter zu vermeiden.
   Die Möglichkeit der lokalen und globalen Datenunterscheidung hängt jedoch sehr stark von der verwendeten Programmiersprache ab. Nur sehr wenige der heute allgemein eingesetzten Sprachen unterstützen sie.

3.2 Struktogramme

1) Für die sechs elementaren Strukturblöcke gibt es die folgenden Struktogramm-Symbole:

Sequenzsteuerblock

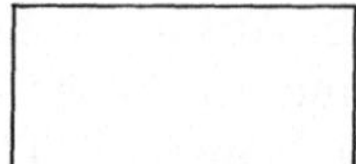

Prozeduraufruf

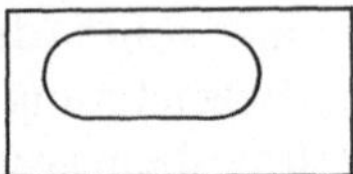

Zweifachverzweigung

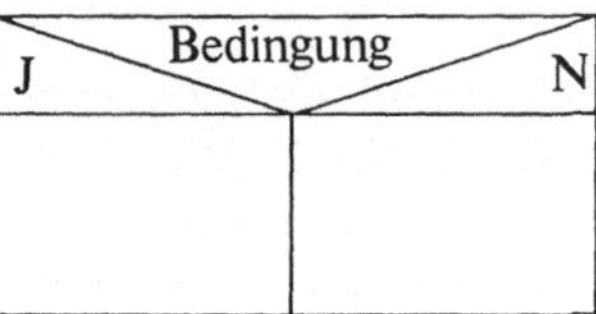

Mehrfachverzweigung

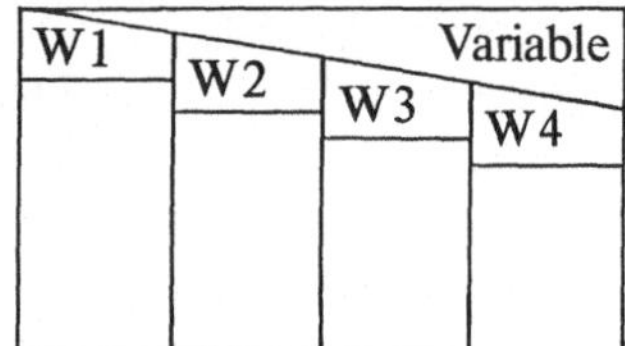

Schleife mit Vorabprüfung der Laufbedingung

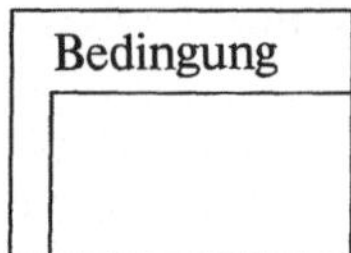

Schleife mit Abbruchbedingung

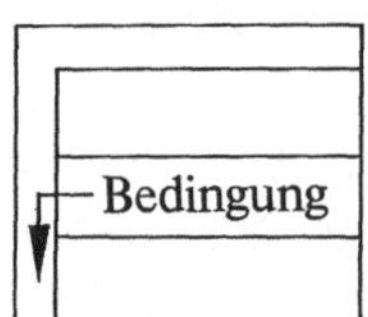

2) Funktionsteile oder logische Einheiten werden mit dem Klammersymbol zusammengefaßt. Die Vergabe von aussagekräftigen Namen sollte stets durchgeführt werden, sie erhöhen die Lesbarkeit eines Programms ungemein. Prozeduren erhalten immer das Klammersymbol.

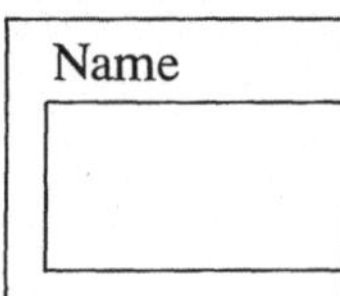

3) Eine Sequenz ist eine Reihung mehrerer Strukturblöcke. Sie muß kantendeckend erfolgen. Sequenzen können auch in die Unterblöcke von Verzweigungs- und Schleifenstrukturen eingefügt werden.

4) Lösung

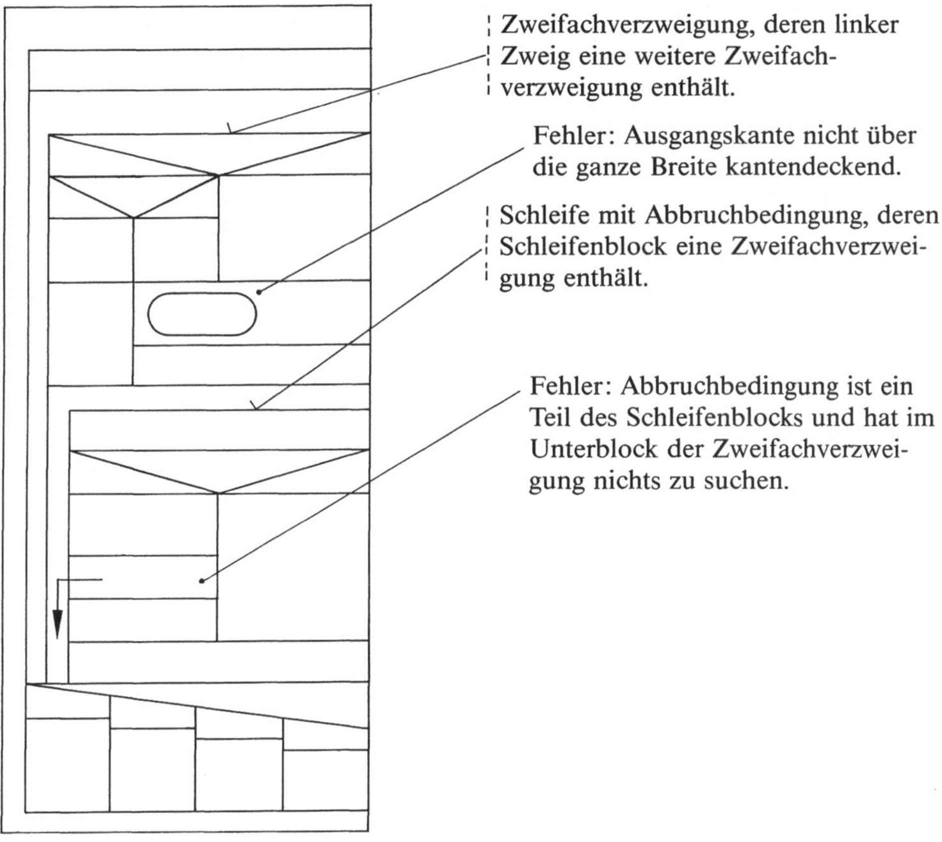

4.2 Einfache Strukturblöcke

1) VORARBEIT

Die geforderten Arbeitsschritte sind ohne Beachtung irgendwelcher Bedingungen nacheinander abzuarbeiten. Dies ist eine typische Folge/Sequenz.
Die Zusammenfassung aller dieser Tätigkeiten mit einem Klammersymbol plus Vergabe eines sinnfälligen Namens (hier VORARBEIT) sollte stets erfolgen, so kann bei späteren Ergänzungen sehr schnell das richtige Programmstück gefunden werden. Auch dies ist ein Beitrag zu „lesbaren" Programmen.

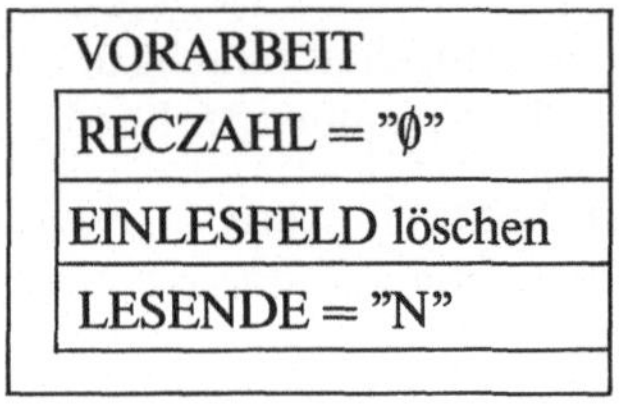

VORARBEIT
RECZAHL = "∅"
EINLESFELD löschen
LESENDE = "N"

2) TABELLEN-AUFBAU

Da nicht nur ein Satz, sondern alle Sätze der Datei gelesen werden sollen, kommt hier nur eine Wiederholungsstruktur in Frage.
Das Einlesen soll bis Dateiende erfolgen. Somit ist die einfachste Lösung eine „Schleife mit Vorabprüfung der Laufbedingung", etwa in der folgenden Art:

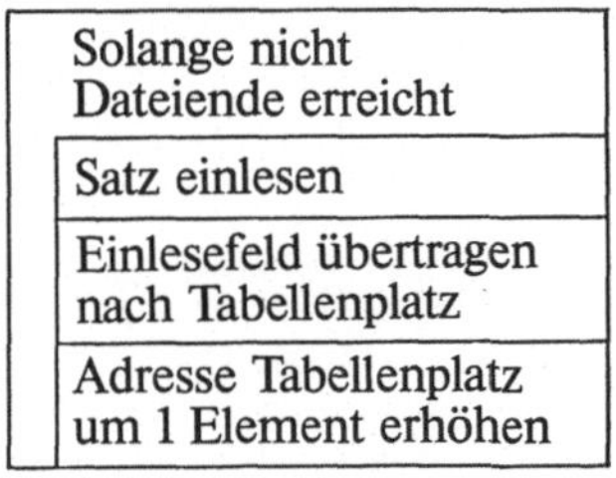

Solange nicht Dateiende erreicht
Satz einlesen
Einlesefeld übertragen nach Tabellenplatz
Adresse Tabellenplatz um 1 Element erhöhen

3) ANREDE

Das Feld MIT-ANR kann laut Aufgabenstellung verschiedene numerische Werte enthalten, dies führt zu einer Auswahlstruktur.
Da neben den drei vorgegebenen Möglichkeiten aber auch mit einem fehlerhaften Eintrag im bewußten Feld gerechnet werden muß, ist eine Mehrfachverzweigung mit 4 Unterblöcken die einfachste Lösung:

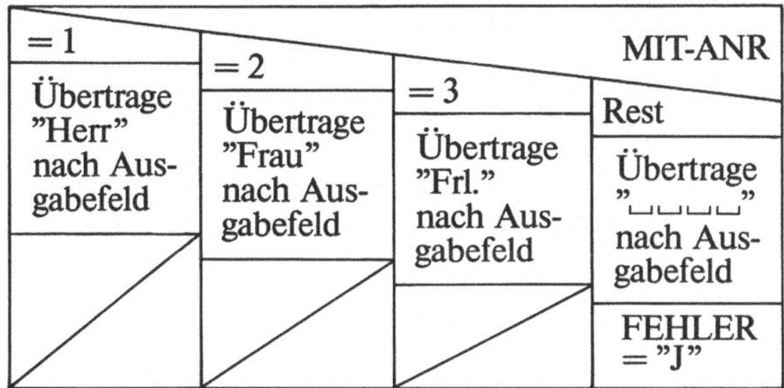

4) LAGER

Bei dieser Aufgabenstellung wird die Aussage gefordert, ob nach Entnahme eines Artikels noch ein bestimmter Mindestbestand vorhanden ist.

Dies ist die klassische JA-/NEIN-Abfrage, also mit einer Zweifachverzweigung am einfachsten zu lösen, wobei ein Unterblock leer bleibt:

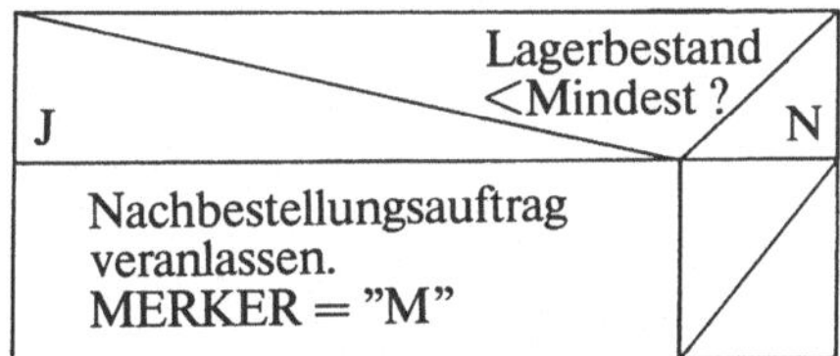

5) PERSONEN

Da auch hier mehrere Sätze auszulesen sind, kommt nur die Grundstruktur „Wiederholung“ in Frage.

Das Endekriterium ist das Erkennen der Zeichenfolge „*1900“, die aber im gelesenen Satz selber steht. Mit anderen Worten: erst muß ein Satz gelesen sein, bevor überhaupt das Endekriterium untersucht werden kann.

Daher ist hier eine „Sobald“-Schleife die optimale Form:

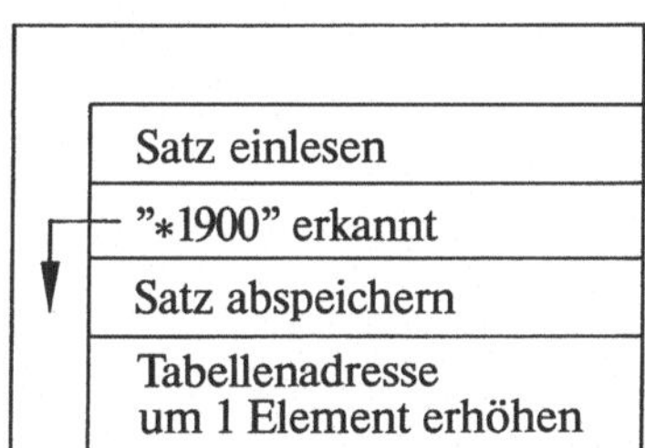

4.3 Zusammengesetzte Strukturblöcke

1) ZEICHENKETTE
Eine mögliche Arbeitsweise und eine entsprechende Struktogrammform für die Funktion der Zeichenkettenbearbeitung kann folgende Lösung sein:

ZEICHENKETTENBEARBEITUNG

- A = ANFANGSADRESSE DER ZEICHENKETTE (A bleibt erhalten)
- Z = ANFANGSADRESSE DES ZU BEARBEITENDEN RESTS DER ZEICHENKETTE (Z variiert)
- E = ENDADRESSE DER ZEICHENKETTE (E variiert)
- SOLANGE Z≦E
  - INHALT VON Z = „X“
    - JA:
      - (EINFUEGEN) Einfügen von drei Sternen und nach rechts verschieben
      - E: = E + 2
      - Z: = Z + 3
    - NEIN:
      - INHALT VON Z = „Y“
        - JA:
          - (STREICHEN) Herausstreichen des Zeichens „Y“ und nach links verschieben
          - E: = E − 1
        - NEIN:
          - Z: = Z + 1

2) WETTER

Die nachfolgende Arbeitsweise stellt eine der möglichen Lösungen dar. Die Abfrage auf totale Extremwerte vereinfacht sich hierbei, wenn man zu Beginn der Bearbeitung die Datenfelder TOTMIN auf +99, TOTMAX auf −99 setzt.

```
WETTER
    TAGZAL=Ø
    TOTMIN=+99
    TOTMAX=-99

        TAGMIN, TAGMAX   EINGEBEN
        PROGRAMMENDE
        TAGDSN:=(TAGMIN+TAGMAX)/2
        TAGZAL:=TAGZAL+1
        TAGMIN, TAGMAX, TAGDSN AUSGEBEN
        JA              TAGMIN<TOTMIN              NEIN
        TOTMIN=TAGMIN          |
        JA              TAGMAX>TOTMAX              NEIN
        TOTMAX=TAGMAX          |
        TEMPSUM:=TEMPSUM+TAGMIN+TAGMAX
    TOTDSN: =TEMPSUM/2·TAGZAHL
    TOTMIN, TOTMAX, TOTDSN, TAGZAL  AUSGEBEN
```

6.1 Lineare Verarbeitung

Bei jeder Aufgabe stellt sich die Frage nach einer günstigen Vorgehensweise. Diese Übung ließ durch die sehr eng gehaltene Vorgabe nicht viele sinnvolle Möglichkeiten zu; eine davon liefert das gewünschte Ergebnis aufgrund folgender Überlegungen:

1. Arbeitsweise allgemein
   - Dateien ansprechbar machen, damit die Ein- und Ausgabe realisiert werden kann.
   - Versorgen der Variablen, die einen Anfangswert benötigen.
   - Bereitstellen der Daten während des ersten zu verarbeitenden Unternehmens.

   Damit wird die Voraussetzung für die Suchroutine vorgegeben, die Teil der Verarbeitung ist. Wichtig zu wissen ist, daß in der elektronischen Datenverarbeitung die maschinelle Vorgehensweise oft der manuellen weitgehend nachempfunden wird. Deshalb wird immer ein kompletter Satz vollständig bearbeitet, bevor aus der gleichen Datei ein weiterer Satz gelesen wird.

2. Verarbeitung allgemein
   - In der Verarbeitungsroutine ist zu unterscheiden zwischen dem Teil, der bedingungslos und deshalb zuerst durchzuführen ist (Bilden des Umsatzes aller Unternehmen), sowie dem Teil, der nur unter bestimmten Voraussetzungen und deshalb nach dem erstgenannten durchzuführen ist. (Suchvorgang und ggf. die Sicherstellung der Daten).
   - Da keine Daten während der Bearbeitung eines Satzes auszugeben sind, sondern nur ein Sammeln von Daten unter vorgegebenen Voraussetzungen notwendig ist, muß nach der Verarbeitung eines Satzes das Lesen des Folgesatzes stattfinden. Verarbeiten und Lesen der Sätze liegen also in einer Schleife.
   - Diese Schleife darf erst dann nicht mehr durchlaufen werden, wenn keine weiteren Eingabedaten zur Verfügung stehen.

   Damit ist das Sammeln von Daten abgeschlossen, und ihre Bearbeitung kann beginnen. Ein Dateiende muß also nicht zwangsläufig ein Programmende nach sich ziehen.

3. Verarbeitung nach Ende der Eingabedatei
   - Durchführen der Berechnungen des prozentualen Anteils für das Unternehmen mit dem höchsten Umsatz.
   - Aufbereitung und Ausgabe der gewünschten Daten für das Unternehmen mit dem höchsten Umsatz.

     Anschließend werden die gleiche Verarbeitung und Ausgabe, bezogen auf den zweithöchsten und dritthöchsten Umsatz ausgeführt.
   - Zuletzt werden die Dateien, da sie nicht mehr benötigt werden, als nicht mehr ansprechbar erklärt und das Programm beendet.

Mit diesen Überlegungen könnte bereits die Steuerung für dieses Programm geschrieben werden; sie wird lediglich noch durch den bisher noch nicht durchdachten Suchvorgang beeinflußt:

- Die zur Verfügung stehenden Felder sind vorgegeben und müssen zunächst nach Steuerungs- und/oder Verarbeitungsvariablen getrennt werden. Dabei stellt sich heraus, daß alle Variablen außer UMS, UMS1, UMS2 und UMS3 reine Verarbeitungsvariablen sind.
- Die Variablen UMS, UMS1, UMS2 und UMS3 sind zwar Verarbeitungsdaten, steuern jedoch auch die Arbeitsschritte des Suchvorgangs.
- Nach Trennung der Variablenart gilt es, einen Algorithmus (Vorgehensweise) zu finden, nach dem der Suchvorgang ablaufen kann.

Hier einige Betrachtungen zum Finden einer günstigen Vorgehensweise für den Suchvorgang.
Dazu eine Frage: Ist es günstiger, den Umsatz (UMS) des bereitgestellten Satzes zuerst zu vergleichen
a) mit dem höchsten gesuchten Umsatz (UMS1) oder
b) mit dem niedrigsten gesuchten Umsatz (UMS3)?
Bei der Beantwortung dieser Frage soll von folgenden Werten ausgegangen werden:

UMS1 hat den Wert 30
UMS2 hat den Wert 20
UMS3 hat den Wert 10
} (es wurden bereits Sätze verarbeitet, die zu diesen Inhalten geführt haben)

Mit dem Lesen des nächsten Satzes erhält das Feld UMS den Wert 40. Unter den beschriebenen Voraussetzungen erscheint es günstiger zu sein, nach der unter Punkt a) beschriebenen Aussage vorzugehen (es kann sofort gehandelt werden: UMS3 wird mit 20 überschrieben, UMS2 durch den Inhalt von UMS1 ersetzt und UMS1 erhält den Inhalt von UMS).
Angenommen, mit dem nächsten zu lesenden Satz erhält das Feld UMS den Inhalt 5. Erscheint unter dieser Voraussetzung die Aussage unter Punkt a) immer noch als die günstigere? Offensichtlich nicht (es werden zusätzliche Abfragen notwendig, bevor erkannt wird, daß dieser Satz nicht zu den drei gesuchten zählt).
Folglich ist die Vorgehensweise nach Punkt a) immer dann günstig, wenn nach UMS ein höherer Wert eingelesen wird, als der bisher höchste in UMS1 abgespeicherte
ist die Vorgehensweise nach Punkt b) immer dann günstig, wenn nach UMS ein niedrigerer Wert eingelesen wird, als der bisher niedrigste in UMS3 abgespeicherte.
Da es jedoch wahrscheinlicher ist, mit jedem weiteren Lesen eines Satzes einen Umsatzwert einzulesen, der kleiner ist als der bisher kleinste, als das Gegenteil, nämlich einen höheren als den bisher höchsten Umsatzwert, wird es für die Laufzeit des Gesamtprogramms sinnvoller sein, nach Punkt b) zu verfahren.

Um diese Vorgehensweise auch für die ersten drei Sätze mitbenutzen zu können, müssen die Vergleichsfelder UMS1, UMS2 und UMS3 einen Anfangswert erhalten. Da nach höchsten Werten gesucht wird, erhalten sie am Anfang den Inhalt 0, damit richtige, d.h. auswertbare Vergleiche mit UMS durchgeführt werden können. Angenommen, nach dem Lesen des ersten Satzes enthält UMS den Inhalt 30, dann sind Suchvorgang und Sicherstellung der Daten unter dieser Voraussetzung wie folgt durchzuführen:

Ist UMS > UMS3? (30 > 0?)
- Wenn nein: nächsten Satz lesen
  (der eingelesene Satz zählt nicht zu den gesuchten)
- Wenn ja: EINB übertragen nach FE3, dann nächster Vergleich
  (der eingelesene Satz löst einen der drei bisher gesuchten ab; jetzt enthalten die Vergleichsfelder UMS und UMS3 den Wert 30)

Ist UMS > UMS2? (30 > 0?)
- Wenn nein: nächsten Satz lesen
  (EINB wurde bereits in FE3 sichergestellt)
- Wenn ja: es muß übertragen werden
  zuerst: FE2 nach FE3
  (damit enthalten UMS2 und UMS3 den Wert 0)
  dann: EINB nach FE2
  (damit enthalten UMS und UMS2 den Wert 30)
  anschließend durchführen des nächsten Vergleichs.

Ist UMS > UMS1? (30 > 0?)
- Wenn nein: nächsten Satz lesen
  (EINB wurde bereits in FE2 sichergestellt; berücksichtigt wurde dabei, daß die alten Werte von FE2 auf den niedrigeren Rang, also nach FE3, übertragen wurden)
- Wenn ja: es muß übertragen werden
  zuerst: FE1 nach FE2
  (damit enthalten UMS1 und UMS2 den Wert 0)
  dann: EINB nach FE1
  (damit enthalten UMS und UMS1 den Wert 30)
  anschließend wird der nächste Satz gelesen, der wie alle weiteren Sätze diese Suchroutine durchlaufen muß; Ausnahme: der Satz mit dem Dateiendekriterium.

Wird also bei diesem Verfahren ein Satz eingelesen, dessen Umsatz größer ist als der bisher in UMS3 gespeicherte, wird der Inhalt des Feldes FE3 auf jeden Fall überschrieben: entweder durch EINB, wenn UMS nicht größer ist als UMS2 oder durch FE2, wenn UMS größer ist als UMS2. Ist UMS auch größer als UMS1, so wird FE1 nach FE2 übertragen. Damit ist FE1 um einen Rang gefallen, so daß EINB nach FE1 übertragen werden kann und damit den höchsten Rang einnimmt. Mit dieser Sicherstellung der Daten aus EINB kann der Folgesatz gelesen und bearbeitet werden.

Damit sind alle Vorüberlegungen zur beschriebenen Aufgabenstellung kurz angeschnitten worden. Der nächste Schritt wird das Programmieren und somit die Programmstruktur beschreiben.

Programme lassen sich normalerweise grob wie folgt aufteilen:

- Vorlauf: Voraussetzung für den ersten Durchlauf durch das Programm schaffen;
- Eingabe: Bereitstellen von Sätzen, deren Daten zu verarbeiten sind;
- Verarbeitung: Veränderung der bereitgestellten Daten;
- Ausgabe: die gewünschten Ergebnisse zur Verfügung stellen;
- Nachlauf: Durchführung der Endbearbeitung eines Programms.

Von der vorliegenden Problemstellung werden keine Einzelergebnisse gefordert, daher entfällt die mögliche Ausgabe. Die gewünschten Daten können erst durch die Endbearbeitung im Nachlauf erstellt werden, weil erst nach Erkennen des Endes der Eingabedaten die Voraussetzungen dafür gegeben sind. Das Steuerprogramm muß daher wie folgt aussehen:

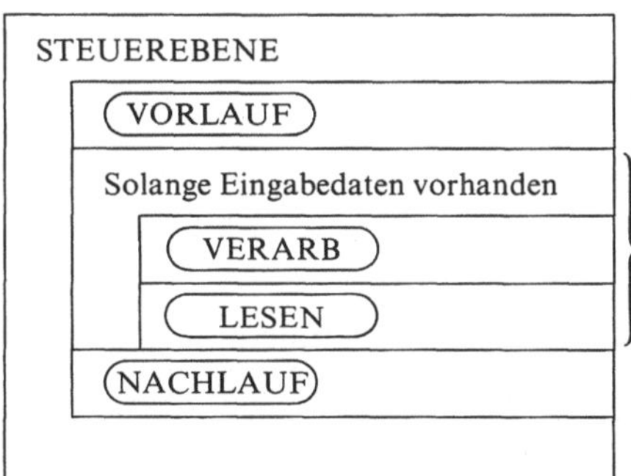

Diese Schleife besteht aus den Unterprogrammen VERARB und LESEN und wird erst beendet, wenn keine weiteren Eingabedaten mehr zur Verfügung stehen, also wenn EOF (End of File) der Eingabedatei erkannt wurde.

Um bereits diese Steuerebene des Programms codieren zu können, ist eine kleine Korrektur vorzunehmen: Die Schleife wird nur unter der Eingangsbedingung EINGABEDATEN VORHANDEN durchlaufen. Programmtechnisch ist das in der dargestellten Weise nicht lösbar. Ein Ausweg besteht darin, daß einer Variablen der Inhalt NULL zugewiesen und anschließend diese Variable abgefragt wird. Angenommen, diese Variable hat den Namen ENDE, dann muß anstelle der bisherigen Eingangsbedingung SOLANGE EINGABEDATEN VORHANDEN programmtechnisch SOLANGE ENDE = 0 stehen.

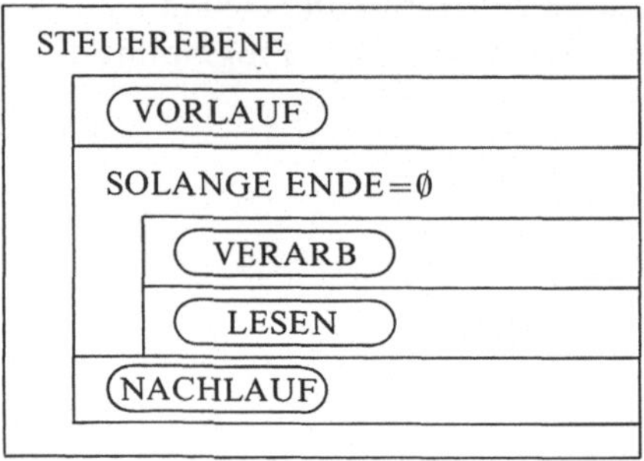

Die Steuerebene ist jetzt zu programmieren und wird sofort in der gewählten Sprache codiert. Um anschließend diese Ebene testen zu können, sind Testanschlüsse zu erstellen für:

- VORLAUF: meldet seinen Aufruf und setzt Schleifeneingangsbedingung ENDE auf 0,
- VERARB: meldet seinen Aufruf,
- LESEN: meldet seinen Aufruf und setzt Schleifeneingangsbedingung ENDE auf 1,
- NACHLAUF: meldet seinen Aufruf.

Nachdem die Steuerebene gestestet ist, wird die Dokumentation auf den letzten Stand gebracht. Danach beginnt die Erstellung der ersten Ebene, die durch die Steuerebene aufgerufen wird.

Im Unterprogramm VORLAUF sind die Voraussetzungen für den ersten Programmdurchlauf zu treffen:

- Dateien müssen eröffnet werden, um sie ansprechen zu können;
- Variable, die einen Anfangswert benötigen, bekommen die entsprechenden Zuweisungen;
- Ein Datensatz ist für die Verarbeitung bereitzustellen.

Diese drei Aussagen stellen sich in einem Struktogramm problembezogen wie folgt dar:

VORLAUF	
DATEIEN EROEFFNEN	} Dateien ansprechbar machen
∅ UEBERTRAGEN NACH UMS1	Anfangswerte setzen
∅ UEBERTRAGEN NACH UMS2	
∅ UEBERTRAGEN NACH UMS3	
∅ UEBERTRAGEN NACH GESUMS	
LOESCHEN DRUCKBEREICH	
∅ UEBERTRAGEN NACH ENDE	
(LESEN)	} Ersten Datensatz bereitstellen

Die Anfangswerte, die hier gesetzt werden, sind mit UMS1, UMS2 und UMS3 vorgegebene Vergleichsfelder, die am Ende des Suchprozesses die drei höchsten Umsatzwerte der Eingabedatei enthalten sollen. Ebenso erhält die Variable GESUMS (Umsatz aller Unternehmen) den Anfangswert Null. Das Feld ENDE wird auf NULL gesetzt, damit die Laufbedingung der Schleife in der Steuerebene gegeben ist. Außerdem wird sichergestellt, daß der Druckbereich gelöscht ist.

Die Schleife selbst enthält in ihrem Schleifenkörper zuerst einen Verarbeitungsteil. Damit eine Bearbeitung stattfinden kann, muß aber bereits ein Satz zur Verfügung stehen. Deshalb ist das Lesen im Vorlauf notwendig.

Damit wäre der erste Unterplan dieser Ebene codierbar. Der Testanschluß VORLAUF wird also durch den echten Programmteil VORLAUF ersetzt.

Beim Codieren des Struktogramms VORLAUF tritt die Frage auf, ob die Anfangswerte vom Benutzer durch Befehle gesetzt oder ob die Möglichkeit der Datendeklaration (Definition per Anweisung) verwendet werden soll. Damit die statische Niederschrift weiterhin dem dynamischen Ablauf entspricht, muß bei Anwendung der Deklaration im Struktogramm eine Korrektur vorgenommen werden. Zwei Möglichkeiten bieten sich an:

1. Kennzeichnen der Operation, daß sie per Deklaration bereits realisiert wurde. Die Kennzeichnung ist hierbei eindeutig vorzuschreiben, z.B.:

vorher	nachher
∅ UEBERTRAGEN NACH UMS1	∅ UEBERTRAGEN NACH UMS1 (deklariert)
∅ UEBERTRAGEN NACH GESUMS	∅ UEBERTRAGEN NACH GESUMS (deklariert)
∅ UEBERTRAGEN NACH ENDE	∅ UEBERTRAGEN NACH ENDE (deklariert)

   Bei dieser Form der Darstellung sollte beachtet werden, daß alle Felder, deren Anfangswert per Deklaration gesetzt werden, auf diese Weise zu beschreiben sind.

2. Herausstreichen der Operationen, da sie nicht im Programm vorhanden sind. Das bedeutet eine nicht vollständige Dokumentation. Guter Ersatz ist eine Datenmatrix, die folgendes Aussehen haben kann:

VERWENDUNG/ FORMAT / NAME	definiert als	Anfangsinhalt	global	lokal	Steuerprogramm	VORLAUF	VERARB	LESEN	NACHLAUF
AUSB	133C		×						SP, DRU
DFIRMA	20∅C		×						EMPF
:									
EINB	8∅C		×				SEND	EMPF	
GESUMS	12P	∅	×				ARITH		ARITH
:									
PROZ	3P			×					ZE, ARITH, SEND

Anzahl Zeichen (definiert als): Zeichenfolge = C, Gepackt = P

SP = mit SPACES Löschen,
DRU = Ausgeben auf Drucker,
SEND = Sendefeld,
EMPF = Empfangsfeld,
ARITH = Rechenoperation,
ZE = mit NULL Löschen.

Diese Art der Darstellung erfordert einen Mehraufwand an Arbeit, da die symbolischen Adressen (Namen) mit jedem codierten Programmteil zunehmen. Sie sollten sinnvollerweise nach Fertigstellung des Programms in einer neuen Matrix geordnet in das Programm aufgenommen werden. Diese Arbeit vereinfacht spätere Wartungsarbeiten erheblich.

Von beiden aufgeführten Möglichkeiten ist die zweite die bessere, da die Matrix detaillierte und somit aussagefähige Informationen über die Daten zur Verfügung stellt. Leider hat diese Form der Darstellung einen Nachteil, der sofort erkennbar wird, wenn viele Programmteile aufgeführt werden müssen. Eine andere Darstellungsform führt zu einer ähnlich guten Aussage und bietet sich deswegen an:

VERWENDUNG/ FORMAT / NAME	definiert als	Anfangsinhalt	global	lokal	verwendet in Prozedur als
AUSB	133C		×		NACHLAUF (SP, DRU)
:					
GESUMS	12P	∅	×		VERARB (ARITH) NACHLAUF (ARITH)
:					
PROZ	3P			×	NACHLAUF (ZE, ARITH, SEND)
:					

Nachdem die Dokumentation der Daten (auf den augenblicklichen Stand bezogen) und die Codierung des Programmteils VORLAUF erledigt sind, muß der Nachweis für den einwandfreien Durchlauf erbracht werden. Dazu ist wiederum ein Testanschluß zu erstellen, der folgende Prüfungen vornimmt:

- Eröffnen der Dateien,
- Prüfen, ob Anfangswerte richtig gesetzt sind.
  Die Anfangswerte müssen nur ausgedruckt werden, ggf. sind zusätzliche Operationen notwendig, die alle nicht-abdruckbaren Zeichen in abdruckbare umwandeln.
- Prüfen, ob Testanschluß LESEN durchlaufen wird.
  Die Unterroutine LESEN besteht bereits als Testanschluß. Durch Ergänzung eines Lesebefehls, in dessen Dateienderoutine die Operation „ENDE auf Eins setzen" eingebaut wird, ist diese Testroutine wieder vollständig. Durch die Eingabe- und Ausgabeoperationen ist die Dateieröffnung automatisch überprüft.

Nach diesem Testlauf ist die Dokumentation zu vervollständigen und anschließend mit der Erstellung des nächsten Unterprogramms fortzufahren. Dies wäre die Routine VERARB, die jedoch ohne bereitgestellten Satz nicht auf ihre Korrektheit überprüft werden kann. Auch wenn der Testanschluß LESEN schon die LESEN-Funktion realisiert, ist damit nicht gesagt, daß alle Eingabefunktionen bereits erfüllt sind (z.B. Plausibilitätsprüfungen). Im vorliegenden Problem braucht die Unterfunktion LESEN nicht mehr geändert zu werden:

LESEN

LESEN SATZ AUS EINGABEDATEI

DATEIENDE

JA	NEIN
1 UEBERTRAGEN NACH ENDE	———

Die Prüfung für LESEN übernimmt ein Testanschluß, durch den die Inhalte der einzelnen Felder des Satzes ausgegeben werden. Das Schleifenende wird durch das Erkennen von DATEIENDE der Testdatei überprüft. Nach dieser Prüfung wird die Dokumentation wieder vervollständigt.
Jetzt kann der Programmteil VERARB realisiert werden. Der Algorithmus dafür ist bereits am Anfang erläutert worden. Er sieht programmtechnisch wie folgt aus:

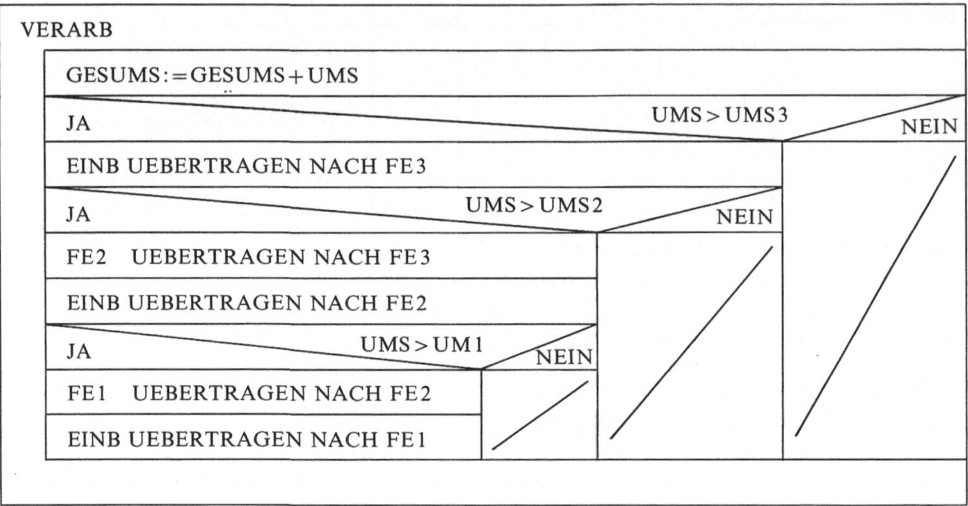

Der bestehende Testanschluß NACHLAUF wird ergänzt, da alle in der Schleife gesammelten Daten im Zugriffsbereich dieses Programmteils liegen müssen.
Der Testanschluß NACHLAUF gibt die Inhalte der Felder GESUMS, FE1, FE2, FE3 aus. Nach positiver Prüfung der ausgegebenen Ergebnisse und nach Fertigstellung der Dokumentation dieses Programmteils muß nur noch dieser Testanschluß in einen echten Programmteil umgesetzt werden.

Im Programmteil Nachlauf wird die Endebearbeitung durchgeführt:

NACHLAUF

Errechnen prozentualen Anteil für Firma mit höchstem Umsatz und Ausgabe der Daten dieser Firma

PROZ: = UMS1/GESUMS * 100

PROZ, DATEN AUS FE1 UEBERTRAGEN NACH DRUCKBEREICH

VORSCHUB NACH KANAL 1 (Blattvorschub)

DRUCKEN ZEILE

LOESCHEN DRUCKBEREICH

Errechnen prozentualen Anteil für Firma mit dritthöchstem Umsatz und Ausgabe der Daten dieser Firma

PROZ: = UMS3/GESUMS * 100

PROZ, DATEN AUS FE3 UEBERTRAGEN NACH DRUCKBEREICH

VORSCHUB VOR DRUCKEN 1 ZEILE

DRUCKEN ZEILE

LOESCHEN DRUCKBEREICH

Errechnen prozentualen Anteil für Firma mit zweithöchstem Umsatz und Ausgabe der Daten dieser Firma

PROZ: = UMS2/GESUMS * 100

PROZ, DATEN AUS FE2 UEBERTRAGEN NACH DRUCKBEREICH

VORSCHUB VOR DRUCKEN 1 ZEILE

DRUCKEN ZEILE

LOESCHEN DRUCKBEREICH

DATEIEN ABSCHLIESSEN

Nach dem Test und der Fertigstellung der Dokumentation dieses Programmteils können bereits erste Läufe mit echten Daten durchgeführt werden.

Eine andere Lösung kann über eine Schleife mit Abbruchbedingung erreicht werden. An den Unterprogrammen ändert sich bis auf den Programmteil VORLAUF nichts:

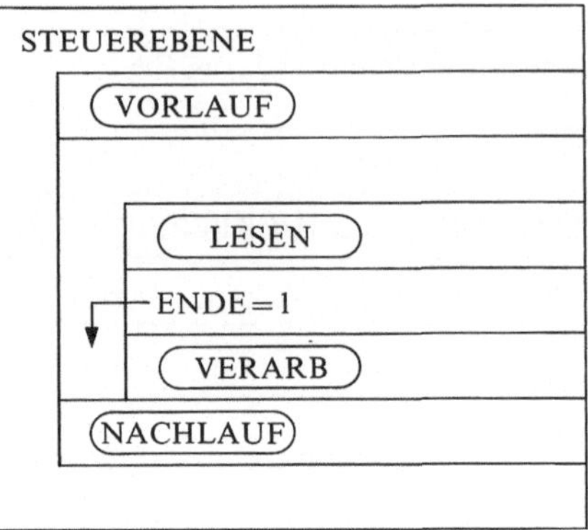

Im Unterprogramm VORLAUF darf nach diesem Steuerprogramm nicht gelesen werden. Auch diese Lösung entspricht der SP.

Ergänzungen

Da ähnlich aufgebaute Datenbestände vorhanden sind, erhält die vorliegende Datei die Kennziffer 93 (Zeichen 1 und 2) zugeordnet. Falsche Sätze sind zu überlesen. Es sollen die notwendigen Änderungen in die zuvor gezeigten Struktogramme eingearbeitet werden.
Die Ergänzung ist dem logischen Programmteil LESEN zuzuordnen. Das Unterprogramm LESEN darf erst verlassen werden, wenn feststeht, daß ein für die Verarbeitung in Frage kommender Satz bereitgestellt ist. Das zwingt innerhalb der Leseroutine zu einer Schleifenbildung:

LESEN

∅ UEBERTRAGEN NACH NEUSATZ

SOLANGE NEUSATZ=∅

LESEN SATZ

DATEIENDE: JA	DATEIENDE: NEIN	
1 ÜBERTRAGEN NACH ENDE	KZ=93: JA	KZ=93: NEIN
1 ÜBERTRAGEN NACH NEUSATZ	1 ÜBERTRAGEN NACH NEUSATZ	

Diese erste Aufgabe einer einfachen Verarbeitung sollte alle Schritte detailliert aufzeigen, die bei der Erstellung eines Programms zu beachten sind, wenn die Regeln der SP eingehalten werden sollen. Dabei wurde bereits eine Programmbeschreibung vorgegeben, wie sie einem Feinentwurf zu entnehmen ist.

Die folgenden Übungen werden nicht in dieser detaillierten Form beschrieben. Die aus den Problembeschreibungen - wiederum auf der Feinentwurfsebene - entwickelten Struktogramme sollen lediglich als Vergleichsmöglichkeit dienen. Zusätzlich werden gezielt Hinweise gegeben, die kritische Stellen bzw. Steuerungsalgorithmen erläutern, um die Programme transparent zu machen.

6.2 Mischen

STEUERPROGRAMM
Dieses Programm soll die Technik „Mischen von Dateien" aufzeigen.
Die Umsatzdateien von drei Filialen liegen jeweils nach der Kundennummer aufsteigend sortiert vor und sollen in einer gemischten Datei zusammengefaßt werden.
Das Mischen geschieht in der Weise, daß bei Vorliegen der gleichen Kundennummer in mehreren Dateien die Reihenfolge Filiale 1, dann Filiale 2, dann Filiale 3 berücksichtigt wird.

(VORLAUF)	
(EINGABE)	Lese-Routine für alle im Programm sequentiell zu verarbeitenden Eingabedateien
(MISCHEN)	Herausfinden des nächsten zu bearbeitenden Satzes
MINLES=2	(kein weiterer Satz zu bearbeiten)
(VERARBEIT)	Bearbeiten des durch das Mischen herausgefundenen Satzes
(NACHLAUF)	

VORLAUF
Die Unterroutine VORLAUF schafft die Voraussetzung für den ersten Durchlauf durch die Lese-/ Bearbeitungsschleife. Die einzelnen Funktionen werden auch hier getrennt betrachtet:

Die Lesesteuerung für alle Dateien auf „die Datei darf gelesen werden" setzen. Kennung für diese Aussage ist die Ziffer Null.

∅ ÜBERTRAGEN NACH FILLES1
∅ ÜBERTRAGEN NACH FILLES2
∅ ÜBERTRAGEN NACH FILLES3

Die Datei-Verarbeitungspriorität wird festgelegt für den Fall, daß ein Kunde in mehr als einer Datei vorkommt. Da aufsteigende Sortierfolge, bildet der niedrigste Inhalt des Feldes die vorrangige Datei.

1 ÜBERTRAGEN NACH FILNR1
2 ÜBERTRAGEN NACH FILNR2
3 ÜBERTRAGEN NACH FILNR3

Eröffnen aller Dateien dieses Programms. Die Eröffnung bestimmter Dateien unter besonderen Voraussetzungen entfällt.

ERÖFFNEN DATEI FILIALE 1
ERÖFFNEN DATEI FILIALE 2
ERÖFFNEN DATEI FILIALE 3
ERÖFFNEN DATEI GEMISCHTE UMSÄTZE

Setzen von Anfangswerten/Ausgangswerten

LÖSCHEN AUSGABEBEREICH (weiteres Löschen grundsätzlich nach jeder Ausgabe)

EINGABE

Die Routine EINGABE realisiert das Lesen aller Dateien. Welche Datei gelesen oder nachgelesen werden soll, geht aus der Abfrage des Feldes FILLES hervor. Bei Inhalt ∅ ist der nächste Satz der Datei zu lesen.

LESEROUTINE FÜR DATEI FILIALE 1

FILLES 1 = ∅ — JA / NEIN

- JA:
  - LESEN SATZ AUS DATEI FILIALE 1
  - DATEIENDE — JA / NEIN

JA	NEIN
DATEI FILIALE 1 ABSCHLIESSEN	KUNDENNUMMER 1 ÜBERTRAGEN NACH FILKNR 1
2 ÜBERTRAGEN NACH FILLES 1	1 ÜBERTRAGEN NACH FILLES 1

- NEIN: /

LESEROUTINE FÜR DATEI FILIALE 2

FILLES 2 = ∅ — JA / NEIN

- JA:
  - LESEN SATZ AUS DATEI FILIALE 2
  - DATEIENDE — JA / NEIN

JA	NEIN
DATEI FILIALE 2 ABSCHLIESSEN	KUNDENNUMMER 2 ÜBERTRAGEN NACH FILKNR 2
2 ÜBERTRAGEN NACH FILLES 2	1 ÜBERTRAGEN NACH FILLES 2

- NEIN: /

LESEROUTINE FÜR DATEI FILIALE 3

FILLES 3 = ∅ — JA / NEIN

- JA:
  - LESEN SATZ AUS DATEI FILIALE 3
  - DATEIENDE — JA / NEIN

JA	NEIN
DATEI FILIALE 3 ABSCHLIESSEN	KUNDENNUMMER 3 ÜBERTRAGEN NACH FILKNR 3
2 ÜBERTRAGEN NACH FILLES 3	1 ÜBERTRAGEN NACH FILLES 3

- NEIN: /

MISCHEN

In der Unterroutine MISCHEN wird über die Vergleichsfelder FIL 1, FIL 2 und FIL 3 der Satz der Datei herausgefunden, der als nächster bearbeitet werden soll.

Dabei gibt das Feld FILNR dann den Ausschlag, wenn in mehreren Dateien die gleiche Kundennummer vorkommt. Das Feld FILLES enthält während der Mischroutine entweder das Kennzeichen für: diese Datei ist bereits abgeschlossen (=2) oder die Datei darf nicht gelesen werden (=1).

Am Ende der Mischroutine enthält das dateineutrale Vergleichsfeld MINI die Daten aus FIL 1 oder FIL 2 oder FIL 3, so daß aus dem Inhalt MINNR anschließend die Ausgabe der zu bearbeitenden Datei hervorgeht.

INHALT FIL 1 ÜBERTRAGEN NACH MINI	
JA — FIL 2 < MINI	NEIN
INHALT FIL 2 ÜBERTRAGEN NACH MINI	—
JA — FIL 3 < MINI	NEIN
INHALT FIL 3 ÜBERTRAGEN NACH MINI	—

VERARBEIT

In der Routine VERARBEIT wird die Bearbeitung des Satzes durchgeführt, der von der Routine MISCHEN bereitgestellt wurde. Welcher Datei dieser Satz angehört, geht aus der Abfrage des Feldes hervor.

BEARBEITUNG DATEI FILIALE1

JA — MINNR=1	NEIN
EINGABEBEREICH FILIALE1 ÜBERTRAGEN NACH AUSGABEBEREICH	
AUSGEBEN SATZ	
LÖSCHEN AUSGABEBEREICH	
∅ ÜBERTRAGEN NACH FILLES1 (Lesesteuerung auf Lesen setzen)	

BEARBEITUNG DATEI FILIALE2

JA — MINNR=2	NEIN
EINGABEBEREICH FILIALE2 ÜBERTRAGEN NACH AUSGABEBEREICH	
AUSGEBEN SATZ	
LÖSCHEN AUSGABEBEREICH	
∅ ÜBERTRAGEN NACH FILLES2 (Lesesteuerung auf Lesen setzen)	

BEARBEITUNG DATEI FILIALE3

JA — MINNR=3	NEIN
EINGABEBEREICH FILIALE3 ÜBERTRAGEN NACH AUSGABEBEREICH	
AUSGEBEN SATZ	
LÖSCHEN AUSGABEBEREICH	
∅ ÜBERTRAGEN NACH FILLES3 (Lesesteuerung auf Lesen setzen)	

NACHLAUF

In der Routine NACHLAUF wird es notwendig zu prüfen, ob eine Datei bereits geschlossen ist oder nicht, da in einem Fehlerfall über diese Routine das Programm zu verlassen ist (nur wenn Programmabbruch erwünscht ist). Die Eingabedateien werden normal in der Leseroutine abgeschlossen.

JA — FILLES1 <2 — NEIN	
DATEI FILIALE1 ABSCHLIESSEN	
JA — FILLES2 <2 — NEIN	
DATEI FILIALE2 ABSCHLIESSEN	
JA — FILLES3 <2 — NEIN	
DATEI FILIALE3 ABSCHLIESSEN	
DATEI GEMISCHTE UMSÄTZE ABSCHLIESSEN	

6.2 Mischen (Erweiterung)

STEUERPROGRAMM

Das Programmende wird durch das Steuerprogramm realisiert. (Im Nachlauf werden alle abschließenden Arbeiten durchgeführt, der logische Programmschluß liegt nach Rückkehr aus dem Nachlauf im Steuerprogramm.)

Die Funktion Programmende sollte immer durchlaufen werden, ganz gleich aus welchen Gründen eine Programmbeendigung gewünscht wird. Es muß daher ein weiterer Schleifenausgang gesetzt werden, der zum Nachlauf führt.

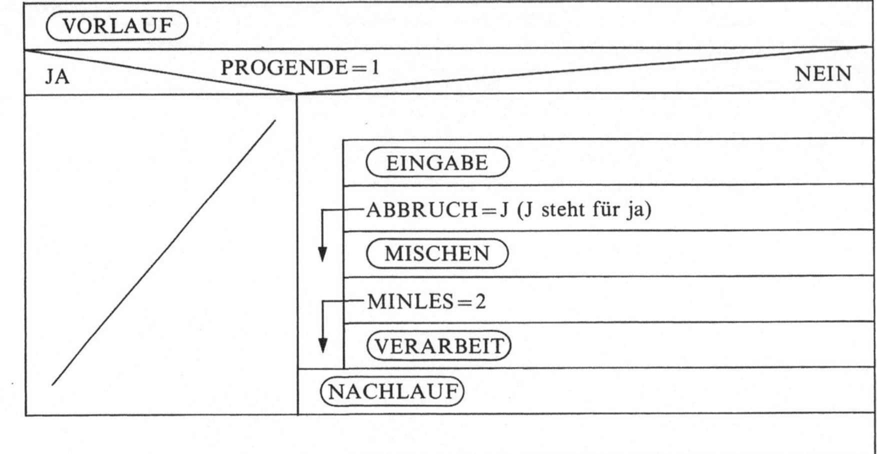

Der Grundsatz, immer über die Unterroutine NACHLAUF ein Programm zu beenden, also auch im Fehlerfall, wurde im vorstehenden Struktogramm eingehalten, wenn von der Abfrage „PROGENDE=1" abgesehen wird. Womit aber ist diese Ausnahme zu begründen?

Das vorliegende Programm kann nur sinnvoll ablaufen, wenn die Parameter des Vorlaufsatzes richtig sind.

VORLAUF

In dieser erweiterten Übung sollen die Dateien aufgrund von Merkmalen eröffnet werden, die aus einem Vorlaufsatz zu entnehmen sind. Hierbei bietet es sich an, eine Trennung in drei Teile vorzunehmen:

- Arbeiten die vor der Eröffnung liegen (VORL1)
- Eröffnen der Dateien (OPEN)
- Arbeiten die nach dem Eröffnen liegen (VORL2).

Diese Teilung läßt bereits erkennen, daß das Programmende direkt angesteuert werden kann, wenn bei falscher Eingabe der Merkmale das Programm abzubrechen ist (PROGENDE=1).

VORL1

JA	PROGENDE=1	NEIN
		OPEN
		VORL2

In der Unterroutine VORL1 wird der Vorlaufsatz gelesen. Vorlaufsätze können, müssen aber nicht eine Datei darstellen, wenn sie vom Programm direkt gelesen werden.

Die Auswertung der als Satz einer Datei eingelesenen Informationen muß unbedingt in der ersten Unterroutine von VORLAUF, also in VORL1, vorgenommen werden. Stellt sich bei der Überprüfung der Vorlauf-Parameter heraus, daß sie nicht zugelassen sind und zu einem nicht gewünschten Verarbeitungsergebnis führen, so hat jede weitere Verarbeitung zu unterbleiben, d.h. das Programm ist zu beenden. Da jedoch noch keine Dateien eröffnet wurden, brauchen auch keine Datei-Abschlußroutinen durchlaufen werden.

Dem Grundsatz nach mußte die Abfrage „PROGENDE = 1“ als erste Abbruchbedingung des Schleifenkörpers im Steuerprogramm aufgeführt sein, und zwar vor dem Unterprogramm-Aufruf EINGABE, um auf die Unterroutine NACHLAUF verzweigen zu können. Bei richtigen Parametern des Vorlaufsatzes würde diese Abbruchbedingung nach jeder Satzbearbeitung erneut abgefragt werden, obwohl durch die Schleife das Feld „PROGENDE“ nicht verändert wird.
Das Verlegen der Abfrage „PROGENDE = 1“ vor die Schleife stellt also eine Laufzeitoptimierung dar, durch die die Lesbarkeit nicht beeinträchtigt wird. Auch Programmänderungen werden sich nicht auf das Feld PROGENDE auswirken.

Von dem Zeitpunkt an, wo in die Eröffnungsroutine (hier: OPEN) verzweigt wird, sollte der beschriebene Grundsatz stets eingehalten werden.

VORL1

Diese Unterroutine setzt die Merkmale dafür, ob eine Datei eröffnet werden soll. Dies gilt für alle Ein-/Ausgabedateien und ist nur dann im Programm vorzusehen, wenn Dateien nicht in jedem Programmlauf benötigt werden.

- LESEN VORLAUFSATZ
- LÖSCHEN AUSGABEBEREICH FÜR BEDIENPLATZ (BEDIENAUS)
- KEZ ≠ VS
  - JA:
    - TEXT: „VORLAUFSATZ PRUEFEN. FALSCHE SATZART! PROGRAMM WIRD ABGEBROCHEN.“ AUSGEBEN AUF BEDIENPLATZ
    - 1 ÜBERTRAGEN NACH PROGENDE
  - NEIN:
    - TEXT: „FILAUS“ ÜBERTRAGEN NACH BEDIENAUS
    - INH = „EZDV“
      - JA:
        - ∅ ÜBERTRAGEN NACH FILLES1
        - TEXT: „FILIALE1“ ÜBERTRAGEN NACH BEDIENAUS
        - ∅ ÜBERTRAGEN NACH FILLES2
        - TEXT: „FILIALE2“ ÜBERTRAGEN NACH BEDIENAUS
        - ∅ ÜBERTRAGEN NACH FILLES3
        - TEXT: „FILIALE3“ ÜBERTRAGEN NACH BEDIENAUS
        - ∅ ÜBERTRAGEN NACH FILLES4
        - TEXT: „FILIALE4“ ÜBERTRAGEN NACH BEDIENAUS
      - NEIN:
        - INH1 = „E“
          - JA: ∅ ÜBERTRAGEN NACH FILLES1; TEXT: „FILIALE1“ ÜBERTRAGEN NACH BEDIENAUS
          - NEIN: 3 ÜBERTRAGEN NACH FILLES1
        - INH2 = „Z“
          - JA: ∅ ÜBERTRAGEN NACH FILLES2; TEXT: „FILIALE2“ ÜBERTRAGEN NACH BEDIENAUS
          - NEIN: 3 ÜBERTRAGEN NACH FILLES2
        - INH3 = „D“
          - JA: ∅ ÜBERTRAGEN NACH FILLES3; TEXT: „FILIALE3“ ÜBERTRAGEN NACH BEDIENAUS
          - NEIN: 3 ÜBERTRAGEN NACH FILLES3
        - INH4 = „V“
          - JA: ∅ ÜBERTRAGEN NACH FILLES4; TEXT: „FILIALE4“ ÜBERTRAGEN NACH BEDIENAUS
          - NEIN: 3 ÜBERTRAGEN NACH FILLES4
    - TEXT: „FOLGENDE DATEIEN WERDEN EROEFFNET:“ AUSGEBEN AUF BEDIENPLATZ
    - INHALT VON BEDIENAUS AUSGEBEN AUF BEDIENPLATZ
    - ∅ ÜBERTRAGEN NACH FRAGEFELD
    - SOLANGE FRAGEFELD = ∅
      - TEXT: „SOLL MIT DEN ANGEGEBENEN DATEIEN DIESER PROGRAMMLAUF DURCHGEFUEHRT WERDEN? (J/N)“ AUSGEBEN AUF BEDIENPLATZ
      - ANTWORT = J
        - JA:
          - ∅ ÜBERTRAGEN NACH PROGENDE
          - 1 ÜBERTRAGEN NACH FRAGEFELD
        - NEIN:
          - ANTWORT = N
            - JA:
              - 1 ÜBERTRAGEN NACH PROGENDE
              - 1 ÜBERTRAGEN NACH FRAGEFELD
              - TEXT: „PROGRAMM WIRD BEENDET“ AUSGEBEN AUF BEDIENPLATZ
            - NEIN:
              - TEXT: „UNZULAESSIGE ANTWORT“ AUSGEBEN AUF BEDIENPLATZ
- PROGENDE = ∅
  - JA:
    - Dateiprioritäten vergeben durch Setzen der Prioritätsmerkmale in die Rangbytes
      - 1 ÜBERTRAGEN NACH FILNR1
      - 2 ÜBERTRAGEN NACH FILNR2
      - 3 ÜBERTRAGEN NACH FILNR3
      - 4 ÜBERTRAGEN NACH FILNR4
  - NEIN: (leer)

OPEN
Diese Routine wird nur durchgeführt, wenn in VORL 1 die richtigen Dateimerkmale gesetzt werden konnten.
Es werden zunächst die Dateien eröffnet, die von den vorgegebenen Merkmalen abhängig sind, anschließend werden ohne Merkmalsprüfung die Dateien eröffnet, die für jeden Programmlauf zwingend notwendig sind.

FILLES 1 = ∅	
JA	NEIN
ERÖFFNEN DATEI FILIALE 1	

FILLES 2 = ∅	
JA	NEIN
ERÖFFNEN DATEI FILIALE 2	

FILLES 3 = ∅	
JA	NEIN
ERÖFFNEN DATEI FILIALE 3	

FILLES 4 = ∅	
JA	NEIN
ERÖFFNEN DATEI FILIALE 4	

ERÖFFNEN DATEI FILAUS (Gemischtes Umsatzband)

ERÖFFNEN DATEI FEHLERLISTE

VORL2

Das Setzen von Anfangswerten/Ausgangswerten wird sinnvoll, wenn feststeht, daß eine Bearbeitung von Dateien stattfinden soll.

„LOW VALUE" ÜBERTRAGEN NACH HIFE1, HIFE2, HIFE3, HIFE4 [1]
(HIFEx = Hilfsfeld zur Sortierfolgeprüfung einer Datei, wird hier auf den Ausgangswert gesetzt.)

„N" ÜBERTRAGEN NACH ABBRUCH
(Damit einen definierten Anfangswert setzen, der beim ersten Durchlauf nicht zum Programmabbruch führt. „N" = kein Abbruch)

∅ ÜBERTRAGEN NACH SORTZAE1, SORTZAE2, SORTZAE3
(SORTZAEx = Zähler zum Feststellen der nicht in Folge liegenden Sätze einer Datei. Die Datei FILIALE4 benötigt diesen Zähler nicht.)

LÖSCHEN AUSGABEBEREICH DER DATEI FILAUS

LÖSCHEN DRUCKBEREICH DER DATEI FEHLERLISTE

Vorbereiten der Datei FEHLERLISTE, damit die erste gewünschte Meldung direkt ausgedruckt werden kann.

TEXT „FEHLERLISTE PROGRAMM: ... M I S C H E N ... VOM"
ÜBERTRAGEN NACH DRUCKBEREICH

TAGESDATUM (mit dem die Anlage arbeitet)
ÜBERTRAGEN NACH DRUCKBEREICH

VORSCHIEBEN VOR DEM DRUCKEN AUF NEUE SEITE

DRUCKEN ZEILE (Überschriftszeile)

LÖSCHEN DRUCKBEREICH

UNTERSTREICHUNG ÜBERTRAGEN NACH DRUCKBEREICH

VORSCHIEBEN 3 ZEILEN NACH DEM DRUCK

DRUCKEN ZEILE

DRUCKBEREICH LÖSCHEN

[1] LOW VALUE entspricht dem Wert sedezimal $\emptyset\emptyset_{(16)}$.

EINGABE

Diese Unterroutine soll grundsätzlich so aufgebaut werden, daß mit Übergabe der Steuerung an die nächsthöhere Ebene überprüfte, gültige und damit zu verarbeitende Sätze zur Verfügung stehen.

Das bedeutet für diese Übung, daß die Sortierfolge-Prüfungen in der nachstehenden Unterroutine durchzuführen sind.

LESEROUTINE FÜR DATEI FILIALE1

SOLANGE FILLES1 = ∅

LESEN SATZ AUS DATEI FILIALE1

DATEIENDE

- JA:
  - DATEI FILIALE1 ABSCHLIESSEN
  - 2 ÜBERTRAGEN NACH FILLES1 (Setzen Lesesteuerung auf: Datei ist geschlossen)
- NEIN: KNR1 > HIFE1
  - JA:
    - 1 ÜBERTRAGEN NACH FILLES1 (Setzen Lesesteuerung auf: Datei darf nicht gelesen werden)
    - KNR1 ÜBERTRAGEN NACH FILKNR1
    - KNR1 ÜBERTRAGEN NACH HIFE1
  - NEIN:
    - TEXT: „SORTIERFOLGEFEHLER IN DATEI FILIALE1“: ÜBERTRAGEN NACH DRUCKBEREICH
    - ZEICHEN 1 BIS 30 AUS EINGABEBEREICH ÜBERTRAGEN NACH DRUCKBEREICH
    - DRUCKEN ZEILE
    - LÖSCHEN DRUCKBEREICH
    - SORTZAE1 := SORTZAE1 + 1
    - SORTZAE1 = 20
      - JA:
        - TEXT: „MEHR ALS 20 SORTIERFOLGEFEHLER IN DATEI FILIALE 1...“ ÜBERTRAGEN NACH DRUCKBEREICH
        - DRUCKEN ZEILE
        - LÖSCHEN DRUCKBEREICH
        - 1 ÜBERTRAGEN NACH FILLES 1 (Setzen Lesesteuerung auf: Datei darf nicht gelesen werden)
        - J ÜBERTRAGEN NACH ABBRUCH
      - NEIN: –

LESEROUTINE FÜR DATEI FILIALE2 UND FÜR DATEI FILIALE3

Beide Leseroutinen sind analog zur Leseroutine der Datei FILIALE1 zu sehen. Sie sollen daher hier nicht detailliert aufgezeigt werden.

LESEROUTINE FÜR DATEI FILIALE4

FILLES4 = ∅

- JA:
  - LESEN SATZ AUS DATEI FILIALE4
  - DATEIENDE
    - JA:
      - DATEI FILIALE4 ABSCHLIESSEN
      - 2 ÜBERTRAGEN NACH FILLES4 (Setzen Lesesteuerung auf: Datei ist geschlossen)
    - NEIN: KNR4 > HIFE4
      - JA:
        - 1 ÜBERTRAGEN NACH FILLES4 (Setzen Lesesteuerung auf: Datei darf nicht gelesen werden)
        - KNR4 ÜBERTRAGEN NACH FILKNR4
        - KNR4 ÜBERTRAGEN NACH HIFE4
      - NEIN:
        - TEXT: „SORTIERFOLGEFEHLER IN DATEI FILIALE4. PROGRAMMLAUF WIRD ABGEBROCHEN“ ÜBERTRAGEN NACH DRUCKBEREICH
        - DRUCKEN ZEILE
        - LÖSCHEN DRUCKBEREICH
        - J ÜBERTRAGEN NACH ABBRUCH
- NEIN: –

MISCHEN

In dieser Unterroutine ist lediglich die Ergänzung der neu hinzukommenden Datei FILIALE4 aufzunehmen.

Die Ergänzung findet im Schema der drei vorhandenen Dateien statt.

FIL1 ÜBERTRAGEN NACH MINI	
JA — FIL2 < MINI	NEIN
FIL2 ÜBERTRAGEN NACH MINI	
JA — FIL3 < MINI	NEIN
FIL3 ÜBERTRAGEN NACH MINI	
JA — FIL4 < MINI	NEIN
FIL4 ÜBERTRAGEN NACH MINI	

VERARBEIT
Diese Unterroutine ist lediglich um die Bearbeitung der Datei FILIALE4 zu ergänzen.
Die Ergänzung wird im Schema der drei vorhandenen Bearbeitungsroutinen durchgeführt.

Bearbeitung Datei FILIALE1

MINNR=1 JA	NEIN
EINGABEDATEN FILIALE1 ÜBERTRAGEN NACH AUSGABEBEREICH	
AUSGEBEN SATZ	
LÖSCHEN AUSGABEBEREICH	
∅ ÜBERTRAGEN NACH FILLES1 (Lesesteuerung auf Lesen setzen)	

Bearbeitung Datei FILIALE2

MINNR=2 JA	NEIN
EINGABEDATEN FILIALE2 ÜBERTRAGEN NACH AUSGABEBEREICH	
AUSGEBEN SATZ	
LÖSCHEN AUSGABEBEREICH	
∅ ÜBERTRAGEN NACH FILLES2 (Lesesteuerung auf Lesen setzen)	

Bearbeitung Datei FILIALE3

MINNR=3 JA	NEIN
EINGABEDATEN FILIALE3 ÜBERTRAGEN NACH AUSGABEBEREICH	
AUSGEBEN SATZ	
LÖSCHEN AUSGABEBEREICH	
∅ ÜBERTRAGEN NACH FILLES3 (Lesesteuerung auf Lesen setzen)	

Bearbeitung Datei FILIALE4

MINNR=4 JA	NEIN
EINGABEDATEN FILIALE4 ÜBERTRAGEN NACH AUSGABEBEREICH	
AUSGEBEN SATZ	
LÖSCHEN AUSGABEBEREICH	
∅ ÜBERTRAGEN NACH FILLES4 (Lesesteuerung auf Lesen setzen)	

NACHLAUF

Diese Unterroutine ist lediglich um den Teil für die Datei FILIALE4 zu ergänzen. Diese Ergänzung bleibt wie in den voranstehenden Erweiterungen im Schema der drei vorhandenen Dateien.

- FILLES1 < 2
  - JA: DATEI FILIALE1 ABSCHLIESSEN
  - NEIN: —
- FILLES2 < 2
  - JA: DATEI FILIALE2 ABSCHLIESSEN
  - NEIN: —
- FILLES3 < 2
  - JA: DATEI FILIALE3 ABSCHLIESSEN
  - NEIN: —
- FILLES4 < 2
  - JA: DATEI FILIALE4 ABSCHLIESSEN
  - NEIN: —
- DATEI FILAUS ABSCHLIESSEN (gemischter Umsatzband)
- ABBRUCH $\neq$ J
  - JA:
    - TEXT: „...NORMALES PROGRAMMENDE..." ÜBERTRAGEN NACH DRUCKBEREICH
    - VORSCHUB 2 ZEILEN VOR DRUCK
    - DRUCKEN ZEILE
    - LÖSCHEN DRUCKBEREICH
  - NEIN: —
- DATEI FEHLERLISTE ABSCHLIESSEN

6.3 Gruppenwechsel

STEUERPROGRAMM
Das Programm soll die Technik der „Gruppenwechselbearbeitung" aufzeigen.
Drei Gruppen werden im vorliegenden Beispiel entsprechend ihrer Rangstufe bearbeitet. Im Gruppenvorlauf wird die Bearbeitung einer Gruppe eingeleitet, im Gruppennachlauf wird die Endbearbeitung einer Gruppe durchgeführt.

(VORLAUF)

(LESEN)

JA — ENDE=∅[1] — NEIN

JA	NEIN
VN UEBERTRAGEN NACH VA	

SOLANGE VN=VA

(GRP-BEARB3) — Aus diesem Aufruf geht hervor, daß drei Gruppen zu bearbeiten sind. Gruppenvorlauf und Gruppennachlauf für die dritte Gruppe werden, wenn erforderlich, durchgeführt.

(NACHLAUF)

[1] Im Vorlauf wird das Feld ENDE auf ∅ gesetzt, damit nach Bereitstellung des ersten Satzes durch die Übertragung von VN nach VA ein erster Schleifendurchlauf stattfinden kann. Soll der erste gelesene Satz zum Abbruch des Programms führen (EOF-Satz, Plausibilität nicht in Ordnung, usw.), muß in der Leseroutine lediglich ein Wert ungleich ∅ nach Feld ENDE übertragen werden.

VORLAUF
Anfangs-/Ausgangswerte für das Steuerprogramm setzen

DATEIEN EROEFFNEN

∅ UEBERTRAGEN NACH ENDE

∅ UEBERTRAGEN NACH GESUMS

LOESCHEN DRUCKBEREICH

LESEN

Nach dem Lesen eines Satzes sind die drei Gruppenbegriffe entsprechend ihrer Rangstufe zusammenzusetzen.

SATZ AUS DATEI EINZELUMSAETZE LESEN

JA	DATEIENDE	NEIN
1 UEBERTRAGEN NACH ENDE		BEZNR UEBERTRAGEN NACH G3N
		VNR UEBERTRAGEN NACH G2N
		KNR UEBERTRAGEN NACH G1N

SA = 7 (der gültige Satz steht zur Verfügung)

ENDE = 1 (Dateiende)

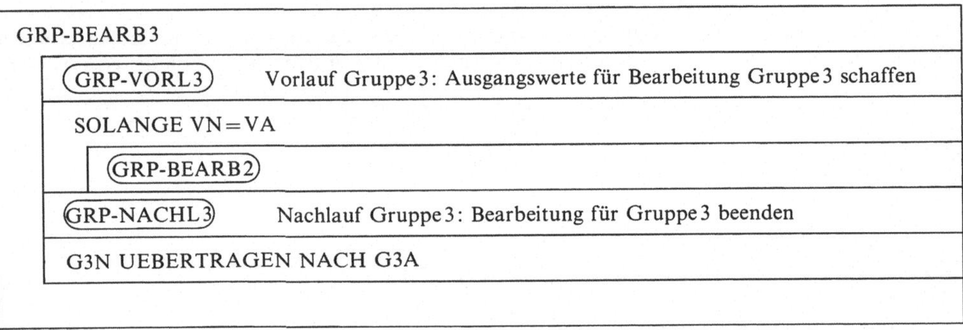

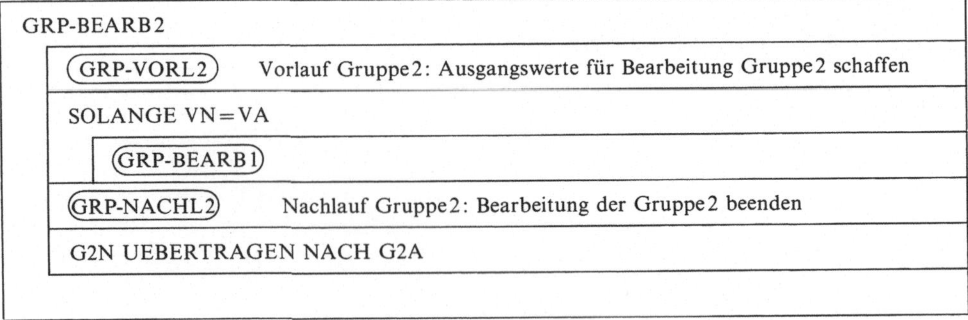

GRP-BEARB1

(GRP-VORL1)	Vorlauf Gruppe 1: Ausgangswerte für Bearbeitung Gruppe 1 schaffen
SOLANGE VN=VA	
(EINZELBEARB)	Einzelbearbeitung eines Satzes und Ausgabe einer Postenzeile unter Berücksichtigung eines Blattwechsels. Lesen aller Sätze, mit Ausnahme des ersten.
(GRP-NACHL1)	Nachlauf Gruppe 1: Bearbeitung der Gruppe 1 beenden
G1N UEBERTRAGEN NACH G1A	

GRP-VORL3

Die gruppenspezifischen Felder dieser Gruppe 3 (Gruppe BEZIRK) sind, soweit notwendig, auf Anfangswerte zu setzen.
Mit Beginn dieser Gruppe soll auch eine neue Seite beginnen, deshalb ist die Seitensteuerung (ZEILZAE) entsprechend zu setzen.

Ø UEBERTRAGEN NACH BEZSUM (Bezirkssumme auf Ø setzen)
57 UEBERTRAGEN NACH ZEILZAE (Einleiten Blattwechselsteuerung)

GRP-VORL2

Die gruppenspezifischen Felder dieser Gruppe 2 (Gruppe VERTRETER) sind, soweit erforderlich, auf Anfangswerte zu setzen. Da mit Beginn dieser Gruppe nicht grundsätzlich ein Seitenwechsel durchzuführen ist, sondern nur der Gruppenbegriff in der ersten Zeile gedruckt werden soll, ist hierfür die Vorbereitung zu treffen.

Ø UEBERTRAGEN NACH VSUM (Vertretersumme auf Null setzen)
VNR UEBERTRAGEN NACH DRUCKBEREICH (wird nur in der ersten Gruppenzeile gedruckt)

GRP-VORL1

Die niedrigste Gruppe 1 (Gruppe KUNDE) muß auch wechseln, wenn die höheren Gruppen wechseln. In jedem Fall soll die erste Postenzeile hinter der Summenzeile durch eine Leerzeile getrennt stehen.

VORSCHUB 1 ZEILE VOR DEM DRUCKEN
DRUCKEN LEERZEILE
ZEILZAE: = ZEILZAE + 1
Ø UEBERTRAGEN NACH KSUM (Kundensumme auf Ø setzen)
KNR UEBERTRAGEN NACH DRUCKBEREICH (wird nur in der ersten Gruppenzeile gedruckt)

GRP-NACHL1 Es sind alle Arbeiten, die zum Beenden der Gruppe 1 (Gruppe KUNDE) notwendig sind, durchzuführen. Dazu gehören das Ausdrucken der Gruppensumme Kunde, das Addieren dieser Summe in die nächste höhere Gruppensumme Vertreter, sowie die Berücksichtigung der Zeilensteuerung.
KSUM UEBERTRAGEN NACH DRUCKBEREICH
* UEBERTRAGEN NACH DRUCKBEREICH (zur Kennzeichnung der Kundensumme)
VORSCHUB 1 ZEILE NACH DEM DRUCKEN
DRUCKEN ZEILE (Kundensumme)
ZEILZAE:=ZEILZAE+1 (Zeilenzähler um 1 erhöhen)
VSUM:=VSUM+KSUM (Kundensumme aufaddieren auf Vertretersumme)

GRP-NACHL2 Es werden alle Arbeiten analog zu GRP-NACHL1 durchgeführt
VSUM UEBERTRAGEN NACH DRUCKBEREICH
** UEBERTRAGEN NACH DRUCKBEREICH (zur Kennzeichnung der Vertretersumme)
VORSCHUB 1 ZEILE NACH DEM DRUCKEN
DRUCKEN ZEILE (Vertretersumme)
ZEILZAE:=ZEILZAE+1 (Zeilenzähler um 1 erhöhen)
BEZSUM:=BEZSUM+VSUM (Bezirkssumme bilden aus Vertretersummen)

GRP-NACHL3 Die Arbeiten der Gruppennachläufe der beiden vorangegangenen Gruppen sind analog auch hier durchzuführen. Die Bezirkssumme ist jedoch von der Vertretersumme um eine Zeile abzusetzen. Eine Kontrolle der Zeilensteuerung entfällt, da mit dem Wechsel dieser Gruppe ein Blattwechsel durchgeführt werden soll.
BEZSUM UEBERTRAGEN NACH DRUCKBEREICH
*** UEBERTRAGEN NACH DRUCKBEREICH (zur Kennzeichnung der Bezirkssumme)
VORSCHUB 1 ZEILE VOR DEM DRUCKEN NAECHSTER ZEILE
DRUCKEN ZEILE (Bezirkssumme)
GESUMS:=GESUMS+BEZSUM (Gesamtumsatzsumme bilden)

EINZELBEARB

In dieser Routine müssen alle Arbeiten durchgeführt werden, die mit der Ausgabe einer Postenzeile in Verbindung stehen. Das betrifft auch den bedingten Blattwechsel.

JA	ZEILZAE > 56	NEIN
(BLATTWECH)	Durchführen des Blattwechsels und des Druckens der Überschriften	

(POSTENZEILE)	Aufbereiten und Drucken der Postenzeilen. Vor der Aufbereitung Druckbereich nicht löschen, da Gruppenbegriffe aufbereitet sein können.
(LESEN)	Aufrufen der gleichen Leseroutine, wie im Steuerprogramm nach dem Vorlauf.

BLATTWECH

Durchführen eines Blattwechsels und Drucken der Überschriftszeilen. Zeilensteuerung auf Anfangswert setzen. Gruppenbegriffe in den Druckbereich bringen, damit sie in der ersten Postenzeile mit ausgedruckt werden.

VORSCHUB AUF NEUE SEITE (Blatteinstellung Zeile 4)
UEBERSCHRIFT 1 UEBERTRAGEN NACH DRUCKBEREICH (Inhalt Kopfzeile)
VORSCHUB 1 ZEILE NACH DEM DRUCKEN
DRUCKEN ZEILE
UEBERSCHRIFT 2 UEBERTRAGEN NACH DRUCKBEREICH (Unterstreichung)
VORSCHUB 2 ZEILEN NACH DEM DRUCKEN
DRUCKEN ZEILE
LOESCHEN DRUCKBEREICH
UEBERTRAGEN SPALTENUEBERSCHRIFT NACH DRUCKBEREICH
VORSCHUB 3 ZEILEN NACH DEM DRUCKEN
DRUCKEN ZEILE
LOESCHEN DRUCKBEREICH
UEBERTRAGEN GRUPPENBEGRIFFE (G1N, G2N, G3N) NACH DRUCKBEREICH
ZEILENZAEHLER (ZEILZAE) AUF 1Ø SETZEN (augenblicklicher Zeilenstand)

POSTENZEILE
Errechnen der Summe der niedrigsten Gruppe; Aufbereiten der Daten einer Postenzeile und Ausgabe der Postenzeile bilden die durchzuführenden Schritte dieser Unterroutine.

ART-BEZ. UEBERTRAGEN NACH DRUCKBEREICH
UMSATZ UEBERTRAGEN NACH DRUCKBEREICH
VORSCHUB 1 ZEILE NACH DEM DRUCKEN
DRUCKEN ZEILE
LOESCHEN DRUCKBEREICH
ZEILZAE: = ZEILZAE + 1 (Zeilenzähler um 1 erhöhen)
KSUM: = KSUM + UMSATZ (Kundensumme bilden)

NACHLAUF
Durchführen der Arbeiten, die zum Beenden des Programms notwendig sind.

VORSCHUB AUF NEUE SEIE
UEBERSCHRIFT UEBERTRAGEN NACH DRUCKBEREICH
1 ZEILE VORSCHIEBEN NACH DEM DRUCKEN
DRUCKEN ZEILE
LOESCHEN DRUCKBEREICH
UNTERSTREICHUNG UEBERTRAGEN NACH DRUCKBEREICH
4 ZEILEN VORSCHIEBEN NACH DEM DRUCKEN
DRUCKEN ZEILE
LOESCHEN DRUCKBEREICH
TEXT DER ENDZEILE UEBERTRAGEN NACH DRUCKBEREICH
GESUMS UEBERTRAGEN NACH DRUCKBEREICH
1 ZEILE VORSCHIEBEN NACH DEM DRUCKEN
DRUCKEN ZEILE
LOESCHEN DRUCKBEREICH
SUMMENUNTERSTREICHUNG UEBERTRAGEN NACH DRUCKBEREICH
1 ZEILE VORSCHIEBEN NACH DEM DRUCKEN
DRUCKEN ZEILE
DATEIEN SCHLIESSEN

Zusammenfassend eine Übersicht der Prozeduren, die zur Lösung der gestellten Aufgabe entworfen wurden:

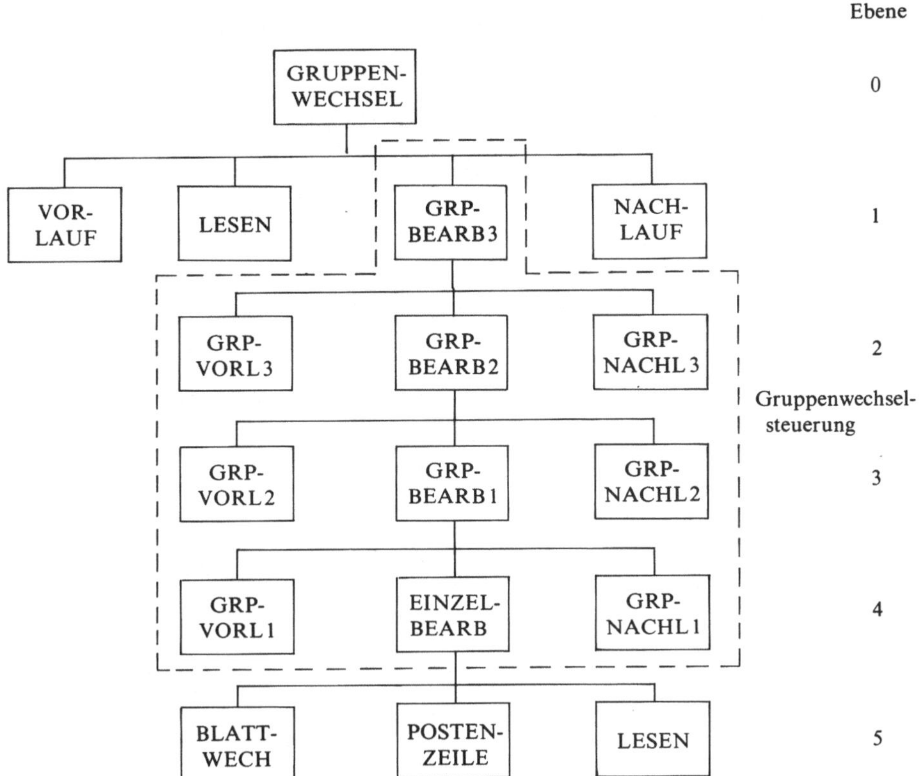

6.4 Einlesen und Aufbauen einer Tabelle

TABLES

Diese Unterroutine entnimmt aus einer Datei ARTIKELDATEN die Inhalte der Felder Artikelnummer (ARTNR) und Verkaufspreis (VPREIS) und baut daraus eine auf maximal 1000 Elemente begrenzte Tabelle auf.

Eingabe-Datensätze und Tabellenelemente sind aufsteigend sortiert. Liegt ein Folgefehler in den Eingabesätzen vor, bzw. werden mehr als 1000 Sätze zur Verfügung gestellt, wird nach Ausgabe einer entsprechenden Meldung ein Programmabbruchmerkmal gesetzt. Die Tabellenelemente bestehen aus TARTNR (Tabelle Artikelnr.) und TVPREIS (Tabelle Verkaufspreis). Die von den maximal 1000 Tabellenelementen tatsächlich belegte Anzahl wird über TLANG dem übergeordneten Programm mitgeteilt.

„LOW VALUE“ UEBERTRAGEN NACH HIFE
(Hilfsfeld zur Folgeprüfung auf Anfangswert setzen)

Ø UEBERTRAGEN NACH IND (Index zur Angabe des Tabellenplatzes)

Ø UEBERTRAGEN NACH PROGRAMMENDE (Abbruch), ENDE (Dateiende)

LESEN SATZ (aus Artikeldaten-Datei)

DATEIENDE — JA:
- IND UEBERTRAGEN NACH TLANG
- 1 UEBERTRAGEN NACH ENDE

NEIN: —

ENDE = 1 (Tabellendatei ist eingelesen)

HIFE < ARTNR — JA:
- ARTNR UEBERTRAGEN NACH HIFE

NEIN:
- MELDUNG AUF BEDIENPLATZ AUSGEBEN: FOLGEFEHLER IN DATEI ARTIKELDATEN. PROGRAMM WIRD ABGEBROCHEN
- 1 UEBERTRAGEN NACH PROGRAMMENDE

PROGRAMMENDE = 1 (Sortierfehler-Abbruch)

IND: = IND + 1

IND > 1000 — JA:
- MELDUNG AUF BEDIENPLATZ AUSGEBEN: „MEHR ALS 1000 DATENSAETZE IN DATEI ARTIKELDATEN, PROGRAMM WIRD ABGEBROCHEN
- 1 UEBERTRAGEN NACH PROGRAMMENDE

NEIN:
- ARTNR UEBERTRAGEN NACH TARTNR$_{(IND)}$
- VPREIS UEBERTRAGEN NACH TVPREIS$_{(IND)}$

PROGRAMMENDE = 1 (Tabellenbereichsüberschreitung)

6.4 Verarbeiten von Tabellendaten

Steuerprogramm

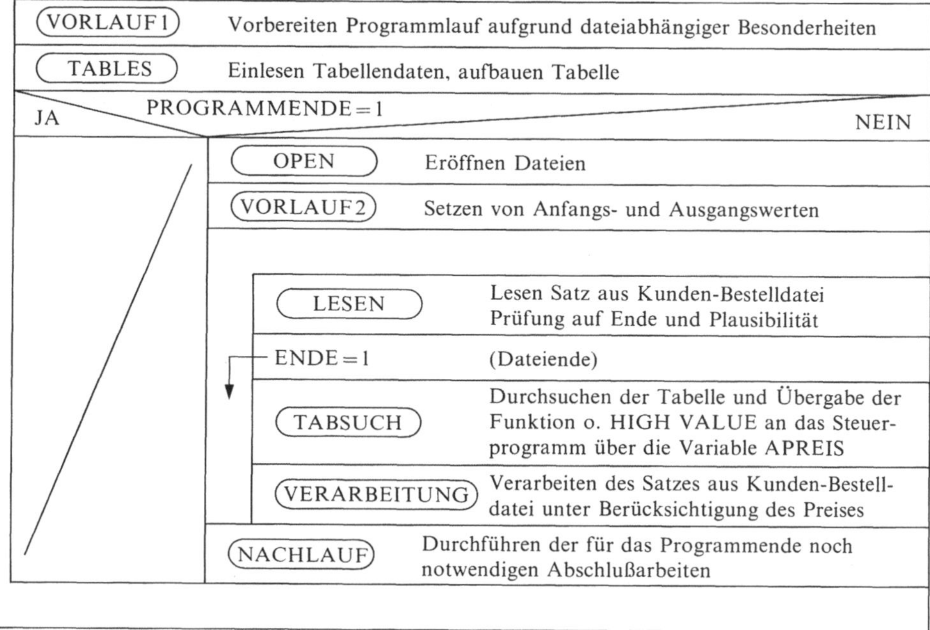

6.4 Verarbeiten von Tabellendaten

1. Algorithmus

TABSUCH

Diese Unterroutine durchsucht sequentiell eine Tabelle, bis das gesuchte Tabellenelement gefunden wurde oder bis Tabellenende erreicht ist.

Bei einem Wert, der innerhalb der Tabelle zu finden sein müßte, aber nicht enthalten ist, kann abgebrochen werden, wenn ein Argument in der Tabelle gelesen wurde, das größer ist als der Suchbegriff. Voraussetzung hierfür ist eine aufsteigende Folge aller Tabellenelemente.

Dem übergeordneten Programm wird entweder der TVPREIS (Funktion des Tabellenelementes) über die Variable APREIS übergeben oder, wenn das gewünschte Argument nicht gefunden werden konnte, wird HIGH VALUE in der Variablen APREIS übergeben. APREIS ist vom übergeordneten Programm auszuwerten.

Ø UEBERTRAGEN NACH IND

Ø UEBERTRAGEN NACH SUCHENDE

SOLANGE SUCHENDE=Ø

- IND:=IND+1
- IND > TLANG
  - JA:
    - HIGH VALUE UEBERTRAGEN NACH APREIS
    - 1 UEBERTRAGEN NACH SUCHENDE
  - NEIN:
    - $ARTNR = TARTNR_{(IND)}$
      - JA:
        - $TVPREIS_{(IND)}$ UEBERTRAGEN NACH APREIS
        - 1 UEBERTRAGEN NACH SUCHENDE
      - NEIN:
        - $ARTNR < TARTNR_{(IND)}$
          - JA:
            - HIGH VALUE UEBERTRAGEN NACH APREIS
            - 1 UEBERTRAGEN NACH SUCHENDE
          - NEIN: (leer)

6.4 Verarbeiten von Tabellendaten

2. Algorithmus

TABSUCH

Diese nachstehende Arbeitsweise arbeitet nach der Halbierungsmethode, wie sie im zweiten Algorithmus prinzipiell beschrieben wurde.

INDEX DES TABELLENANFANG: 1 UEBERTRAGEN NACH ANF

INDEX DES TABELLENENDES: TLANG UEBERTRAGEN NACH END

∅ UEBERTRAGEN NACH SUCHENDE

SOLANGE SUCHENDE=∅

(ANF+END):2=IND abgerundet

SUCHBEGRIFF=TARTNR$_{(IND)}$

JA

TVPREIS$_{(IND)}$ UEBERTRAGEN NACH APREIS

1 UEBERTRAGEN NACH SUCHENDE

NEIN

END=ANF

JA

HIGH VALUE UEBERTRAGEN NACH APREIS

1 UEBERTRAGEN NACH SUCHENDE

NEIN

SUCHBEGRIFF>TARTNR$_{(IND)}$

JA

ANF:=IND+1

NEIN

END:=IND−1

ANF>END

JA

HIGH VALUE UEBERTRAGEN NACH APREIS

1 UEBERTRAGEN NACH SUCHENDE

NEIN

6.4 Sortieren von Tabellenelementen

1. Algorithmus

TABAUFSORT1

Diese Unterroutine realisiert die unter dem ersten Algorithmus beschriebene Arbeitsweise. Eine Sortiervorgangsunterbrechung ist hierbei nicht möglich. Da auf zwei Tabellenelemente zugegriffen werden muß, sind auch zwei INDEX-Felder nötig: IND1 und IND2.

- ∅ UEBERTRAGEN NACH IND1
- SORTIERT:=TLANG−1
- SOLANGE IND1<SORTIERT
  - IND1:=IND1+1
  - IND1 UEBERTRAGEN NACH IND2
  - SOLANGE IND2<TLANG
    - IND2:=IND2+1
    - FELD $3_{(IND\,1)}$ > FELD $3_{(IND\,2)}$
      - JA:
        - ELEMENT$_{(IND\,1)}$ UEBERTRAGEN NACH TAUSCH
        - ELEMENT$_{(IND\,2)}$ UEBERTRAGEN NACH ELEMENT$_{(IND\,1)}$
        - TAUSCH UEBERTRAGEN NACH ELEMENT$_{(IND\,2)}$
      - NEIN: (leer)

6.4 Sortieren von Tabellenelementen

2. Algorithmus

TABAUFSORT2

Diese Unterroutine realisiert die unter dem zweiten Algorithmus beschriebene Arbeitsweise. Eine Unterbrechung des Sortiervorganges wird über das Feld KENNFELD gesteuert. Es werden drei INDEX-Felder benutzt. Der niedrigste Wert eines Arguments (FELD3) bestimmt das Mitziehen seines Elements bis zum Index IND1. Die Vergleiche, welches Argument das niedrigere ist, werden wie das evtl. notwendige Tauschen mit IND2 und IND3 durchgeführt. Als Zwischenfeld beim Tauschen wird das Feld TAUSCH benutzt.

- ∅ UEBERTRAGEN NACH IND1
- 1 UEBERTRAGEN NACH KENNFELD
- SOLANGE KENNFELD=1
  - IND1:=IND1+1
  - TLANG UEBERTRAGEN NACH IND2
  - IND3:=TLANG−1
  - ∅ UEBERTRAGEN NACH KENNFELD
  - SOLANGE IND1<IND2
    - $FELD3_{(IND3)} > FELD3_{(IND2)}$
      - JA:
        - $ELEMENT_{(IND3)}$ UEBERTRAGEN NACH TAUSCH
        - $ELEMENT_{(IND2)}$ UEBERTRAGEN NACH $ELEMENT_{(IND3)}$
        - TAUSCH UEBERTRAGEN NACH $ELEMENT_{(IND2)}$
        - 1 UEBERTRAGEN NACH KENNFELD
      - NEIN: /
    - IND2:=IND2−1
    - IND3:=IND3−1

Sachverzeichnis